»Rosen für den Mörder«

„Ich habe nie einen Juden erschossen!“
Franz Murer vor Gericht in Graz 1963.

Johannes
Sachslehner

»Rosen für den Mörder«

Die zwei Leben des NS-Täters Franz Murer

MOLDEN

Inhalt

Haligai! 9

Ein Kind von Bauern 13

Es wächst der Hass auf die Juden 20

Ein „ganzer Kerl“: der Ordensjunker 24
„Politische Soldaten“: Krössinsee 30
Zwischenspiel: eine Hochzeit und ein Wilderer-Drama 34

Auftakt in Wilna 39
Ein Mädchen erlebt Franz Murer: Mascha Rolnikaite 46
Berauben, erpressen, vernichten 48

Die Große Provokation 60
Der Ort des Todes: Ponary 64

Drangsal Ghetto 72
„Ameisenhaufen“ Ghetto 84
Malinenwahnsinn 89
„Das Arbeitsamt ist Scheiße!“ 91

Verlassen von den Menschen und von Gott 101
Der Fall Schmigel 106
Das Gold des Victor Chelem 108
Die Aktion der gelben Scheine 109

Das Töten geht weiter 121
Die Aktion der rosa Scheine 124
Der jüdische Widerstand formiert sich 128

Der Jude ist unser Feind 131

Für Juden habe ich keine Kartoffeln! 134

Todesstrafe für den Schmuggel von Lebensmitteln 139

Der Putsch im Ghetto – die Auflösung des Judenrats 148

Der mem is in mokem! 157

Der Fall Kagan 164

Zehn Tage Judenhass 166

Der Tod der Sängerin Ljuba Lewicka 171

Der Mörder mit der Brille: Martin Weiss 177

„Iß und trink, denn morgen werden wir sterben!“ 180

Der Tag des Jüngsten Gerichts:
die Wilna-Kaunas-Aktion 184

Kriegsoffizier und Fronteinsatz 196

Demobilisierung 201

Die Entdeckung 202

Vor dem Militärtribunal in Wilna 216

Die Rückkehr 1955 223

Der Skandalprozess 226

Ein mysteriöser Zeuge 244

Der Wahrspruch ist ein Freispruch 247

Explosivstoff Murer 262

Literatur- und Quellenverzeichnis 278

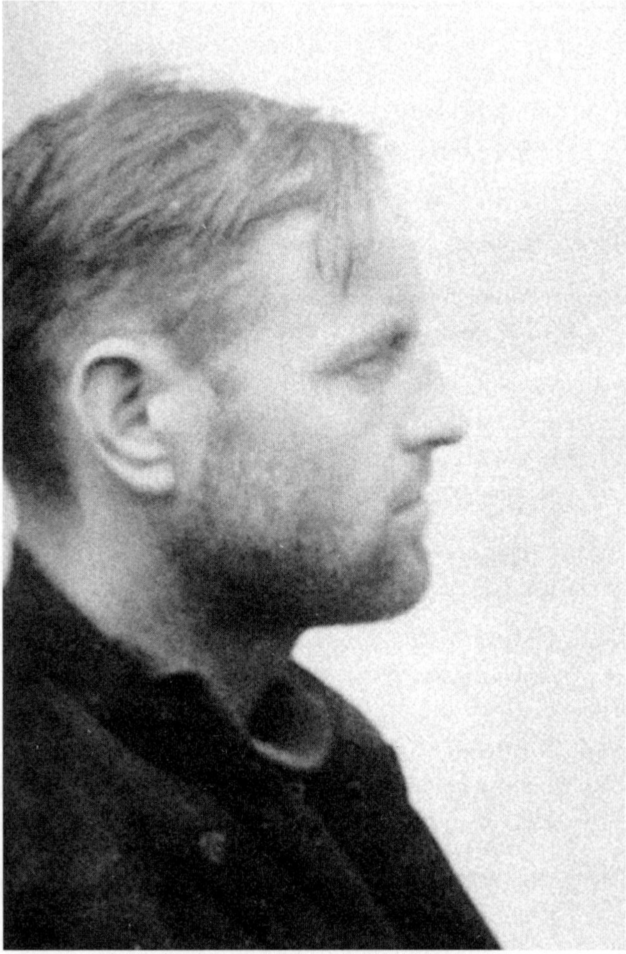

Kein Mörder, nur „Verwalter“: Franz Murer 1948 in Wilna.

Murer war sehr aktiv.
Er brauchte Blut. Er musste Menschen morden.
Das war ihm eine Art Bedürfnis.
Ein Unmensch.
Augenzeugin Mascha Rolnikaite (1927–2016) in einem Interview 2013

Jidn, sogt, wer schtejt bajm tojer?
Jidn, sogt, woss tut men hajnt?
Mir ducht sich, as ess schtejt do Murer,
Undser besster guter frajnt.
Aus: Rikle Gleser, „Du geto majn", einem „Schmugglerlied"
der Juden von Wilna

Nicht die Erinnerung, sondern das Vergessen ist und bleibt die wahre Gefahr.
Primo Levi

Jede andere Darstellung ist eine Geschichtslüge.
Franz Murer, Autobiografische Skizze

Die zweite Heimat Franz Murers: Gaishorn am See im steirischen Paltental.

Haligai!

Jakob Gens, der Chef der jüdischen Polizei und so etwas wie der verlängerte Arm der deutschen Besatzer im Ghetto von Wilna, hat seine eigene Theorie: Murer müsse drogenabhängig sein – nur so sei zu erklären, dass man an manchen Tagen mit ihm wie mit einem normalen Menschen sprechen könne, an anderen Tagen aber er sich wiederum wie ein Berserker aufführe. Ansonsten sei es unmöglich, dass sich ein und dieselbe Person einmal so benehme und einmal so. Niemand verhalte sich so wie Murer, niemand. Seine Bestialität, so erklärt Gens seiner Tochter Ada, sei einzigartig und eines Tages werde er dafür bezahlen müssen.

Jakob Gens, der Murers Taten und Untaten kennt wie kein anderer, wird am 14. September 1943 von der Gestapo erschossen und seine Vorhersage erfüllt sich nur zum Teil: Murer „bezahlt" zwar mit sechs Jahren Zwangsarbeit im sowjetischen Gulag, ein österreichisches Gericht in Graz scheitert jedoch spektakulär. Es scheitert am „zweiten Gesicht" dieses Mannes, der nun den biederen Bauern und fürsorglichen Kammerobmann mimt, der jede Schuld von sich weist und nie einen Menschen misshandelt oder gar getötet haben will. Die Geschworenen glauben ihm, dem Täter, und nicht den aus aller Welt angereisten Opfern. Es passiert das Unglaubliche: Freispruch. Einst der Schrecken von Tausenden, verlässt er den Gerichtssaal im Triumph, in den Blumenläden der Umgebung sind die Rosen ausverkauft. Manche Medien klatschen Beifall und verstärken den Skandal, die Weltöffentlichkeit ist schockiert. Weitere Versuche, den Prozess noch einmal aufzurollen, scheitern.

„Jede andere Darstellung ist eine Geschichtslüge" – mit diesem letzten Satz seiner autobiografischen Skizze, geschrieben wenige Jahre vor seinem Tod, verwahrte sich Franz Murer entschieden gegen jeden weiteren Versuch, seine Geschichte noch einmal zu erzählen – als „Zeitzeuge“ hätte er in seiner kurzen Schilderung bereits alles Wesentliche niedergeschrieben, „in erster Linie für meine Nachkommen, damit sie die Wahrheit über meine Tätigkeit erfahren“. Doch die Wahrheit, von der Franz Murer spricht, ist die Wahrheit, die er sich im Alter zurechtgezimmert hat. Eine fragwürdige Wahrheit, die auf konsequenter Verdrängung und Leugnung beruht, die der misstrauischen Nachprüfung nicht standhält, die beschönigt und zurechtbiegt. Eine zynische Wahrheit, die vor allem die Stimmen der Opfer nicht mehr hören, ja keinen Gedanken an sie verschwenden will und die jede selbstkritische Auseinandersetzung mit dem eigenen Handeln von vornherein unmöglich macht.

Das Paradoxe: Der Altbauer auf seinem Hof in Gaishorn am See – seit 1987 sind er und seine Frau im Ausgedinge – versteht offenbar selbst seine eigene Vergangenheit nicht mehr. Man hat den Eindruck, dass ihm die Wirklichkeit des Wilnaer Ghettos bereits entschwunden ist, er kann sie emotional nicht mehr nachvollziehen. Nicht mehr gegenwärtig sind die mörderische Kälte, der Hass und die Unbarmherzigkeit, die von seiner Person auf die jüdischen Opfer ausstrahlten. Ja, er weiß nicht mehr, warum er die ihm vorgeworfenen Verbrechen eigentlich begangen haben soll. Schmerzhaft gegenwärtig ist jedoch, was ihm, dem Täter, angetan worden ist: Da ist die nicht enden wollende „Hetze“ des Simon Wiesenthal und „gewisser Kreise“, die mit „aller Gewalt“ wollen, dass er schuldig gesprochen wird, da sind, wie er behauptet, „Verleumdungen“ und „unhaltbare“ Anschuldigungen. Ja, man hat es ihm tatsächlich leichtgemacht, sich zu verteidigen, denn er war nicht SS-Standartenführer und auch kein Mitglied der Gestapo, er war nicht Mitglied eines Einsatzkommandos und auch nicht Kommandant eines Lagers. Seine verhängnisvolle Rolle als Täter im Holocaust erschließt sich erst nach genauer Auseinandersetzung mit den Quellen. Das Beispiel Franz Murer illustriert die „Arbeitsteiligkeit“ der NS-Mordmaschinerie, das raffinierte Zusammenspiel von Zivilverwaltung, Gestapo und SD. Man musste nicht bei der SS sein, um beim Judenmord mitwirken zu können. Jene, die ihn mit organisieren helfen, rechtfertigen sich wie später Murer damit, dass doch alles „strengster Geheimhaltung" unterstanden habe und man von nichts gewusst hätte. Ein beliebter Reflex der NS-Täter: Die Schuldigen sind immer die anderen.

Franz Murer schreibt in seiner autobiografischen Skizze den seltsamen Satz: „Ob es (= die Vernichtung der Juden, J. S.) richtig war, habe ich erst später bezweifelt, weil ja zu diesem Zwecke eigene Einsatzkommandos hinter der Front nachrückend, mit Hilfe von einheimischen litauischen Kräften, dies zur Aufgabe hatten" – eine gequälte Formulierung, in der sich sein Dilemma im Umgang mit der Vergangenheit spiegelt. Es bleibt unausgesprochen, ist aber spürbar: der Wunsch, dem Bewusstsein der Schuld zu entkommen, der Erinnerung ein für alle Mal zu entfliehen.

Anno 2007 erscheint das *Heimatbuch Gaishorn am See*, Bürgermeister Karl Pusterhofer persönlich zeichnet als Herausgeber, die „inhaltliche Bearbeitung" hat Stadtamtsdirektor i. R. Karl Weiß übernommen. Man sieht es dem Buch an: Da wurden keine Kosten und kein Aufwand gescheut, um der aufstrebenden Marktgemeinde im schönen Paltental ein gewichtiges publizistisches Denkmal zu setzen. Der heimatkundlich interessierte Leser findet denn auch in diesem dickleibigen Werk alles über die frühesten schriftlichen Nennungen des Ortes, über den schrecklichen Einfall der Türken 1480 und die grausame Pest 1679, über Grundherrschaften und Untertanen und das wunderbare spätgotische Gewölbe der zweischiffigen Pfarrkirche. Neueste Entwicklungen werden nicht ausgespart: So erfährt man im opulent bebilderten Kapitel „Die Faschingsgilde der Gaishörner", dass sich der Gaishorner Fasching mit „spektakulären und qualitativ hochwertigen Events" erfolgreich den „Erwartungen unserer Zeit" stellt, der eigens kreierte Faschingsruß „Haligai!", eine Abkürzung von „*Ha*llo *Li*ebe *Gai*shorner", mittlerweile während des ganzen Jahres im Ort zu hören ist und die „Narrenabende" bereits zu den absoluten Höhepunkten des kulturellen Lebens in Gaishorn am See zählen.

Was die Zeit von 1939 bis 1945 betrifft, so beschränkt man sich in dem 396-Seiten-Buch auf kompakte Information: auf genau einen Satz, der uns immerhin verrät, dass der Ort 51 Gefallene und 13 Vermisste zu beklagen hatte. 1952 hat man für die toten Soldaten ein Kriegerdenkmal errichtet, der Kameradschaftsbund des Ortes pflegt ihr Andenken. Ansonsten herrscht Schweigen. Schweigen über die politische Entwicklung vor und nach dem „Anschluss“, über die „Illegalen“ und ihre Karrieren, über die Begeisterung für den „Führer“. Und es fehlt ein Name, ein Name, für den die Gaishorner Bauern einst in gemeinsamer Empörung auf die Straße gegangen sind: Franz Murer. Den Namen Franz Murer sucht man im *Heimatbuch Gaishorn am See* vergeblich. Die Marktgemeinde hat sich, so scheint es, zur *damnatio memoriae* ihres verstorbenen Mitbürgers entschlossen – einfach so zu tun, als ob es diesen Mann nie gegeben hätte, der einst auch den Ort in die Schlagzeilen der österreichischen und internationalen Medien brachte. Niemand weiß etwas, niemand will darüber sprechen.

Das Schweigen, wir können auch von Verdrängen und Vergessen sprechen, ist nun für einen Ort wie Gaishorn am See nichts Außergewöhnliches, man setzt nur eine liebgewordene Tradition fort: die bevorzugte Form österreichischer „Vergangenheitsbewältigung“ in den ersten Jahrzehnten nach Kriegsende. Die Verweigerung von Erinnerung hat ja einen willkommenen Nebeneffekt: Man kann damit auch Verantwortung und Schuld weit von sich weisen. Inzwischen hat man vielerorts begonnen umzudenken, hat erkannt, dass es möglich ist, Nutzen aus der schmerzvollen Historie zu ziehen. Die Republik selbst bekennt sich zu dieser Haltung. Nicht so manche Kommunen – die Marktgemeinde Gaishorn am See mag hier exemplarisch für fragwürdige Gedächtniskultur stehen: Reflexartig verweigert man sich der Erinnerung. Ja, es ist lustiger, über den nächsten Narrenabend nachzudenken, Haligai!

Ein Kind von Bauern

Es ist Fasching und die steirische Hauptstadt feiert: In der Grazer Industrie-Halle findet die 2. Nobel-Redoute statt, nur „schönen, anständigen Masken" ist der Zutritt gestattet, wer unmaskiert kommen will, muss im „Salonanzug" erscheinen, eine Militärkapelle und das Schrammel-Quartett Reinholz spielen auf, der Eintritt an der Abendkassa kostet zwei Kronen, in den „wunderhübsch ausgestatteten Räumen" hat erst einige Tage zuvor der glanzvolle Deutsche Jubiläums-Technikerball 1912 stattgefunden, unter den Ehrengästen Statthalter Graf Clary und Aldringen und Landeshauptmann Graf Attems. Im Grazer Orpheum treten die Schwestern Wiesenthal aus Wien mit ihren „Tanzdichtungen" auf, das Edison-Theater des Herrn Direktor Löffler lockt mit dem „Sensations-Weltschlager" *Die Todesflucht*, einem „Nihilisten-Drama in zwei Akten", und wer möchte, kann sich im landschaftlichen Ritter-Saal im Landhaus einen Lichtbildervortrag über „Die Entwicklung der Luftschiffahrt in Österreich" anhören, dargeboten von Ingenieur J. Mayer vom Flugtechnischem Verein in der Steiermark. Eine Notiz im *Grazer Tagblatt* über Ermittlungen gegen den serbischen Offiziers-Geheimbund „Die schwarze Hand", der bereits zu einer politischen Macht geworden sei, wird kaum beachtet.

Von all dem Trubel ist in den dörflichen Gemeinden der Obersteiermark kaum etwas zu spüren. Es ist die Nacht vom 23. zum 24. Januar 1912. Die Bevölkerung steht noch im Bann eines Erdbebens, das sich am 22. in einem „sekundenlangen heftigen Rollen" bemerkbar gemacht hat. Am Pötscherhof, dem Haus Nr. 68 im kleinen Ort St. Lorenzen ob Murau, liegt die Bäuerin Maria Murer, geborene Seidl, in den Geburtswehen. Ihr Mann Johann hat aus Murau die geprüfte Hebamme Josephine Fürnschuss kommen lassen, alles ist

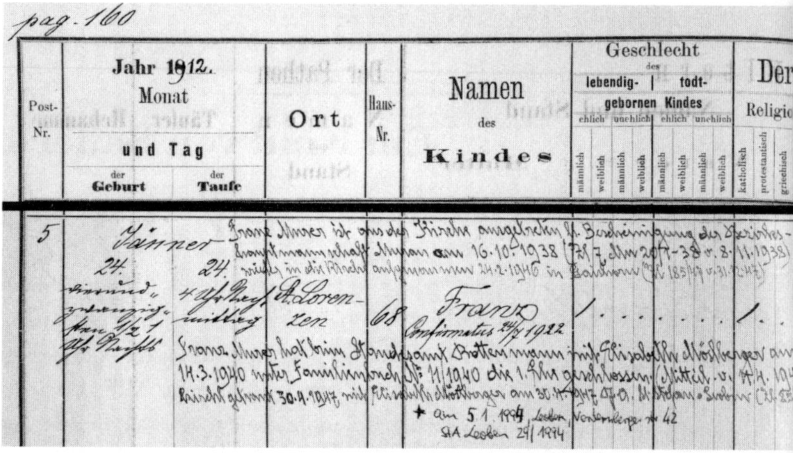

Noch am Tag der Geburt wird Franz von Pfarrer Andreas Prinz getauft. Eintrag im Taufbuch der Pfarre St. Georgen ob Murau, Band 10, S. 160, Diözesanarchiv Graz-Seckau.

vorbereitet. Eine halbe Stunde nach Mitternacht ist es dann so weit: Sohn Franz, das mittlerweile schon siebente Kind der Eheleute Murer, erblickt das Licht der Welt. Wie in der Gegend üblich, wird der neugeborene Sohn – nach Petrus (1903) und Albin (1908) ist es der dritte männliche Spross – noch am gleichen Tag, um vier Uhr nachmittags, getauft. Als Taufpatin ist die Bäuerin Genovefa Tschina, die Schwester Maria Murers, anwesend, das Sakrament spendet – wie allen Kindern der Pötscherhoffamilie – St. Georgens langjähriger Pfarrer Konsistorial- und Geistlicher Rat Andreas Prinz (1846–1929). Genovefa ist mit Friedrich Tschina, einem Bauern im nahen Marbach, verheiratet, die beiden Schwestern unterstützen sich gegenseitig in ihren familiären Pflichten – Maria Murer ist ihrerseits Taufpatin von Genovefas 1911 geborener Tochter Paulina. So ist es auch nicht ungewöhnlich, dass die Murer-Kinder Seraphina, Franz und Georg am 24. Juli 1922 gemeinsam mit ihrer Cousine Paulina gefirmt werden. Maria Murer bleibt nur eine kurze Zeit der Erholung – die Arbeit am Hof ruft, auch jetzt im Winter. Und bald ist sie wieder schwanger: Am 24. März 1913 wird Georg Murer, der vierte männliche Nachkomme, geboren. Noch ahnt niemand, dass beide

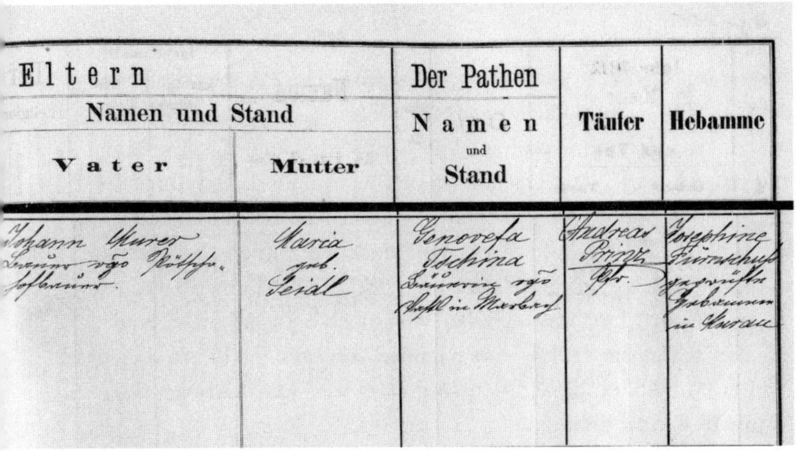

Eltern Namen und Stand: Vater	Mutter	Der Pathen Namen und Stand	Täufer	Hebamme
Johann Murer Bauer vlg. Pötscher-hofbauer	Maria geb. Seidl	Genovefa Tschina Bäuerin vlg. ... in Murberg	Andreas Prinz Pfr.	Josephine Fürstschuß geprüfte Hebamme in Murau

Söhne, Franz und Georg, einmal für wenig erfreuliche Schlagzeilen sorgen werden …

Johann und Maria Murer sind erst seit kurzem stolze Besitzer des Pötscherhofes, davor liegen lange Jahre harter Arbeit. Maria, geboren am 4. August 1877, ist die Tochter des Bauern Wenzel Seidl und der Katharina, geborene Gams; der Hof von Franz Murers Großvater mütterlicherseits befindet sich im zu St. Georgen ob Murau gehörenden Dorf Feldern. Wie so viele Bauerntöchter in dieser Zeit muss sich auch Maria Seidl als Dienstmagd verdingen, die einzige Hoffnung auf ein besseres Leben ist es, einen Mann zu finden, der zur Heirat bereit ist. Wohl um die Jahrhundertwende lernt sie den um knapp zwei Jahre jüngeren Johann Murer näher kennen und beginnt mit ihm zusammenzuleben. Immerhin: Der junge Mann, geboren am 7. März 1879, darf sich „Grundbesitzer" nennen – von seinem Vater Martin Murer, Sägemeister in St. Lorenzen, hat er eine „Keuschen" übernommen, das Haus Nr. 31 in St. Lorenzen. Der Vater hat sich als „Auszügler" ins Ausgedinge zurückgezogen, die Mutter Maria, geborene Schaffer, ist bereits früh verstorben.

Ende 1902 wird Maria Seidl erstmals schwanger, für eine Hochzeit scheint es dem „Keuschler" Johann Murer jedoch offenbar zu früh. So kommt im Juni 1903 Sohn Petrus als „uneheliches" Kind zur Welt, beim Eintrag ins Taufbuch der Pfarre St. Georgen fehlt vorerst die Nennung des Vaters – der wird am Tag der Hochzeit, dem 7. Mai 1906, nachgetragen: In Gegenwart von zwei Zeugen bekennt sich Johann Murer zur Vaterschaft, die damit ins Taufbuch eingetragen wird. Jetzt erst übersiedelt Maria aus Lutzmannsdorf 11, wo sie bisher offiziell gemeldet war, in die Keusche ihres Mannes. Inzwischen ist ihr zweites Kind, ein Mädchen namens Katharina, wenige Wochen nach der Geburt verstorben, im Jänner 1907 erblickt Tochter Maria das Licht der Welt, nach Sohn Albin folgen die Töchter Katharina (1909) – noch einmal vergeben die Eltern diesen Namen – und Seraphina (1910). Insgesamt wird Maria Murer ihrem Mann 13 Kinder gebären.

Mit der Übernahme des Pötscherhofes, St. Lorenzen Nr 68, gelingt der Familie Murer ein gesellschaftlicher Aufstieg: Johann Murer wandelt sich vom Keuschler zum Bauern, ein feiner Unterschied, den die bäuerliche Gesellschaft der St. Georgener Welt wohl zu schätzen weiß. Ein Aufstieg, der jedoch bald vom Ausbruch des Ersten Weltkrieges und vom Beginn einer „schweren Zeit", wie die Festschrift zur 800-Jahr-Feier der Pfarrkirche von St. Georgen ob Murau es formuliert, überschattet wird. Noch fehlt auf den Bergbauernhöfen der elektrische Strom, man ist auf Pferde- und Ochsenfuhrwerke angewiesen, die Motorisierung ein ferner Luxus.

Im September 1918 kommt der 6-jährige Franz in die Volksschule St. Georgen, seine älteren Schwestern Katharina und Seraphina begleiten ihn täglich am Schulweg. Während er mit den Buchstaben des Alphabets kämpft und lesen und schreiben lernt, bricht die Monarchie zusammen und in Wien wird die Republik Deutschösterreich ausgerufen. Die Männer kommen zurück aus dem verlorenen Krieg, gezeichnet vom Erlebnis des Tötens, viele sind selbst zu lebenden Toten geworden, wie dies Joseph Roth in seinen Romanen über den Nachkrieg beschreibt. Unsicherheit und Angst bestimmen den Alltag, bald auch die fortschreitende Inflation, Arbeitslosigkeit und die zunehmende Verschuldung vieler Kleinbauern.

Nach fünf Jahren Volksschule wechselt Franz im Herbst 1923 in die „Steiermärkische Landes-Bürgerschule" in Judenburg – für einen Bauernbuben ein ungewöhnlicher Schritt, ist doch Judenburg über 50 km von St. Lorenzen entfernt. Das bedeutet, dass der 11-Jährige den Hof der Eltern verlassen und in einem privaten Quartier in Judenburg leben muss. Anton Schreibmaier, Postunterbeamter und Briefträger im Ruhestand, wohnhaft in der Gartengasse 1, sorgt nun als „verantwortlicher Aufseher" für den Buben. Es sind wohl die guten Schulnoten, die Johann und Maria Murer dazu veranlassen, ihren Sohn „in die Fremde" zu schicken – bedeutet die Schule für sie doch auch eine finanzielle Belastung: Sie müssen für ihren Sohn sechs Semester lang Schulgeld zahlen und die Kosten für den Quartiergeber begleichen. Hinter dieser Entscheidung steht die Hoffnung, dass es dem „Franzi", dem gescheiten Buben, gelingen möge, etwas „Besseres" zu erreichen, wegzukommen aus der ärmlichen Enge des heimatlichen Dorfes. Seine bäuerliche Herkunft wird Franz Murer dennoch nie verleugnen. Noch vor Gericht 1963 wird er dem Untersuchungsrichter stolz sagen: „Ich bin als Kind von Bauern in St. Georgen ob Murau aufgewachsen." *(Zitiert nach Gerichtsakt Franz Murer, Steiermärkisches Landesarchiv.)*

Franz kann die Erwartungen der Eltern auch durchaus erfüllen: Die drei Klassen Bürgerschule absolviert er nach anfänglichen Schwierigkeiten mit ausgezeichneten Noten, auch wenn sein Fleiß durchwegs nur mit „gut" beurteilt wird. Einzig in der „Deutschen Sprache" kann er seinen Lehrer nicht überzeugen, ein „Genügend" verunziert das ansonsten hervorragende Abschlusszeugnis vom Juni 1926. In drei Schuljahren versäumt der Schüler Franz Murer insgesamt nur 4 Unterrichtsstunden, wie es sich gehört mit „Rechtfertigung", sein „sittliches Verhalten" wird ohne Ausnahme mit „sehr gut" gewürdigt. Das Haus Gartengasse 1 liegt in unmittelbarer Nähe des Stadtzentrums von Judenburg und hier, am Hauptplatz, erlebt er zweifellos so manchen Aufmarsch und so manche Demonstration politischer Gruppierungen mit, vor allem des Steirischen Heimatschutzes, dessen Gründer Walter Pfrimer Rechtsanwalt in Judenburg ist, vielleicht auch schon der „Hakenkreuzler"

Steierm. Landes-Bürgerschule in Judenburg
3. Klasse
Schuljahr 1925-26

Pag. 18

Des Schülers		Schulgeld zahlend oder befreit mit Erlaß	Art des Eintrittes
Familienname: Murer	I. Sem.	zuständig	aufgestiegen
Vorname: Franz	II. Sem.		
Datum der Geburt: 24. Jänner 1912		Stipendium, Name, Betrag, Verleihung	
Geburtsort: St. Lorenzen ob Murau			
Vaterland: St.			
Religionsbekenntnis: r.-k.			
Muttersprache: d.			

	des Vaters (der Mutter)	des Vormundes	des verantwortlichen Aufsehers
Name	Johann Murer		Anton Schreibmaier
Stand	Grundbesitzer		Postunterbeamt. i. R.
Wohnort	St. Georgen ob Murau		J., Gartengasse 1

	I. Semester	II. Semester	Anmerkungen
Allgemeine Fortgangsklasse	erste	erste	
Sittliches Verhalten	sehr gut	sehr gut	
Fleiß	gut	gut	
Leistungen in den einzelnen Unterrichtsgegenständen:			
Religionslehre	sehr gut	sehr gut.	
Deutsche Sprache	genügend	genügend	
Geographie	sehr gut	sehr gut	
Geschichte	gut	gut	
Naturgeschichte	gut	sehr gut	
Physik	sehr gut	gut	
Chemie	gut	sehr gut	
Arithmetik in Verbindung mit einfacher Buchführung	gut	gut	
Algebra	gut	sehr gut	
Geometrie	gut	gut	
Geometrisches Zeichnen	gut	gut	
Freihandzeichnen	gut	sehr gut	
Schönschreiben	—	—	
Singen	gut	gut	
Turnen	sehr gut	sehr gut	
Slovenische Sprache	—	—	
Stenographie	—	—	
—	—	—	
Äußere Form der schriftlichen Arbeiten	gut	gut	
Zahl der versäumten Lehrstunden	— davon ohne Rechtfertigung —	2 davon ohne Rechtfertigung —	

Ein gescheiter Bub: Zeugnis der „Steiermärkischen Landes-Bürgerschule" in Judenburg für das Schuljahr 1925/1926.

– nach dem „Anschluss“ wird das NS-Regime dafür sorgen, dass die Jüdische Gemeinde der alten Bürger- und Arbeiterstadt Judenburg zur Gänze vernichtet wird. Franz Murer macht hier erste Bekanntschaft mit Militarisierung und zunehmender Gewalt, rassistische und antisemitische Parolen werden zu vertrauten Alltagsbegleitern des Jugendlichen.

Im Sommer 1926, Franz ist jetzt 14 Jahre alt, gilt es dann eine nächste Entscheidung zu treffen: Da er weiter im bäuerlichen Bereich tätig sein will, wählt man die landwirtschaftliche Fachschule in Neumarkt und damit eine solide berufliche Ausbildung. Einer seiner Lehrer ist hier ein Dipl.-Ing. Otto Pascher, der im Prozess 1963 für ihn aussagen wird – er habe, so Pascher, nach seinem Vater niemanden mehr so schätzen gelernt wie Franz Murer. Die Schule in Neumarkt bietet dem ehrgeizigen Jungen jedoch zu wenig Herausforderung und so schreibt ihn Vater Johann Murer im Herbst 1928 in die traditionsreiche Ackerbauschule Grottenhof bei Graz ein. Zahlreiche bekannte steirische Bauernpolitiker haben das 1867 gegründete Institut absolviert, wer hier zur Schule geht, genießt nicht nur einen bestens qualifizierten Unterricht, sondern knüpft auch hilfreiche Kontakte für die Zukunft, und so wird es auch im Fall von Franz Murer sein. Der 16-Jährige überzeugt seine Lehrer von Beginn an mit ausgezeichneten Leistungen – ob allgemeiner Pflanzenbau, Tierzucht oder Gerätekunde, ob „Verwendbarkeit in der Wirtschaft“, Physik oder Chemie: Franz Murer besteht mit durchwegs „sehr gut“. Einzige Kritik der Lehrer: Die äußere Form lässt etwas zu wünschen übrig, das „Haupt-Prüfungszeugnis“ aus dem Jahre 1930 vermerkt daher für die Fächer „Schönschreiben“ und „Form der schriftlichen Arbeiten“ die einzigen Benotungen mit „gut“.

Es wächst der Hass auf die Juden

Was das Verhältnis der Steirer zu den Juden betrifft, so nimmt das Herzogtum innerhalb der habsburgischen Länder eine besondere Stellung ein: Die steirischen Stände hatten sich bei Kaiser Maximilian I. eine „Judensperre" erkauft, dieses Niederlassungsverbot wird erst 1861 endgültig aufgehoben – gegen den heftigen Widerstand der steirischen Verwaltungsbehörden, die ihr Land gerne auch weiterhin „judenrein" sehen würden.

Der Anteil der „Glaubensjuden" an der steirischen Bevölkerung liegt um 1910 bei 0,25 Prozent: Von 10.000 Steirern sind 27 Juden, nach dem Ersten Weltkrieg nimmt die Zahl der steirischen Juden weiter ab, 1934 leben in Graz 1.700 Menschen mosaischen Glaubens, auf dem Land sind es gerade einmal 495.

Die Ansiedlung und das allmähliche Wachsen einer jüdischen Gemeinde in Graz können zwar nicht verhindert werden, man antwortet aber mit einer massiven Hetze gegen die Juden, die von weiten Teilen der Bevölkerung mitgetragen wird – Antisemitismus ist allgegenwärtig, ja, er gehört in der politischen Szene des Landes fast zum guten Ton. Wer etwas in der „Grünen Mark" auf sich hält, nimmt Teil an der antisemitischen Rede. Da ist etwa Kaplan Johann Seidl aus Stainz: 1899 veröffentlicht er bei der Styria seine Hetzschrift *Der Jude des Neunzehnten Jahrhunderts oder Warum sind wir antisemitisch?*, in welcher der gute Kirchenmann alles an antisemitischen Parolen versammelt, was die Zeit ihm so zuträgt, und präsentiert sie in Merksätzen seinen Lesern. Die „Judenpresse", so behauptet etwa der steirische Kaplan, verhöhne den katholischen Glauben, sie untergrabe die Sittlichkeit und schädige das brave „christliche Volk", „geschmiert" sei sie vom

„Großkapital". Gut zwei Jahrzehnte später, 1921, publiziert der Wiener Staatsarchivar Karl Huffnagl (1872–1927), der sich als Autor Karl Paumgartten nennt, im Grazer „Heimatverlag" Leopold Stocker sein Pamphlet *Juda. Kritische Betrachtungen über das Wesen und Wirken des Judentums*, der Erfolg beim Publikum ist groß und so verlegt Leopold Stocker 1924 auch Paumgarttens *Juden-Fibel*, die den Lesern im Untertitel das *ABC der viertausendjährigen Judenfrage* verheißt. Die stolze Startauflage des perfiden Machwerks: 10.000 Exemplare. Für Karl Huffnagl sind die Juden Angehörige eines „Tiermenschentums", ja, einer „Köterrasse", die ihren Instinkten ungehemmt freien Lauf lassen und so alles „Reine" bedrohen – antisemitische Denkmuster, die von den Nazis nur allzu bereitwillig übernommen werden.

Die antisemitischen Parolen schaffen einen „Identitätsraum", in dem sich viele gerne einrichten. Sie bieten scheinbare Erklärungen für komplexe Probleme und so schiebt man auch die Schuld an der schwierigen wirtschaftlichen Lage der Bauern einfach den Juden in die Schuhe. Franz Murer erlebt als Jugendlicher mit, wie die Verschuldung der Höfe trotz deutlicher Erhöhung der Produktivität – etwa durch den Einsatz von Kunstdünger – weiter steigt. Kredite können nicht mehr zurückgezahlt werden, gleichzeitig wird die Steuerbelastung durch die Erhöhung der Grundsteuer immer drückender, die sozialen Lasten nehmen zwischen 1923 und 1935 um das Fünffache zu. Immer wieder kommt es zu Zwangsversteigerungen – da ist es, so die antisemitische Hetze, der profitgierige „Jude", der sich am Unglück der Bauern bereichert. Der heranwachsende Franz Murer nimmt aus diesen Jahren einen Leitsatz für sein Leben mit – „Die Juden sind unsere Feinde und an allem schuld!".

Manche Landwirte weichen in ihrer Not zu privaten Geldgebern aus und leihen sich Geld zu Horrorkonditionen – mit Zinsen bis zu 30 Prozent. „Entschuldungsaktionen" der Regierung und diverse Lenkungsmaßnahmen wie Schutzzölle und Einfuhrverbote helfen wenig, dazu kommt, dass die Forstwirtschaft im Gefolge der Weltwirtschaftskrise schwere Einbußen erleidet. Zwischen 1928 und 1932 sinkt der Wert der steirischen Holzexporte um 73 Prozent.

Wütende, verzweifelte Bauern greifen nicht selten zur Selbsthilfe, Versteigerungen von Vieh werden boykottiert, indem sich ganze Dörfer und Orte den angesetzten Exekutionen widersetzen. „Nachbar- und Dorfnotgemeinschaften“ werden gebildet, Selbsthilfegruppierungen, die vielfach von den Heimwehren unterstützt werden und in denen die Propaganda der Nationalsozialisten auf fruchtbaren Boden fällt.

Das Schlagwort von der angeblichen „Judenknechtschaft“ ist in bäuerlichen Kreisen allgegenwärtig, auch im „Katholischen Bauernbund für Steiermark“, der bis 1928 vom Priester Josef Zenz und dann von Dr. Josef Wurzinger geleitet wird. Beim groß gefeierten „Jungbauerntag“ in Kirchbach am 22. Mai 1932, der durch eine Rede von Bundeskanzler Dollfuß seine Auszeichnung findet, legt Wurzinger der Bundesregierung drei Bitten vor, die auf den gewohnten Seitenhieb gegen die Juden nicht verzichten, ja sogar ein offenes Vorgehen gegen sie fordern: „1) Schützt den Bauern und seine Arbeit, laßt vom Ausland nichts herein, was wir selber haben, und sorgt, daß für das, was hereinkommt, die Ausländer bei uns kaufen. 2) Habet endlich den Mut, die Arbeitslosenfrage anzupacken, helft durch produktive Arbeitslosenfürsorge den Arbeitswilligen Arbeit zu finden. 3) Habet Mut, Ordnung zu machen, helfet mit, das Volk aus der Judenknechtschaft zu befreien.“ Wie diese Befreiung von der „Judenknechtschaft“ vonstattengehen soll, ist den katholischen Bauernbündlern, die so vehement auf Gott setzen – „Trotz Not und Elend mit Gott voran!“ lautet die Parole am „Jungbauerntag“ –, wohl selbst noch unklar, das wird ihnen jedoch Hitler am Beispiel Deutschland in Kürze vorzeigen. Für viele steirische Bauern werden die Nazis aber nicht nur in Sachen Juden das bessere Programm haben: Im Reich des „Führers“ wird, so haben sie den Eindruck, der Bauer in einem neuen Licht gesehen, vergessen die Zeit, da man sich für sein Bauerntum schämen musste. Jetzt gilt er als „Blutquelle und Ernährer des deutschen Volkes“, als „Mittler der Verbindung zwischen Rasse und Boden“. Mit der Schaffung des vor Zwangsversteigerungen geschützten „Erbhofs“ wird die Verbindung des Bauern mit seinem Grund und Boden mystisch überhöht, er wird zum

Helden des „Reichsnährstandes“ und der „Erzeugungsschlacht“. Sätze wie Hitlers „Das Deutsche Reich muß wieder ein Bauernreich werden oder es wird untergehen wie die Reiche der Hohenzollern und Hohenstaufen“ lassen das Misstrauen gegen den „Bauernsohn unserer Heimat“ (*Der Bauernbündler*, 19. März 1938) schwinden.

8 Groschen für Österreich

Illustrierte Kronen Zeitung

40 Heller tschechoslow. Währ. f. d. tschechoslow. Republik

37. Jahrgang. Druck, Verlag, Eigentum und Herausgabe G. Davis & Co., Wien, IX., Pramergasse 28. Verantwortlicher Schriftleiter: Emil Weiwart, Wien, IX., Türkenstraße 9. Nr. 12.977.

Post-Abonnement für Österreich 1 Monat 2 Schilling 55 Groschen Postspark. Wien: Konto-Nr. 51755.

Wien, Donnerstag, den 5. März 1936. Redaktion und Administration: Wien, IX., Pramergasse 28.

Post-Abonnement für die tschechoslow. Republik 1 Monat Kč 11.—, 3 Monate Kč 33.— Postspark. Prag: Konto-Nr. 51755.

Rickett vermittelt zwischen Mussolini und dem Negus?

Mister Rickett, der mit seiner Oelkonzession schon einmal eine sensationelle Wendung im Abessinienkonflikt gebracht hat, befindet sich einer englischen Meldung zufolge im Flugzeug auf dem Weg nach Addis Abeba, um dem Negus Friedensvorschläge Mussolinis zu überbringen.

Bauerntum von heute.

„Bauer zu sein, bedeutet heute ein schweres Los.“ Illustration zum Artikel „Bauerntum von heute“ in der „Illustrierten Kronen Zeitung“, 5. März 1936.

Ein „ganzer Kerl“: der Ordensjunker

Ausgestattet mit dem erfreulichen Zeugnis aus Grottenhof, macht sich der 18-jährige Franz Murer im Sommer 1930 auf Arbeitssuche – und hat Glück: Die Fürstlich Schwarzenberg'sche Forstdirektion engagiert ihn „auf Praxis“ für ihren Gestüthof in Laßnitz-Murau. Eineinhalb Jahre lang sammelt er als Knecht im Pferdehof der Adelsfamilie erste Erfahrungen in einem großen landwirtschaftlichen Betrieb, 1932 tritt er dann auf einem Gut in Vasoldsberg bei Graz als „Adjunkt“ seine erste richtige Stelle an. Ein Jahr später bietet sich die nächste Chance: Ein Schulkamerad aus Grottenhof, der als Verwalter auf dem Gut Marienhof bei Nikitsch im Burgenland tätig ist, bietet ihm eine Stelle an: Murer soll als sein Gehilfe die Verwaltung der Ackerbauflächen des Guts übernehmen. Die Herausforderung für den jungen Steirer ist groß: Der Betrieb im Besitz eines ungarischen Grafen umfasst 550 Joch, am Gutshof sind nur Ungarn beschäftigt, dazu kommen kroatisch sprechende Saisonarbeiter aus dem nahen Kroatisch Minihof. Das Gut, dessen Felder die Grenze zu Ungarn bilden, wird als Pachtbetrieb geführt und umfasst auch eine große Spiritusbrennerei, das jährliche Kontingent beträgt ca. 1000 Hektoliter „Feinsprit“. Murer bewältigt die Aufgabe erfolgreich, in seiner autobiografischen Notiz vermerkt er: „Beruflich war diese Zeit für mich sehr schön und ich denke gerne daran zurück.“ Mit den ungarischen und kroatischen Hilfskräften hat er das „beste Einvernehmen“, „politisiert“ wird angeblich nicht, wohl aber verfolgt Murer in den Zeitungen aufmerksam das Zeitgeschehen und wandelt sich allmählich zu einem Sympathisanten der Nationalsozialisten. Fasziniert vom Aufstieg Hitlers, beginnt er den „autoritären“ Staat, wie ihn Engelbert Dollfuß mit Unterstützung der „Starhembergheimwehr“ führt, abzulehnen, die Hinrich-

NS-Elite der Zukunft: Junker der Ordensburg Krössinsee marschieren singend zum 48. Geburtstag von Robert Ley auf. Im Hintergrund der Bergfried von Krössinsee, Februar 1938.

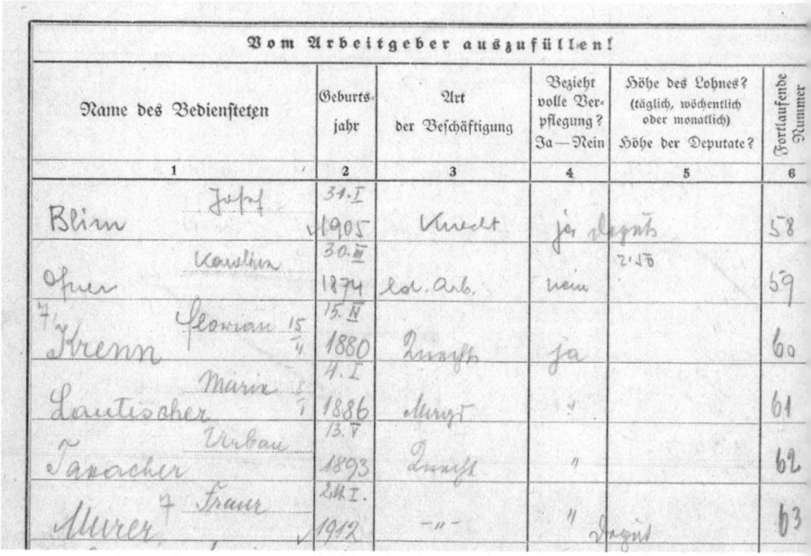

Vom Arbeitgeber auszufüllen!					
Name des Bediensteten	Geburtsjahr	Art der Beschäftigung	Bezieht volle Verpflegung? Ja — Nein	Höhe des Lohnes? (täglich, wöchentlich oder monatlich) Höhe der Deputate?	Fortlaufende Nummer
1	2	3	4	5	6
Blim Josef	31. I 1905	Knecht	ja Deputat		58
Ofner Karoline	30. III 1874	Lad. Arb.	nein	2.50	59
Krenn Florian	15. IV 1880	[illegible]	ja		60
Lautischer Maria	4. I 1886	Magd	"		61
Tasacher Urban	13. V 1893	[illegible]	"		62
Murer Franz	24. I. 1912	-"-	" Deputat		63

Knecht am Gestütshof des Fürsten Schwarzenberg: Eintrag in der „Betriebs-Liste“ des Guts für die Landwirtschaftskasse für Steiermark“ 1930/31.

tungen nach dem Juliputsch bestärken ihn in der Ablehnung des „Ständestaats“: „Nach Niederschlagung der Putschversuche war ich wirklich das erste Mal entsetzt, als ich las, daß einige Verwundete mit der Tragbahre zum Galgen gebracht wurden und das von einer christlichen Regierung“, erzählt er in seiner autobiografischen Skizze. Zu erwähnen vergisst Murer, dass es wohl vor allem die Nachrichten von zuhause sind, die ihn bewegen: Der Aufstand der Nationalsozialisten in den obersteirischen Gebieten fordert zahlreiche Todesopfer, nirgendwo sonst wird mit derartiger Brutalität agiert. Es ist auch keine Splittergruppe, die hier ihr Glück versucht, sondern eine breit in der Bevölkerung verankerte, gut organisierte und zentral gelenkte Streitmacht. So sieht sich Judenburg am Morgen des 26. Juli 1934 von Hunderten von mit Maschinengewehren bewaffneten SA-Leuten eingekreist, in Leoben kommt es zum blutigen Kampf zwischen den Aufständischen und einem Bataillon des Bundesheers, das sogar Artillerie zum Einsatz bringen muss, um

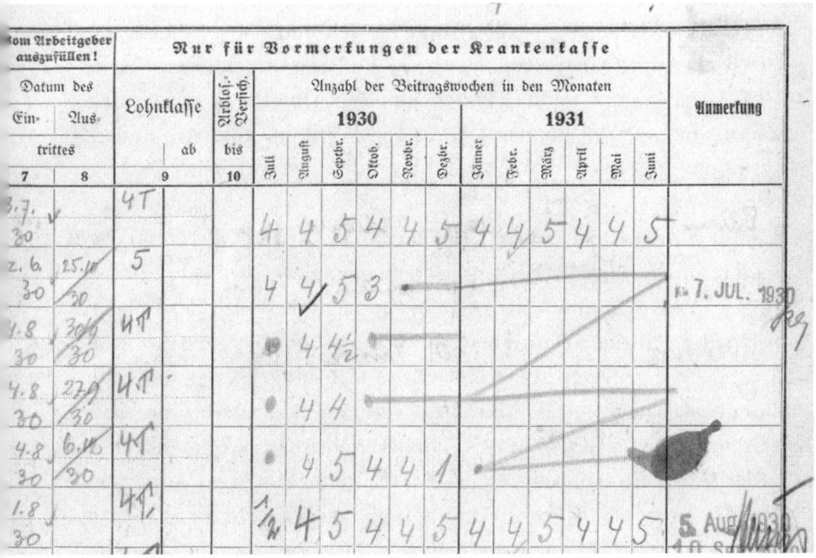

Vom Arbeitgeber auszufüllen! Datum des Ein- trittes (7)	Aus- trittes (8)	Lohnklasse ab (9)	Arblos.-Versich. bis (10)	1930 Juli	August	Septbr.	Oktob.	Novbr.	Dezbr.	1931 Jänner	Febr.	März	April	Mai	Juni	Anmerkung
3.7.30	✓	4T		4	4	5	4	4	5	4	4	5	4	4	5	
2.6.30	25.10/30	5		4	4	5	3									7. JUL. 1930
4.8.30	30/9/30	4T		•	4	4½										
4.8.30	27.9/30	4T		•	4	4										
4.8.30	6.11/30	4T		•	4	5	4	4	1							
1.8.30		4T		½	4	5	4	4	5	4	4	5	4	4	5	5. Aug. 1930

sich gegen die SA-Kämpfer durchzusetzen. Gut möglich, dass unter den Todesopfern auf Seiten der Nazis auch Bekannte aus dem persönlichen Umfeld Murers sind – nach dem „Anschluss“ werden sie als Märtyrer gefeiert werden, nach 1945 fallen sie dem Verdrängen und Vergessen anheim. Der Juli 1934 bleibt in der Erinnerung vieler steirischer Bauernfamilien als blutiger Stachel zurück.

Für den jungen Adjunkten der gräflichen Gutsverwaltung sind es ökonomische Aspekte, die besonderes Gewicht in der Entscheidung für Hitler gewinnen. Die, wie Murer meint, gegenläufigen wirtschaftlichen Entwicklungen in den beiden Ländern – „immer steigende Verbesserungen“ in Deutschland, „Arbeitslosigkeit und Not“ in Österreich – überzeugen ihn schließlich vollends davon, mit den Nazis die richtige Wahl zu treffen. Er habe sich allerdings, so behauptet er später in seiner autobiografischen Skizze, nie in einer illegalen NS-Organisation betätigt – dazu hätten in der abgeschiedenen Welt des Gutshofes an der ungarischen Grenze die Voraussetzungen gefehlt. Eine glaubhafte Aussage, auf jeden Fall aber ist er Sympathisant der Naziszene.

Es sind traurige Anlässe, die Murer zurück nach St. Lorenzen rufen: 1934 stirbt im Alter von nur 57 Jahren seine Mutter Maria, 1937 Vater Johann, auch er erst 58 jahre alt. Den Pötscherhof übernimmt der jüngere Bruder Georg, Franz hat inzwischen ja einen beruflich erfolgreichen Weg in der Fremde eingeschlagen.

Knapp vor dem „Anschluss", im Februar 1938, wird Murer als Verwalter für ein Gut in Kleinmutschen engagiert, als Wohnadresse gibt er später Kleinmutschen 63 an. Auf dem Anwesen sieht er sich als wieder „einziger Deutscher" mit Kroaten und Ungarn konfrontiert, nach eigener Aussage versteht er sich auch hier bestens mit ihnen – vor allem mit den Kroaten, von denen er nun erfährt, dass sich manche von ihnen zum Nationalsozialismus „bekennen". Sein neuer Chef ist ein österreichischer Bankdirektor aus Warschau, der ihm auch, wie Murer freimütig berichtet, ein sehr gutes Gehalt zahlt, sodass „ich in der Lage gewesen wäre, eine Familie zu gründen"– das bessere Gehalt hat ihn wohl auch dazu bewogen, seine Stelle auf Gut Marienhof aufzugeben.

Mit der Abgeschiedenheit ist es nun vorbei, Murer holt offensichtlich nach, was er auf Gut Marienhof versäumt hat: Er sucht Kontakte in der illegalen burgenländischen Szene, die im März 1938 mit dem „Anschluss" ihre große Stunde gekommen sieht. Jetzt, in der Euphorie dieser Tage, ist plötzlich für den aufstrebenden „Gutsverwalter" alles anders, ein alternativer Weg zeichnet sich ab: Ein „deutscher Kreisleiter, welcher in Oberpullendorf seinen Sitz" hat und hier offenbar seinen ostmärkischen Kollegen – gemeint ist wohl Paul Kiss (1894–1961), Kreisleiter von Oberpullendorf und Mitglied des Burgenländischen Landtags – in die Praxis des NS-Führerstaates einschult, „entdeckt" angeblich den vom NS-Programm begeisterten jungen Agrarfachmann, der unbedingt auch seinen Teil zur „braunen Revolution" Hitlers beisteuern will: Von besagtem Kreisleiter erfährt er, dass Männer zur Aufnahme in die NS-Ordensburg Krössinsee gesucht werden, es gelte den „Führernachwuchs" zu sichern – eine Herausforderung, die ganz nach dem Geschmack Franz Murers ist, und so bewirbt er sich um die

Aufnahme, schon zuvor tritt er mit dem Aufnahmedatum 1. Mai 1938 und der Mitgliedsnummer 6171713 in die NSDAP ein. *(Bundesarchiv, NSDAP-Gaukartei.)* Nachdenklich stimmt allerdings ein im Litauischen Spezialarchiv Wilna (LYA) erhaltenes Dokument, das eine NSDAP-Mitgliedschaft Murers „seit April 1933“ vermerkt, allerdings ebenfalls mit der Nummer 6171713. Handelt es sich hier um einen Irrtum oder hat Murer bewusst eine falsche Angabe gemacht? Später wird er sich damit rühmen, dass er seine Mitgliedsnummer gar nicht gewusst und zu seiner „Überraschung“ erst vom sowjetischen Untersuchungsrichter in Wilna erfahren habe. Die Formulierung in seiner autobiografischen Skizze lässt jedoch vermuten, dass sich Murer gerne einer niedrigeren Mitgliedsnummer gerühmt hätte: „Ich habe mich dann auch um die Parteimitgliedschaft beworben und bekam die Nummer der im Jahre 1938 beigetretenen Mitglieder.“

Die Aufnahmekriterien für die Ordensburg-Kandidaten, die zukünftige Elite der Partei, sind streng. Sie müssen sich zum einen in dem Beruf, den sie gewählt haben, bereits bewährt haben. Ein schriftlicher Test, dem sie sich unterziehen müssen, soll dann überprüfen, ob sie den Anforderungen auch geistig gewachsen sind, eine der Fragen bezieht sich auf die Erwartungen, die der Bewerber an die Ausbildung auf einer Ordensburg hätte. Murer, der in seiner Euphorie mit seinem Ziel erst gar nicht hinter dem Berg halten will, erklärt den Prüfern, wie er in seiner autobiografischen Notiz erzählt, dass er „Bauernführer“ werden wolle. „Politische Fragen“, so merkt er an, seien in diesem Test jedoch keine gestellt worden.

Robert Ley, selbst nicht unbedingt eine sportliche Erscheinung, fordert weiters von den Kandidaten absolute Gesundheit und so wird Murer in der Klinik für Innere Krankheiten am Allgemeinen Krankenhaus in Wien auf Herz und Nieren untersucht. Geleitet wird die Klinik von einem Mann, dem die Nazis vertrauen: Professor Hans Eppinger junior (1879–1946), einem Spezialisten für Leberkrankheiten und Kreislaufstörungen, der später im KZ Dachau an 90 Roma und Sinti eine Versuchsreihe zur Trinkbarkeit von

Meerwasser vornehmen wird – die Häftlinge bekommen dabei nur Meerwasser zu trinken, eine Tortur, an der viele nach kurzer Zeit sterben. Eppinger, der 1946 im Nürnberger Ärzteprozess aussagen soll, begeht kurz vor Prozessbeginn Selbstmord. Murer besteht den Gesundheitscheck an der Eppinger-Klinik ohne Probleme und wird schließlich an der Ordensburg Krössinsee aufgenommen.

„Politische Soldaten“: Krössinsee

Robert Ley, der Leiter der Deutschen Arbeitsfront, ist ein Besessener. Er sieht sich für die „Schulung und Erziehung des deutschen Menschen“ verantwortlich und will für den „Führernachwuchs“ der Partei eine neue „Auslese“, eine Elite, die die „bürgerliche Auslese“ ersetzt. Er träumt von „wirklich vollkommenen Kerlen in jeder Beziehung“, von Männern, die den „Willen zum Führen in sich tragen“, die „Freude am Herrschen“ (Zitate Robert Ley) haben. Dafür, so meint er, braucht es auch besondere Ausbildungsstätten – „Ordensburgen“, die allein schon durch ihre Architektur den Kandidaten „jeden Tag von neuem ein Sinnbild der Größe und der Würde der nationalsozialistischen Weltanschauung“ sein sollen. „Gewaltig, neu und zweckmäßig“ sollen diese vom Grund auf neu erbauten Ordensburgen sein, ein Ebenbild der „neuen, gewaltigen Weltanschauung Adolf Hitlers“. Ein Umbau alter Burgen oder Schlösser kommt daher für Ley nicht in Frage, die Anlagen werden neu geplant: Sonthofen im Allgäu, Vogelsang in der Eifel und Krössinsee in Pommern.

Als „Dankesschuld und Geschenk der schaffenden deutschen Menschen“ übergibt Robert Ley am 24. April 1936 die Ordensburgen Krössinsee, Vogelsang und Sonthofen dem „Führer“. Der Nachwuchs der Partei soll hier zu „ganzen Kerlen“ erzogen werden, ja, Ley legt seinem vergötterten Chef gegenüber ein Gelöbnis ab: „Diese Männer, die hier hinausgehen, werden gehorchen gelernt haben, werden treu und Kameraden für das ganze Leben sein.“ In

Sport „liefert neue Kraft zum Lebenskampf“: Hangeln am Seil gehört für die angehenden Ordensjunker zum Ausbildungsprogramm. Foto: Willi Ruge, 1939.

einem Interview für die Zeitung *Der SA.-Mann* führt Ley die Ziele näher aus: Kein „neuer Priesterstand" soll herangebildet werden, sondern sein Ideal sei der „politische Soldat, der den Begriff Prediger und Soldat in sich eindeutig vereinigt". *(Zitiert nach Robert Ley, Wir alle helfen dem Führer.)*

Mut, Entschlusskraft und Kühnheit der Ordensjunker sollen erprobt und weiter gefördert werden, ein Absprung mit dem Fallschirm aus dem Flugzeug und der Sprung vom Zehn-Meter-Brett gehören daher ebenso zum Ausbildungsprogramm wie Box- und Fechtunterricht. In Krössinsee dominieren Wassersportarten wie Rudern und Segeln, auch sie liefern „neue Kraft zum Lebenskampf" und fördern die „Grundeigenschaften echten Mannestums". (Robert Ley)

Am 1. Dezember 1938 beginnt in Krössinsee Murers Ausbildung zum „Ordensjunker", der Tagesablauf der Nachwuchsführer ist streng geregelt: Um 6 Uhr werden die Lehrgangsteilnehmer geweckt, es folgen Frühsport, Frühstück und die Flaggenparade. Dann beginnt der Unterricht mit Vorträgen von Gast- und Hauptlehrern. Nach dem Mittagessen steht der Sport am Programm, mitunter folgen militärische Übungen und Exerzieren. Vor dem Abendessen um 19 Uhr müssen die angehenden „politischen Soldaten" in kleinen Arbeitsgruppen noch einmal den Lehrstoff vom Vormittag durcharbeiten, erst nach dem Abendessen haben sie frei, Zapfenstreich ist um 22 Uhr. Für etwas Abwechslung sorgen Ausflüge ins Umland und ins Stadttheater Stettin, auch auf der Ordensburg selbst finden kulturelle Veranstaltungen statt – zu manchen Konzerten etwa hat auch die Bevölkerung aus der Umgebung Zutritt *(Rolf Sawinski, Die Ordensburg Krössinsee in Pommern).*

Vor der Abreise nach Pommern vollzieht der 26-Jährige, der sich ganz dem „Führer" verschrieben hat, einen symbolisch wichtigen Schritt: Am 16. Oktober 1938 tritt Franz Murer laut Bescheinigung der Bezirkshauptmannschaft Murau aus der Kirche aus, ja, die Kraft für sein zukünftiges Leben, so dünkt es ihm, kommt jetzt aus anderer Quelle, er will wie viele seiner neuen Kameraden ganz mit der alten Welt

Das Blatt der „politischen Soldaten“ aus der „Falkenburg“ Krössinsee: die „Burggemeinschaft“.

abschließen. Unterstützung für diese Entscheidung hat er, so scheint es, von Seiten der Familie: Auch Schwester Romana, geboren 1916, und Bruder Peter (Petrus) treten 1940 bzw. 1942 aus der Kirche aus, ein Indiz dafür, dass seine Geschwister die Begeisterung für die NS-Ideologie weitgehend teilen. Nach Kriegsende werden die Murer-Geschwister wieder in den Schoß der Kirche zurückkehren – Franz Murer macht diesen Schritt am 24. Februar 1946 in Gaishorn.

Nach fünf Monaten Schulung wird Murer am 8. Mai 1939 zur Wehrmacht eingezogen und absolviert beim Flak-Regiment 51, das dem Luftverteidigungskommando 2 untersteht, in Stettin eine Kurzausbildung, sein „Heimat-Luftgau“ ist von nun an „Posen I“. Am 5. August 1939 schickt man den Ordensjunker nach Hause – Murer bleibt damit der Feldzug in Polen erspart, zu dem die aus fünf Batterien bestehende Einheit bereits wenige Wochen später aufbrechen muss.

Trotz aller Begeisterung für die „braune Revolution“ kehrt Rekrut Murer wohl nicht ungern in die Steiermark zurück. Er hat zwar hier kein richtiges Zuhause mehr, aber in Gaishorn am See wartet ein junges Mädchen auf ihn, das er vermutlich schon 1938 vor seine Abreise nach Krössinsee kennen gelernt hat: die 19-jährige

Elisabeth Möslberger. Elisabeth teilt seine politisch-ideologischen Überzeugungen: Sie ist Mitglied beim BDM und in der Gaishorner Naziszene bestens verankert. Sitz der NS-Ortsgruppe ist die „Villa Größing" – Anton Größing, Bürgermeister des Orts von 1934 bis 1938, hat sein Amt nach dem „Anschluss" dem Nationalsozialisten Viktor Gasteiner (1903–1943), allgemein bekannt als „Hansl im Ort", übergeben müssen. Parteigenosse und Ordensjunker Murer ist in Gaishorn willkommen und lebt sich rasch ein. Er stellt sich der Kreisbauernschaft zur Verfügung und beeindruckt diese mit neuen Ideen, die man offenbar auch umzusetzen versucht: „Wir haben dann dort Bewirtschaftungssachen gemacht", wird er später etwas kryptisch dem Untersuchungsrichter erklären.

Zwischenspiel: eine Hochzeit und ein Wilderer-Drama

Am 14. März 1940 heiratet Franz Murer, der bereits seit dem 1. März in Gaishorn am See bei seinem zukünftigen Schwiegervater gemeldet ist, die am 25. April 1920 geborene Elisabeth Möslberger, Tochter des Bauern Josef Möslberger (auch *Mösslberger,* 1882–1952), in Gaishorn. Der Ordensjunker heiratet in Uniform, obwohl nur eine standesamtliche Trauung vorgenommen wird, erscheint die junge Frau, wie ein erhaltenes Foto zeigt, im weißen Brautkleid. Dieses „Hochzeitsfoto" hat eine eigene Geschichte: Es befindet sich heute in der Fotosammlung des israelischen Museums „Haus der Ghettokämpfer" und ist wohl über den Urologen Dr. Mosche Feigenberg in dessen Besitz gelangt. Feigenberg, 1909 in Wilna geboren und im Ghetto als Arzt im Jüdischen Spital tätig, tritt im Prozess 1963 als Zeuge auf, bereits in der Voruntersuchung legt er das Bild dem Untersuchungsrichter vor, er gibt an, das Bild von einem „Herrn Dimitrowski" bekommen zu haben. Von ihm stammt auch jenes bekannte Foto, das Gebietskommissar Hingst und Murer bei einer Veranstaltung zeigt – bis heute das einzige gemeinsame Bild der beiden Nazi-Zivilbeamten. (Siehe dazu auch Seite 234 ff.)

Hochzeit mit Elisabeth Möslberger in Rottenmann am 14. März 1940. Franz Murer heiratet in der Uniform der Ordensjunker.

Elisabeth Möslberger ist für den Ordensjunker und Flaksoldaten Murer eine „gute Partie“ – ihr Vater, Sohn eines Gast- und Landwirts in Lassing-Burgfried, ist Herr auf dem 60 Hektar großen, am Abhang des Sonnbergs gelegenen „Hubenbauernhof“ in Gaishorn 66 und war von 1924 bis 1934 Bürgermeister der Gemeinde. In den Besitz des Hofes gelangte er 1919 durch Heirat mit der Witwe Elisabeth Krenn, geborene Rainer, ein Jahr später wurde Tochter Elisabeth geboren.

Dem jungen Paar – Elisabeth ist bereits schwanger – sind noch einige Wochen gegönnt, dann muss Franz Murer wieder zur Luftwaffe. Am 19. April 1940 flattert für den Angehörigen des „Heimat-Luftgaus“ Posen I der Einrückungsbefehl ins Haus, am 22. April 1940 meldet er sich bei der 3. Flakersatzabteilung 51 in Stettin-Kreckow. „Trainingsgerät“ der Truppe ist die neu eingeführte 2-cm-Flak 38. Nach vier Wochen Ausbildung geht es über Hildesheim an die Front im Westen: Murer wird zur Reserve-Flak-Abteilung 522 der Flak-Division 5 versetzt und macht in dieser Einheit den Frankreichfeldzug mit, nach der Kapitulation des Gegners stationiert die Truppe in Calais und ist hier für die „Verteidigung der Bodenorganisation“, der Marinestützpunkte

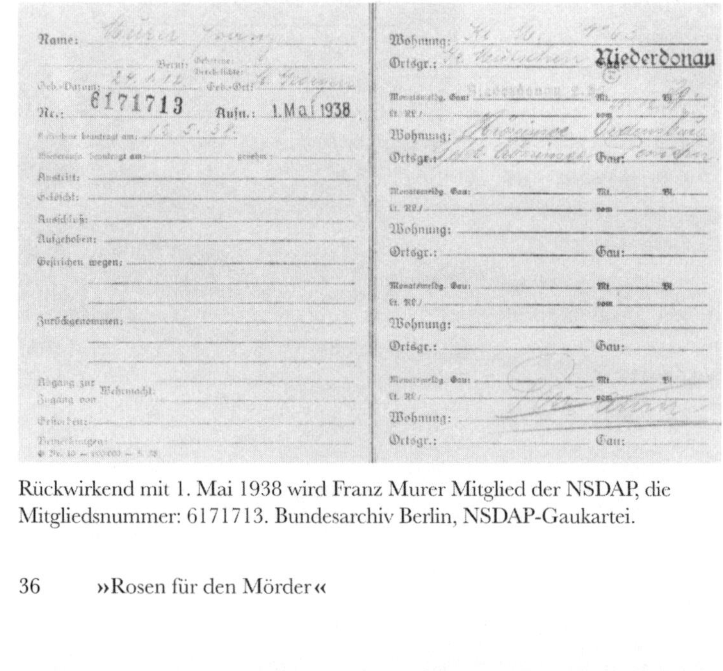
Name:
Beruf:
Geb.-Datum:
Geb.-Ort:
Nr.: 6171713 Aufn.: 1.Mai 1938
Austritt:
Gestrichen wegen:
Zurückgenommen:
Wohnung:
Ortsgr.:
Gau: Niederdonau
Wohnung:
Ortsgr.:
Gau:

Rückwirkend mit 1. Mai 1938 wird Franz Murer Mitglied der NSDAP, die Mitgliedsnummer: 6171713. Bundesarchiv Berlin, NSDAP-Gaukartei.

und anderer militärischer Anlagen gegen Angriffe der *Royal Air Force* zuständig. An 21 Tagen, so geht aus Murers „Militärischem Werdegang" vom 14. April 1944 *(Militärarchiv Freiburg im Breisgau, Akt Franz Murer)* hervor, hat die Flak-Abteilung „Feindberührung".

Zuhause am Hof in Gaishorn erwartet Elisabeth Murer inzwischen ihr erstes Kind, Tochter Arngund wird am 28. September 1940 geboren – für den Flak-Artilleristen erfreulicher Anlass, um Heimaturlaub zu nehmen. Bald ist auch Gattin Elisabeth wieder schwanger: Am 19. August 1941 wird der erste Sohn des Paars geboren und auf den Namen „Gerulf" getauft, ein Name, den die Eltern so wie bei Tochter Arngund wohl mit Bedacht wählen – die althochdeutschen Wurzeln *ger* (Speer) und *wolf* (Wolf) sind Programm.

Inzwischen braut sich im heimatlichen St. Lorenzen Unheil zusammen – die erste Jahreshälfte 1941 wird von einem Familiendrama überschattet, das die ganze Region in Atem hält und in der Grazer und Wiener Presse für Schlagzeilen sorgt: Am 26. März 1941 beginnt vor dem Landgericht Leoben der Prozess gegen Franz Murers um ein Jahr jüngeren Bruder, den 28-jährigen Georg Murer, Bauer am väterlichen Pötscherhof in St. Lorenzen ob Murau. Zusammen mit dem 31-jährigen Aufsichtsjäger Rupert Perner aus Seetal, der einst auf seinem Hof als Knecht beschäftigt war, muss sich Georg Murer wegen Mordes verantworten. Was war geschehen? Murer und sein Freund waren dem Glücksspiel verfallen, bei dem Perner schließlich nicht nur die Mitgift seiner Frau, sondern oft auch sein gesamtes Monatseinkommen an Murer verloren und weiter Schulden angehäuft hatte. Diesen Umstand machte sich Georg Murer zunutze und erbat sich von Perner als Gegenleistung die „Erlaubnis", in dem von ihm beaufsichtigten Revier wildern zu dürfen. Angesichts seiner misslichen Lage musste Perner einwilligen, beide Spieler veranstalteten im Revier von Perner nun regelrechte Treibjagden, zu denen auch der als Wilddieb bekannte Holzarbeiter Raimund Urschnigg eingeladen wurde. Der vorbestrafte Jagdfreund Urschnigg hatte jedoch eine Schwäche: Er plauderte gerne und erzählte prompt im Wirtshaus von den fröhlichen Pirschgängen mit Murer und Perner.

Georg Murer, um seine Reputation besorgt, sah daraufhin nur mehr einen Ausweg: Urschnigg musste aus dem Weg geräumt werden.

Er redete seinem Kumpanen Perner so lange zu, bis dieser am 6. Juli 1940 in den Wald marschierte, um mit Urschnigg, dem Schwätzer, „abzurechnen". Bei einer Holzknechthütte traf der Jäger auf den Wilderer, der eben dabei war, ein Stück Wild aufzubrechen. Perner zog seine Dienstpistole und forderte Urschnigg auf, ihm auf die Gendarmerie zu folgen. Der verblüffte Wilderer nahm die Aufforderung seines Bekannten nicht ernst und ignorierte auch eine zweite – da feuerte Perner einen Schuss ab, Urschnigg war sofort tot.

Perner wurde einen Tag später wegen Überschreitung der Notwehr verhaftet, seine Version des Tathergangs – Urschnigg sei mit einer Axt auf ihn losgegangen – erwies sich in den Vernehmungen bald als Lüge, schließlich legte der Jäger ein Geständnis ab und belastete damit auch seinen Freund Georg Murer schwer. Da der Verdacht der Mitwisserschaft aufgrund der Aussage Perners auch auf Georgs Schwester Seraphine Murer (1910–1948) fiel, wurde sie ebenfalls in Untersuchungshaft genommen, nach drei Monaten allerdings freigelassen. Perner hatte behauptet, dass sie gehört hätte, wie ihr Bruder Georg sagte: „Der Urschnigg gehört weg!"

Vom Strafsenat des Landgerichts Leoben wurden Rupert Perner und Georg Murer, der beharrlich leugnete, am 1. April 1941 wegen Mordes bzw. Anstiftung zum Mord zu lebenslangem schwerem Kerker mit einem harten Lager an jedem Jahrestag der Tat verurteilt. Die beiden Verurteilten und auch der Staatsanwalt, der ursprünglich sogar für die Todesstrafe plädiert hatte, gingen in die Berufung an das Reichsgericht – dessen Entscheidung wollte Georg Murer aber nicht mehr abwarten: Er verübte am 10. Februar 1942 in seiner Zelle im Grazer Gefängnis Selbstmord. Das Strafausmaß für Rupert Perner wurde im November 1942 – nunmehr wegen „Totschlags" – auf zehn Jahre Zuchthaus herabgesetzt. Der „Leobner Wildererprozess" wurde auch in den Wiener Blättern aufmerksam verfolgt, erblickte man darin doch ein bezeichnendes Sittenbild aus der steirischen Provinz.

Auftakt in Wilna

„Messieurs, mir scheint, wir sind in Jerusalem!", soll Napoleon Bonaparte gesagt haben, als er 1812 auf dem Weg nach Moskau seinen Einzug in der Stadt hielt. Der schlagfertige Korse und seine Entourage waren überrascht von dem Bild, das sich ihnen in den Gassen bot: Orthodoxe Juden prägen das Leben in der Stadt, die von ihnen *Vilne* genannt wird und seit Mitte des 18. Jahrhunderts zu einem Mittelpunkt jüdischer Frömmigkeit und Gelehrsamkeit geworden ist. Hier, im „Jerusalem des Nordens", blüht die *Haskala*, die osteuropäisch-jüdische Aufklärung, die Bildung und Wissenschaft hochhält und eine Erneuerung des Judentums anstrebt.

1847, unter Zar Nikolaus I., wird eine russischsprachige Rabbinerschule mit einem angeschlossenen Gymnasium gegründet, die russische Assimilationspolitik zielt auf eine Anpassung der jüdischen Bevölkerung an die russische Gesellschaft, die Repressionen reichen von der Zwangstaufe bis zur Aberkennung von Grundbesitzrechten und Militärpflicht für Juden. Gleichzeitig wächst der Antisemitismus – nicht nur bei den Russen, sondern auch bei den Polen. Von Pogromen bleibt Wilna jedoch verschont, die jüdische Gemeinschaft floriert und setzt auch politische Zeichen: 1897 wird in Wilna der „Bund" gegründet, die bedeutendste jüdisch-sozialistische Partei Osteuropas.

1939, am Vorabend der Besetzung durch die Rote Armee im Gefolge des Hitler-Stalin-Pakts, hat Wilna, zu diesem Zeitpunkt noch Hauptstadt der polnischen Wojewodschaft Wilno *(województwo wileńskie),* rund 200.000 Einwohner, der Anteil der jüdischen Bevölkerung beträgt knapp 40 Prozent, also etwa 75.000 Menschen.

Wilna, das „Jerusalem des Nordens“, ist eine Stadt der Kirchen und Türme. Blick über die Altstadt, Ansichtskarte, um 1920.

Es ist Anfang Juli 1941. Seit wenigen Tagen läuft „Unternehmen Barbarossa“, Hitlers gigantischer Feldzug gegen die Sowjetunion. Ordensjunker Franz Murer, der mit seiner Truppe noch immer in Nordfrankreich stationiert ist, wird am 2. Juli zur „A. u. E.-Stelle“ des Luftgaukommandos III versetzt, soll also für „Ausbildung und Ersatz“ tätig sein. Die neue Dienststelle ist jedoch nach wenigen Tagen bereits wieder Vergangenheit: Ein Telegramm aus Berlin trifft für den Gefreiten ein. Lakonisch heißt es da: „Auf Befehl des Führers haben Sie sich in Berlin beim Sonderstab R. zu melden …“ Sonderstab R.? Murer hat keine Ahnung, was sich dahinter verbergen mag, offenbar hat man aber in der Hauptstadt eine besondere Aufgabe für ihn vorgesehen. Die Adresse, an der er sich melden soll, klingt ziemlich kryptisch: „Institut für kontinental-europäische Forschung“ in der Rauchstraße 17/18. Geht es um Russland, um einen Einsatz im Osten? Was er nicht weiß: Telegramme wie dieses haben auch zahlreiche andere „Ordensburger“ erhalten. Pflichtbewusst meldet sich Murer am 8. Juli 1941 bei seiner Einheit ab und reist am nächsten Tag nach Berlin, wo sich das Dunkel etwas lichtet: Der „Sonderstab

R.“ entpuppt sich als „Einsatzstab Reichsleiter Rosenberg“ (ERR), offenbar verbindet sich damit tatsächlich eine Funktion in den eben von der Wehrmacht eroberten Gebieten. Murer muss für das geheimnisvolle Institut für kontinental-europäische Forschung eine „Notdienstverpflichtung“ unterschreiben und gleichzeitig seinen Dienst als Soldat quittieren: Aufgrund der „Notdienstverordnung vom 15. Oktober 1938“, so der Text dieser wortkargen „Polizeilichen Verfügung“, werde er nun zu einem „langfristigen Notdienst“ herangezogen. Was Murer zu diesem Zeitpunkt wohl noch nicht weiß: Er ist jetzt Mitarbeiter von Alfred Rosenbergs „Reichsministerium für die besetzten Ostgebiete“, das sich unter dem genannten Tarnnamen im beschlagnahmten Gebäude der ehemaligen jugoslawischen Botschaft in der Rauchstraße angesiedelt hat. Erst am 18. November 1941 wird die Existenz dieses Ministeriums von der NS-Presse offiziell verlautbart werden, sein vorrangiges Ziel erläutert Rosenberg am Tag zuvor in einer geheimen Rede, die bereits unverblümt den Massenmord an den Juden ankündigt: Der Osten sei „berufen, eine Frage zu lösen, die den Völkern Europas gestellt ist: das ist die Judenfrage. Im Osten leben noch etwa sechs Millionen Juden, und diese Frage kann nur gelöst werden in einer biologischen Ausmerzung des gesamten Judentums in Europa.“

Murer erhält Befehl, sich auf der Ordensburg in Krössinsee zu melden, wo die für den „Osteinsatz“ vorgesehenen Absolventen unter dem Titel *Führerkorps Ost* zusammengezogen werden. In Schulungsvorträgen bereitet man hier die hoffnungsvollen „Nachwuchsführer“ auf ihre Aufgabe vor, Robert Ley und Rosenberg selbst, inzwischen von Hitler als „Reichsminister für die besetzten Ostgebiete“ inthronisiert, geben sich die Ehre, um die „weltanschaulich festen Männer“ *(Burggemeinschaft 5/6, 1943)* auf den „entscheidenden Anfangsaufbau“ einzuschwören. Das unverhüllte langfristige Ziel: Durch „Eindeutschung rassisch möglicher Elemente, durch Kolonisierung germanischer Völker und durch Aussiedlung nicht erwünschter Elemente“ soll das gesamte Gebiet des „Reichskommissariats Ostland“ zu einem Teil des Großdeutschen Reiches werden. *(„Instruktion für einen Reichskommissar Ostland“, zitiert nach Franz Albert*

Heinen, Gottlos, schamlos, gewissenlos.) Ein Erlass Hitlers vom 17. Juli 1941 schafft die noch improvisiert klingende juristische Grundlage für Rosenbergs Männer: „Um die öffentliche Ordnung und das öffentliche Leben in den neu besetzten Ostgebieten wiederherzustellen und aufrechtzuerhalten, ordne ich an: § 1 Sobald und soweit die militärischen Kampfhandlungen in den neu besetzten Ostgebieten beendet sind, geht die Verwaltung dieser Gebiete von den militärischen Dienststellen auf die Dienststellen der Zivilverwaltung über. Die Gebiete, die hiernach in die Zivilverwaltung zu überführen sind, und den Zeitpunkt, in dem dies zu geschehen hat, werde ich jeweils durch besonderen Erlass bestimmen."

Die ausgewählten „Ost-Kämpfer" (Franz Albert Heinen) werden gesundheitlich untersucht, eingekleidet und mit Ausrüstung und Papieren versehen, dann geht es an die Einteilung der Stäbe und die Zuweisung der zukünftigen Aufgabenfelder. Murer wird dem aus Schleswig-Holstein stammenden SA-Führer Hans Christian Hingst (1895–1955) zugeteilt, der als Gebietskommissar von Wilna-Stadt vorgesehen ist. Murers Funktion als „Stabsleiter": Als „ständiger Vertreter des Gebietskommissars" wird er nach seinem Chef der wichtigste Beamte der neu geschaffenen Dienststelle und als Leiter der „Abteilung Politik" auch für „Judenfragen" zuständig sein.

Zum „Reichskommissar für das Ostland" mit Sitz in Riga wird Hinrich (auch Heinrich) Lohse (1896–1964), der Gauleiter von Schleswig-Holstein, ernannt. Lohse, ehemals Bankangestellter in Altona, ist ein alter Bekannter Rosenbergs aus der „Kampfzeit", der ihn bereits im April 1941 bei Hitler für dieses Amt vorgeschlagen und durchgesetzt hat. Nun sorgt Lohse dafür, dass seine Gesinnungsfreunde aus Schleswig-Holstein mit Posten im „Ostland" versorgt werden – zu ihnen zählt auch Murers neuer Chef Hans Christian Hingst, bislang Kreisleiter in Neumünster. Generalkommissar im „Generalbezirk Litauen" und damit unmittelbarer Vorgesetzter von Hingst und Murer wird Reichshauptamtsleiter Dr. Theodor Adrian von Renteln (1897–1946) aus München, ehemals Reichsführer der Hitlerjugend und seit 1940 „Hauptamtsleiter Handel und Handwerk in der Reichsleitung der NSDAP". (1946 soll von Renteln, der baltendeutscher Herkunft ist, in der Sowjetunion hingerichtet worden sein, wie jedoch Christoph Dieckmann vermutet, könnte ihm möglicherweise auch die Flucht nach Südamerika geglückt sein.)

Für die Angehörigen der Zivilverwaltung in den *Reichskommissariaten Ostland* und *Ukraine* hat man eigene Uniformen aus goldbraunem Stoff geschaffen, die ihren Trägern von Seiten der Wehrmacht den wenig schmeichelhaften Spitznamen „Goldfasane" einbringen werden, häufig verbunden mit dem Vorurteil, dass es sich um „Schieber" und „Drückeberger" handle. Rosenberg hat ursprünglich für seine Mannen feldgraue Uniformen verlangt, da sie ja „zivilen Frontdienst" leisten würden – ein Überschuss an goldbraunem Stoff gibt jedoch den Ausschlag für eine Einkleidung mit diesem Material.

Ergänzt wird die goldbraune Montur durch eine rote Hakenkreuzschleife am rechten Arm, die die Aufschrift „Krössinsee" trägt. Dieser Uniform wird später noch große Bedeutung zukommen: Sie unterscheidet ihre Träger eindeutig von Angehörigen der SS und des SD, Zeugen, die später ein Auftreten Murers in dieser goldbraunen Uniform bezeugen können, gewinnen an Glaubwürdigkeit. Wie Murer in seiner autobiografischen Skizze schreibt, bekommt er in Krössinsee auch eine Pistole ausgehändigt, verbunden „mit der ausdrücklichen Belehrung, davon nur zum Zwecke der Selbstverteidigung Gebrauch machen zu dürfen". Daran habe er sich auch gehalten: „Ich habe auch nie von der Schußwaffe Gebrauch gemacht, ich kam weder durch einen Befehl oder durch Notwehr oder sonst einen Grund in eine solche Lage. Es war ja niemals so, daß jeder nach Belieben herumschießen konnte, da hätte er sich genau so straffällig gemacht wie heute." Was Murer allerdings verschweigt: Er erhält in Krössinsee auch eine Schießausbildung an dieser Waffe, der Umgang mit ihr ist ihm durchaus vertraut.

Franz Murer ist im Übrigen nicht der einzige „Ostmärker", der in Krössinsee auf den „Osteinsatz" vorbereitet wird: Da ist etwa der SA-Sturmbannführer Leopold Windisch, geboren am 15. April 1913 im niederösterreichischen Senftenberg, auch er ein Absolvent der pommerschen NS-Ordensburg. Windisch, 1928 bis 1931 stellvertretender „Gauführer" der Hitlerjugend in Niederösterreich und später „Verbindungsführer" der österreichischen SA-Landesleitung, wird Stabsleiter beim Gebietskommissariat in der weißrussischen Stadt Lida, 40 km von der litauischen Grenze entfernt. Geleitet wird die Dienststelle vom „alten Kämpfer" Hermann Hanweg (1907–1944), einem „Kameradschaftsführer" aus Krössinsee. Vom 8. bis zum 12. Mai 1942 ermorden die Nazis und ihre litauischen und lettischen Helfer im Distrikt Lida mindestens 12.874 Juden, Windisch, für den die Opfer nur „Abschaum" und „syphilitisches Pack" sind, ist an den Massentötungen wesentlich beteiligt. Unter den Ermordeten sind auch Juden aus Wilna, die hier Zuflucht suchten. Unter dem Vorwurf, die Wilnaer Juden mit Papieren ausgestattet zu haben, lässt Windisch im Frühjahr 1942 sieben Mitglieder des Judenrates von Wilna schwer misshandeln und hinrichten. Nach umfangreichen Ermittlungen – die Akten und Dokumente zu seinem Fall im Bundesarchiv Ludwigsburg umfassen 46 Bände – wird er 1969 in einem Prozess vor dem Landgericht Mainz wegen „gemeinschaftlichen Mordes" zu lebenslanger Zuchthausstrafe verurteilt. Leopold Windisch, der bis an sein Lebensende überzeugter Nationalsozialist und Judenhasser bleibt, stirbt 1985.

Erste Station für Hingst und Murer auf ihrem Weg in das „Ostland" ist Kaunas (Kowno), wohin Hinrich Lohse am 27. Juli 1941 die neuen Gebietskommissare und ihre Mitarbeiter zu einem Auftaktmeeting geladen hat. Noch gibt es keine klaren Anweisungen oder Verordnungsblätter, es bleibt vorerst beim Appell an „höchste Einsatzbereitschaft und nationalsozialistische Haltung", wie es der *Burgbrief*, die Zeitschrift der Ordensburg Sonthofen, im August 1941 formuliert. Eine Ausnahme macht da, wie könnte es anders sein, nur das Thema Juden. Dazu kann Lohse bereits „vorläufige Richtlinien für die Behandlung der Juden im Reichskommissariat Ostland" präsentieren, die offen und jedes Menschenrechts spottend auf die völlige Entrechtung und Ausgrenzung der jüdischen Bevölkerung

Das alte „polnische“ Wilna: Die „Pohulanka“ wurde zur Jono-Basanavičiaus-Straße. Ansichtskarte, um 1916.

zielen: Festgeschrieben sind hier das Tragen des gelben sechszackigen „Judensterns“ und zahlreiche Verbote wie jenes der Benutzung öffentlicher Verkehrsmittel oder Kraftfahrzeuge. Ohne Erlaubnis des Gebietskommissars ist kein Wechseln des Wohnortes oder der Wohnung mehr möglich, die „endgültige Lösung der Judenfrage“ behalte man sich aber noch vor – blanker Zynismus angesichts der Tatsache, dass inzwischen die Männer der Einsatzkommandos 9 und 3 in den litauischen Dörfern und Städten beinahe täglich Massaker mit Hunderten und Tausenden Ermordeten veranstalten.

Einen oder zwei Tage später treffen Hingst und Murer in Wilna ein, begleitet werden sie von sechs oder sieben Mitarbeitern – Murer nennt sie in seiner autobiografischen Skizze abschätzig „Hilfskräfte“. Erste Unterkunft ist ein Hotel, da das vorgesehene „Dienstgebäude“ in der Wilnastraße noch nicht fertig eingerichtet ist. Murer wird später eine Wohnung in der Steinstraße 2 – bis 1987 *Kamienna*, heute *Kalinausko gatve* – zugewiesen, die er sich allerdings mit einem Kameraden aus Krössinsee, dem Ordensjunker Heinrich Lackner, teilen muss. Lackner, ehemals als Gastwirt und Kaufmann tätig, ist 1912 in Himmelberg, Kärnten, geboren und für seine Teilnahme am Juliputsch 1934 mit dem Blutorden der Partei ausgezeichnet worden. Im Gebietskommissariat leitet er die AbteilungenVerwaltung und Politik. Die beiden Ordensjunker haben eigene Schlafzimmer, teilen sich aber den Wohnraum. Auch ihr Chef, Hans Christian Hingst, hat seine Wohnung in diesem Haus. Die Verteidigung wird im Prozess 1963 als Entlastungszeugen auch Lackner vorladen, der Kärntner Blutordensträger lässt seinen alten Kumpel auch nicht im Stich: In der Schilderung Lackners ist Murer ein harmloser Zivilbeamter, das Gebietskommissariat habe sogar als „judenfreundlich“ gegolten. In den Geheimberichten, die er von einer Jüdin aus dem Ghetto erhalten habe, sei der Name Murer nie vorgekommen.

Tatsächlich übernimmt der Steirer die „Kernzuständigkeiten“ (Christoph Dieckmann) des Gebietskommissariats: Judentum, Polizei, Volkstums- und Siedlungsfragen, Preisbindung und -überwachung sowie das Verkehrswesen. Sein für das jüdische Vermögen zuständiger Mitarbeiter ist der Litauendeutsche August Kühn, ein ehemaliger Volksschullehrer, der nun in Iserlohe, Westfalen, lebt. Auch er wird 1963 zum Prozesss nach Graz vorgeladen und auch er bestätigt, wie korrekt und fürsorglich Murer gewesen sei: „Murer war Adjutant des Gebietskommissars und Referent für Landwirtschaft, Preisüberwachung und Fahrbereitschaft. Mit Juden hat er nur in wirtschaftlichen Sachen zu tun gehabt. Bei der Errichtung des Ghettos war er Vertreter des Gebietskommissars. Murer war oft im Ghetto und ich bin ein einziges Mal mit ihm gewesen. Sein Ruf im Ghetto war nicht schlecht. Man hat nichts Schlechtes über ihn gehört. (…) Es ist mir völlig unbekannt, daß Murer von den Juden so gefürchtet war.“ *(Zitiert nach Gerichtsakt Franz Murer, Steirmärkisches Landesarchiv.)*

Ein Mädchen erlebt Franz Murer: Mascha Rolnikaite

Mascha Rolnikaite ist 13, als die Deutschen nach Wilna kommen, in wenigen Wochen, am 21. Juli, will sie ihren 14. Geburtstag feiern. Ihr Vater, der jüdische Rechtsanwalt Dr. Hirsch Rolnik, hat in Leipzig promoviert und spricht fließend Deutsch, ihre Mutter

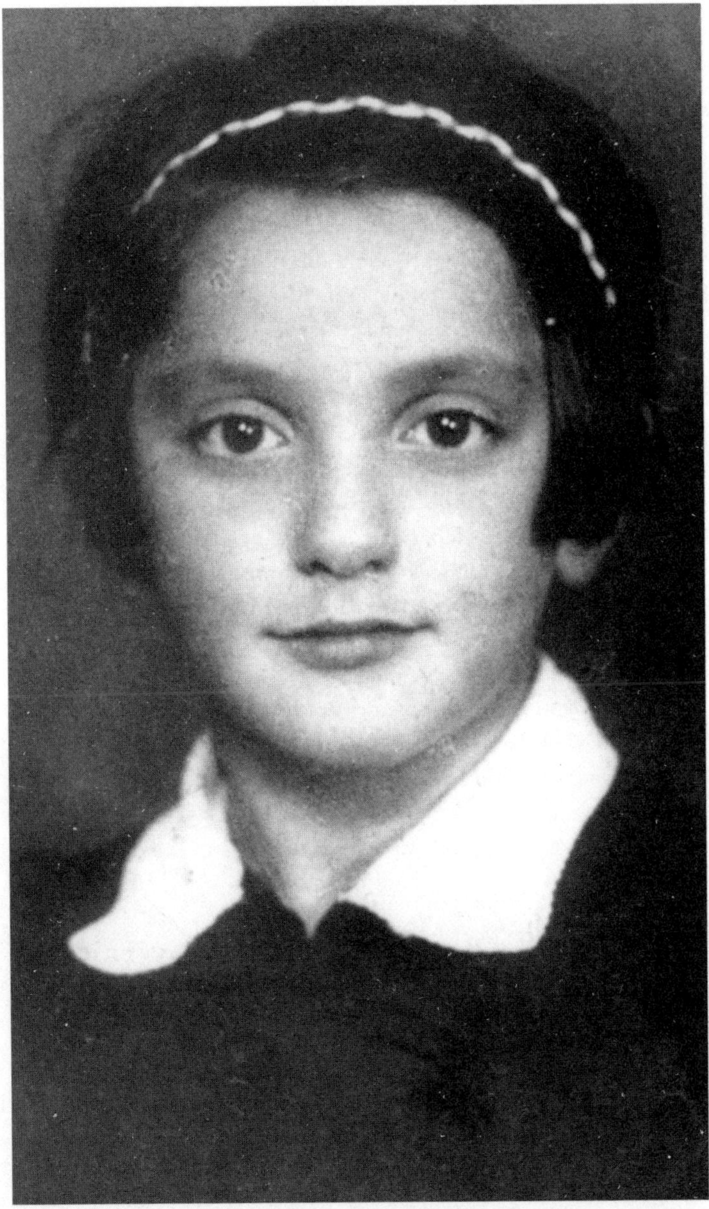

Befürchtet von Murer erschossen zu werden: Mascha Rolnikaite. Ihr Tagebuch, eine wichtige Quelle für das Schicksal der Wilnaer Juden, wird erst nach dem Grazer Prozess gegen den Steirer publiziert.

Taiba Rolnikene kümmert sich um den Haushalt. Die Familie – Mascha hat noch drei Geschwister: die 16-jährige Schwester Mira, den 5-jährigen Bruder Ruwele und die 7-jährige Schwester Rajele – ist erst 1940 aus der nordwestlitauischen Kleinstadt Plungė nach Wilna gezogen und hat eine Wohnung im zweiten Stock in der Deutschen Straße 26 gemietet. Am Sonntag, dem 22. Juni 1941, dem Tag des ersten Bombenangriffs der deutschen Luftwaffe auf Wilna, bricht ihre Welt zusammen. Ein Fluchtversuch der Mutter mit den vier Kindern in Richtung Minsk scheitert im Chaos, der Vater Hirsch Rolnik wird von seiner Familie getrennt. Von den Fenstern ihrer Wohnung aus beobachten Mira und Mascha am 24. Juni den Einmarsch der Deutschen. Die „schwarze Spinne, das faschistische Hakenkreuz, macht uns große Angst“, schreibt Mascha in ihrem Tagebuch. Auf Zetteln und Papierschnipseln notiert sie von nun an den Leidensweg der Familie, immer mit der Gefahr lebend, dass ihre Aufzeichnungen bei einer Hausdurchsuchung entdeckt werden könnten – Franz Murer, so befürchtet sie, würde sie und alle anderen Hausbewohner auf der Stelle erschießen lassen.

Maschas Geburtstag wird trotz des Schreckens gefeiert. „Als Mama mir gratuliert und ein langes Leben gewünscht hat, ist sie in Tränen ausgebrochen. Wie oft habe ich diesen einfachen Glückwunsch gehört und mir nichts dabei gedacht: Dabei ist er so bedeutungsvoll …“ *(Zitiert nach Mascha Rolnikaite, Ich muss erzählen.)*

Berauben, erpressen, vernichten

Die erste Aufgabe des Gebietskommissariats: Es muss sich seinen Platz im Reigen der einzelnen NS-Dienststellen erkämpfen. Da ist einmal die Wehrmachtsfeldkommandantur, Gestapo, SD und Sicherheitspolizei (Sipo) haben sich ebenfalls bereits in der Stadt eingenistet, später kommt auch noch eine SS- und Polizeistandortkommandantur dazu, die von dem aus Preußisch Stargard stammenden SS- und Polizeiführer Lucian Wysocki (1899–1964) geleitet wird. Und es gibt eine intakte litauische Stadtverwaltung mit dem litauischen Bürgermeister Karolis Dabulevičius an der Spitze, die zum unmittelbaren Ansprechpartner oder besser „Befehlsempfänger“ wird. Parallel zum Gebietskommissariat Wilna-Stadt wird das Gebietskommissariat Wilna-Land eingerichtet, dem der SA- und spätere SS-Angehörige Horst Wulff (1907–1945), ein ehemaliger Hotelkaufmann, als Gebietskommissar vorsteht.

Die Arbeitsrichtlinien und Verordnungen von Rosenbergs Ministerium für die Zivilverwaltung in den Reichskommissariaten Ostland und Ukraine ergehen schließlich am 3. September 1941, zusammengefasst in einer Dokumentensammlung, die als *Braune Mappe* bekannt geworden ist. Die Aufgabe des Gebietskommissars wird darin folgendermaßen definiert: „Der Gebietskommissar leitet als untere Verwaltungsbehörde im Kreisgebiet die gesamte Verwaltung nach den Weisungen des Generalkommissars und der übergeordneten Dienststellen. Bei ihm liegt daher das Schwergewicht der gesamten Verwaltung.“ Und in den „Arbeitsrichtlinien“ für die Zivilverwalter heißt es: „Die erste Aufgabe der Verwaltung in den besetzten Ostgebieten ist, die Interessen des Reiches zu vertreten. Dieser oberste Grundsatz ist bei allen Maßnahmen und Überlegungen voranzustellen. Zwar sollen die besetzten Gebiete in späterer Zukunft in dieser oder jener noch zu bestimmenden Form ihr Eigenleben führen können. Sie bleiben jedoch Teile des großdeutschen Lebensraumes und sind stets unter diesem Leitgedanken zu regieren.“ *(Zitiert nach Franz Albert Heinen, Gottlos, schamlos, gewissenlos.)*

Breiten Raum nehmen in diesen „Arbeitsrichtlinien“ von Rosenbergs Ostministerium die „Richtlinien für die Behandlung der Judenfrage“ ein, die systematisch die weitere Isolierung und umfassende Entrechtung der jüdischen Bevölkerung einfordern. Ein „etwaiges Vorgehen der örtlichen Zivilbevölkerung gegen die Juden“, so ein wichtiger Punkt, sei nicht zu hindern, gerne überlässt man das Morden wie in Kaunas litauischen Faschisten und Totschlägern. Ein „erstes Hauptziel der deutschen Maßnahmen“ müsse es sein, das „Judentum streng von der übrigen Bevölkerung abzusondern“, die „Überführung in ein Ghetto“ sei daher anzustreben, das Judentum müsse „Zug um Zug“ aus dem öffentlichen Leben ausgeschieden werden. Bereits mit einer Verordnung vom 16. August 1941 hat Rosenberg die Zwangsarbeit für alle Juden vom vollendeten 14. bis zum vollendeten 60. Lebensjahr eingeführt, nun folgen weitere Schikanen: Juden sollen nur mehr schwere körperliche Hilfsarbeiten leisten und ansonsten „aus dem Wirtschaftsleben ausgeschieden“ werden. Das flache Land sei von den Juden zu „säubern“, das Verlassen der Ghettos in den Städten sei ihnen zu verbieten, es sei ihnen „nur so viel an Nahrungsmitteln zu überlassen, wie die übrige Bevölkerung entbehren kann, jedoch nicht mehr, als zur notdürftigen Ernährung der Insassen der Ghettos ausreicht“. Die „arbeitsfähigen Juden“ seien nach „Maßgabe des Arbeitsbedarfs“ zur Zwangsarbeit heranzuziehen, die Vergütung habe dabei „nicht der Arbeitsleistung zu entsprechen, sondern nur der Bestreitung des notdürftigen Lebensunterhaltes“ zu dienen. Das hermetisch abgeschlossene Ghetto müsse seine „inneren Verhältnisse“ in Selbstverwaltung regeln, das Gebietskommissariat habe darüber die Aufsicht – ein klarer Arbeitsauftrag für Hingst und Murer, dem sie auch auf Punkt und Beistrich nachkommen wollen: „Konzentration, Kennzeichnung, Enteignung und Ausbeutung“ der Juden von Wilna sind ihr Ziel, ein „gestaffeltes System von Ausbeutung, Terror und Kontrolle“, das dafür sorgt, dass diese „tagtäglich im Schatten des Todes“ leben. *(Wolfgang Benz, Einsatz im Reichskommissariat Ostland.)* Dass sie damit der *Endlösung der Judenfrage,* der flächendeckenden „Vernichtung“ von jüdischen Männern, Frauen und Kindern, zuarbeiten, scheint die beiden „Goldfasane“ nicht weiter zu stören, ja, sie unterstützen die Mordkommandos mit entsprechenden Maßnahmen. Sie haben zwar nicht das Recht zu töten oder töten zu lassen – sie nehmen es sich jedoch einfach. Die jüdische Bevölkerung untersteht dem Gebietskommissariat in allen zivilen Belangen, Polizei, SD und Gestapo sind für „Sicherheitsbelange“ zuständig, was immer auch das heißen mag – gemeinsam sorgt man für Terror und Tod.

Auftakt zum Holocaust: Angehörige des Litauischen Selbstschutzes treiben Juden aus ihren Häusern, Juli 1941.

Auftakt zu den antijüdischen Maßnahmen bildet eine erste „Bekanntmachung“, die vom Gebietskommissariat am 2. August 1941 veröffentlicht wird. Die Vernichtung beginnt mit der Erfassung der jüdischen Bevölkerung und ihrer Stigmatisierung: Bei Aufruf durch den Bürgermeister haben sich alle Einwohner „zwecks Registrierung“ zu melden. Alle Juden und Jüdinnen, die das 10. Lebensjahr überschritten haben, sind „mit sofortiger Wirkung verpflichtet, auf der rechten Brustseite und am Rücken einen – mindestens 10 cm breiten – weißen Streifen mit dem gelben Zionsstern oder einen 10 cm großen gelben Fleck zu tragen. Diese Armbinden bzw. Flecke haben sich die Juden und Jüdinnen selbst zu verschaffen und mit dem entsprechenden Kennzeichen zu versehen.“ Mit einer Reihe weiterer Schikanen wird die jüdische Bevölkerung systematisch ihrer Menschenwürde beraubt: Juden dürfen von nun an die Gehsteige nicht mehr benutzen, verboten sind ihnen ebenso Promenaden und öffentliche Parkanlagen sowie Strände. Verboten ist ihnen ab sofort auch die Benützung aller öffentlichen Verkehrsmittel und von Taxis, die Betreiber öffentlicher Verkehrsmittel müssen dafür sorgen, dass in ihren Fahrzeugen gut sichtbar ein Schild „Nur für

Nichtjuden" angebracht ist. Später wird auch „das Grüßen seitens der Juden und Jüdinnen" ausdrücklich verboten, „Zuwiderhandlungen" werden natürlich streng bestraft.

Wenige Tage später verschärft das Gebietskommissariat diese Bestimmungen und nennt 17 „Prinzipialstraßen", die von nun an von Juden nicht mehr betreten werden dürfen. Als der Judenrat daraufhin am 18. August interveniert, lässt sich Murer zu einer Sonderregelung bewegen: 5 Mitgliedern des Judenrates soll das Betreten dieser „Prinzipialstraßen" gestattet sein, weiters auch zwei „Courieren", um den Dienstbetrieb aufrechtzuerhalten. Der Referent für jüdische Angelegenheiten im Landkreis Vilnius, zu diesem Zeitpunkt noch ein Herr Jonas Čiuberkis, wird von ihm gebeten, entsprechende Ausweise „mit den Namen der Juden" auszuarbeiten. *(LCVA, R-643, ap. 3, b. 300, BL. 50)*

Von Anfang an, so hat man den Eindruck, ist es Murer, der das Heft in die Hand nimmt. Vor Gericht wird er später treuherzig beteuern, nur für das Landwirtschaftsreferat zuständig gewesen zu sein, in seiner im Alter verfassten autobiografischen Notiz räumt er ein, dass er die „Landwirtschaft im Stadtbereich" nur „nebenbei" zu betreuen hatte, damit verknüpft wäre gewesen, „die Ablieferungspflichten einzuführen, das Verwaltungsstrafrecht bei Preisüberwachung und Schleichhandel auszuüben und die Preisüberwachungsstelle zu übernehmen. Weiters die Kraftfahrzeug-Zulassung und den Kraftfahrzeugpark zu organisieren" – all das in Zusammenarbeit mit der litauischen Stadtverwaltung. Seine Hauptaufgabe als Stabsleiter und Adjutant Hingsts liegt aber von Anfang an in der Auseinandersetzung mit „Judenangelegenheiten" und da will er es den Juden gleich einmal so richtig zeigen:

Am 6. August 1941 lädt Franz Murer – angeblich auf Befehl von Hingst und SS- und Polizeiführer Lucian Wysocki – Mitglieder des Judenrats zu einem Gespräch ein, es kommen Eliezer Kruk, Abraham Zajdsznur und Shaul Pietuchowski. Das Treffen findet jedoch nicht in den Büroräumen des Gebietskommissariats statt, sondern in einem Haus in einer nahe gelegenen Gasse. Murer überrascht die drei Männer mit einer schockierenden Forderung: Am nächsten Tag, dem 7. August, müssten ihm die Juden fünf Millionen Rubel (= 500.000 Reichsmark) „Bußgeld" übergeben. Um neun Uhr morgens, so Murer weiter, solle ihm die Deputation des Judenrats die ersten zwei Millionen überbringen, im Laufe des Tages dann die weiteren Millionen. Und dann eine deutliche Drohung: Sollten ihm die zwei Millionen nicht am nächsten Morgen übergeben werden, so hätten sich um zehn Uhr alle anderen Mitglieder des Judenrats bei ihm einzufinden, um die Leichen ihrer Kollegen abzuholen.

Die drei Männer kehren in den Judenrat zurück, Panik macht sich breit, als sie von Murers Forderung berichten. Wie soll man so schnell so viel Geld auftreiben? Auf den Straßen dürfe man sich bis sechs Uhr abends aufhalten, zahlreiche Straßen sind für Juden überhaupt gesperrt. Schließlich ist es, wie Herman Kruk in seinem Tagebuch berichtet, der greise Arzt Dr. Jakob Wygodzki, der seine Stimme erhebt: Für Verzweiflung sei keine Zeit, man müsse sofort mit dem Sammeln des Geldes beginnen.

Die Nachricht von Murers Bußgeld-Forderung verbreitet sich rasch. Spontan werden Komitees gebildet, die einzelne Straßen und Stadtteile übernehmen, man beginnt mit dem Einsammeln von Geld, Gold und diversen Wertgegenständen. Um sechs Uhr abends hat man 667.000 Rubel, ein Pfund Gold, Uhren und Diamanten beisammen. Viele Juden glauben, dass sie mit ihrer „Spende" ihr Leben erkauft haben. Andere wieder hoffen, dass die Tributzahlung dazu beitragen könne, etwas über das Schicksal ihrer verschleppten Angehörigen zu erfahren.

In ihrem Tagebuch schildert Mascha Rolnikaite die Verzweiflung dieses Tages – der 14-Jährigen hat man gesagt, dass die Deutschen am nächsten Morgen mit der Tötung aller Juden beginnen werden, sollte die geforderte Summe nicht abgeliefert werden. Ihre Mutter hat „alles Geld bis auf den letzten Groschen zusammengesucht" und dem Judenrat gebracht, sie selbst glaubt sich schon verloren:

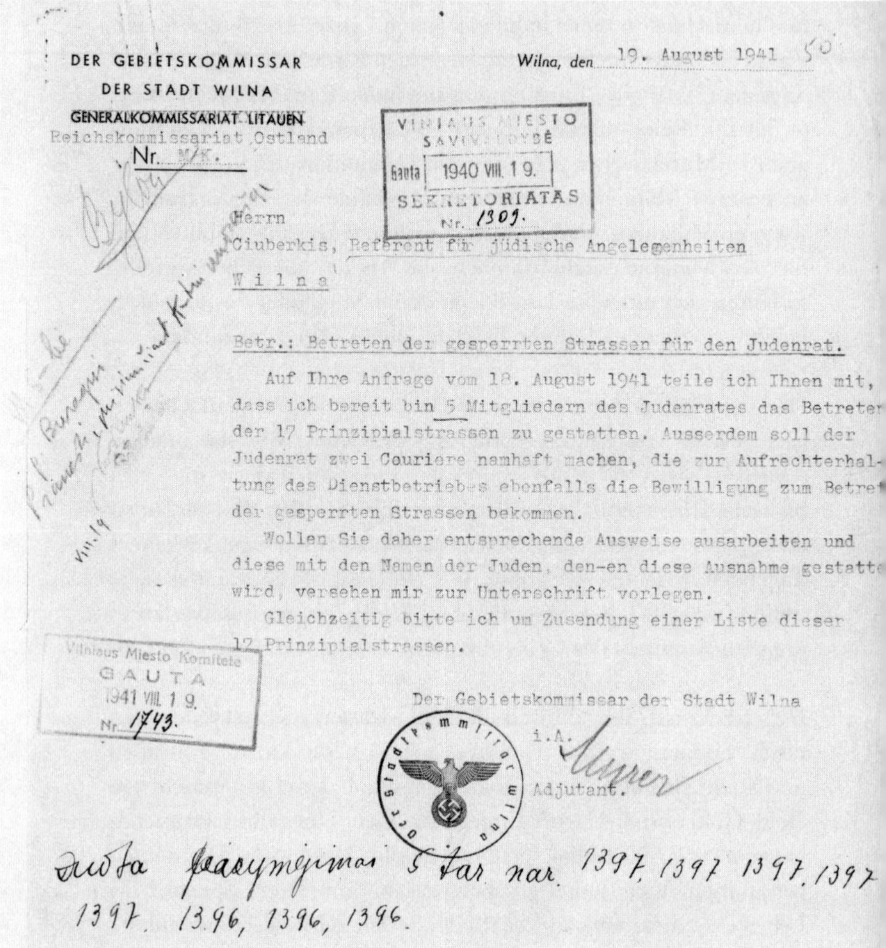

DER GEBIETSKOMMISSAR
DER STADT WILNA
GENERALKOMMISSARIAT LITAUEN
Reichskommissariat Ostland
Nr. M/K.

Wilna, den 19. August 1941

VILNIAUS MIESTO SAVIVALDYBĖ
Gauta 1940 VIII. 19.
SEKRETORIATAS Nr. 1309.

Herrn
Ciuberkis, Referent für jüdische Angelegenheiten
W i l n a

Betr.: Betreten der gesperrten Strassen für den Judenrat.

Auf Ihre Anfrage vom 18. August 1941 teile ich Ihnen mit, dass ich bereit bin 5 Mitgliedern des Judenrates das Betreten der 17 Prinzipialstrassen zu gestatten. Ausserdem soll der Judenrat zwei Couriere namhaft machen, die zur Aufrechterhaltung des Dienstbetriebes ebenfalls die Bewilligung zum Betreten der gesperrten Strassen bekommen.

Wollen Sie daher entsprechende Ausweise ausarbeiten und diese mit den Namen der Juden, den-en diese Ausnahme gestattet wird, versehen mir zur Unterschrift vorlegen.

Gleichzeitig bitte ich um Zusendung einer Liste dieser 17 Prinzipialstrassen.

Vilniaus Miesto Komitete
GAUTA
1941 VIII. 1 9.
Nr. 1743.

Der Gebietskommissar der Stadt Wilna
i.A. Murer
Adjutant.

1397, 1397 1397, 1397
1397, 13.96, 1396, 1396

Adjutant Franz Murer ist gnädig: Er gestattet den Mitgliedern des Judenrats das Betreten von 17 „Prinzipalstraßen" (LCVA, R-643, ap 3, b 300, Bl. 50).

„Ich stehe am Fenster, sehe hinaus und weine: Der Gedanke, dass ich morgen sterben muss, ist furchtbar. Bis vor kurzem bin ich doch noch in die Schule gegangen, bin durch die Schulflure gelaufen, habe an der Tafel gestanden, und plötzlich heißt es – stirb!" *(Zitiert nach Mascha Rolnikaite, Ich muss erzählen.)*

Am Morgen des 7. August, pünktlich um 9 Uhr, stehen Kruk, Zajdsznur und Pietuchowski wieder vor Murer. Er geht mit ihnen in den Keller des Hauses, zählt das mitgebrachte Geld und fragt dann, wo denn der Rest sei. Die drei Männer erklären ihm, dass noch gesammelt werde. Murer schickt daraufhin Abraham Zajdsznur zurück zum Judenrat, die beiden anderen werden festgenommen. Die Order, die Zajdsznur zu überbringen hat: Alle Mitglieder des Judenrats müssten sofort vor Murer erscheinen und den ganzen Betrag mitbringen.

Der Judenrat kommt denn auch vollzählig, allerdings ohne Geld. Dr. Wygodzki wagt sich mit der Bitte vor, die Frist für die Aufbringung des gesamten Betrags auf zehn Tage zu erstrecken. Murers Antwort, so berichtet Grigorij Schur, ist ein Wutschrei: „Verdammter alter Jude!" – er befiehlt Wygodzki zu schweigen. Einen ähnlichen Fluch bekommt auch die Ärztin Dr. Cholemowa zu hören, als sie für Wygodzki in die Bresche springen will und auf die knappe Frist verweist: „Du Hure, sei still, bevor ich meine Geduld verliere!" *(Zitiert nach Mendel Balberyszski, Stronger than Iron.)* Murer, der die ganze Zeit über mit seiner Peitsche herumfuchtelt, lässt zwei Judenrat-Mitglieder festnehmen und erklärt den anderen, dass auch sie dieses Schicksal erleiden würden, sollte der fehlende Betrag nicht endlich aufgebracht werden. Sollte dies aber der Fall sein, würde er sie „wie Hunde" erschießen lassen (Mendel Balberyszski). Dann nimmt er den Koffer mit dem Geld und den Wertgegenständen und verlässt das Haus.

Wenige Stunden später besucht der mit Jakob Wygodzki befreundete Pharmazeut Mendel Balberyszski den alten Herrn, der sich über die Vorgangsweise Murers nicht beruhigen kann. In seinem Augenzeugenbericht *Stronger than Iron* erzählt Balberyszski: „‚Du weißt', sagte er zu mir, ‚ich bin ein Mann, der nicht leicht einzuschüchtern ist. Ich kenne die Deutschen nicht erst seit heute. Aber was meine Augen bei diesem Treffen gesehen und meine Ohren gehört haben, hätte ich mir nie vorstellen können. Sich einer Dame gegenüber, einer Frau Doktor, so vulgärer Ausdrücke zu bedienen, seine unflätige, arrogante Sprache mir gegenüber und das ständige Herumfuchteln mit der Peitsche vor meinen Augen deuten auf eine tragische Zukunft. Von diesen beiden *(= Hingst und Murer, Anm. J. S.)* können wir nichts erwarten. Das Geld muss gesammelt werden. Wir können nur hoffen, dass das Geld die Bestie beruhigen wird … zumindest für einige Zeit.'" *(Übersetzung: J. S.)*

Die Judenräte beraten inzwischen über die weitere Vorgangsweise und beschließen, eine Abordnung von drei Leuten zu Gebietskommissar Hingst zu schicken, um die festgenommenen Kameraden wieder freizubekommen. Vor dem Gebietskommissariat stoßen die drei neuerlich auf Murer, der sich nun etwas umgänglicher zeigt – von einer Übergabe des gesamten Betrags noch an diesem Tag ist keine Rede mehr, er verlangt jedoch, dass in den nächsten Tagen weiter gesammelt wird, die Erlöse sollen jeweils auf der Bank deponiert werden. Um 13 Uhr werden auch die festgenommenen Mitglieder des Judenrats freigelassen. Auch Mascha Rolnikaite kann aufatmen: „Wir werden also am Leben bleiben!", notiert sie in ihrem Tagebuch.

Die Sammelaktion dauert noch einige Tage an, schließlich sind es 1,490.000 Rubel, 33 Pfund Gold und 189 Uhren, die Murer übergeben werden, für die Wertgegenstände gibt es keine Empfangsbestätigungen – all das nährt den Verdacht, dass die von Murer eingetriebene „Kontributionszahlung" keinen offiziellen Charakter hatte, sondern eine „private" Aktion von ihm, Hingst und Polizeichef Wysocki war, möglicherweise dazu vorgesehen, einen Teil des jüdischen Geldes in die eigenen Taschen zu lenken. Indizien dafür sind, wie schon Yitzhak Arad in seinem Buch *Ghetto in Flames* vermutet, die eher versteckten Treffpunkte und die Tatsache, dass Murer das Geld selbst eintreibt und offenbar keine weiteren deutschen Beamten zur Seite stehen hat. Dazu existiert eine interessante Zeugenaussage: Im Verfahren gegen Angehörige des Einsatzkommandos 3 berichtet 1971 eine Frau Frances Penny, geborene Papierbuch, die im Gestapogebäude gearbeitet und den Haushalt von SS-Oberscharführer Horst Schweinberger besorgt hat, dass sie im Gebäude „mehrere

Kisten, voll mit Gold, Schmuck und dergleichen," gesehen habe *(zitiert nach Dieckmann, Deutsche Besatzungspolitik)*. Reichskommissar Hinrich Lohse sanktioniert jedenfalls am 21. August nachträglich alle Aktionen zur Beraubung der Juden, bereits zuvor, am 9. August, teilt Bronius Draugelis, der Kreischef für Vilnius-Stadt und Vilnius-Land, den Polizeiführern mit, dass die eingetriebenen Gelder auf eine staatliche Bank eingezahlt werden müssen, der jeweilige Gebietskommissar verfüge über die beschlagnahmten Gold- und Wertsachen. Lässt Lucian Wysocki diese Kisten in das Gebietskommissariat bringen oder „verwaltet" er sie selbst? In diesem Fall hat er dazu nur wenig Zeit, denn am 11. August 1941 wird er von Himmler zum SS- und Polizei-Standortführer für den Generalbezirk Litauen mit Dienstort Kowno ernannt und muss Wilna verlassen.

Bestärkt durch den Erlass des Reichskommissariats, versucht Murer der jüdischen Bevölkerung Wilnas auch noch die letzten Wertsachen abzupressen. Am 22. August weist er Petras Buragas, den Nachfolger von Jonas Čiuberkis als litauischem „Beauftragten für Judenangelegenheiten", an, dass der Judenrat innerhalb einer Woche alle Bargeld-, Gold- und Silberbestände „anmelden" müsse, das gelte auch für alle in jüdischem Besitz befindlichen Warenlager *(LCVA, R-643-3-4152, Bl. 128)*. Am 3. September 1941 verfügt das Gebietskommissariat schließlich, dass Bargeld, Wertpapiere, Aktien, Schuldverschreibungen, Wechsel, Sparbücher, Wertsachen und diverse Warenvorräte in den litauischen Polizeirevieren abgegeben werden müssen. Behalten dürfen die Juden einen Betrag bis maximal 300 Rubel. Nach bewährtem Muster werden die Leiter der einzelnen Polizeireviere in die Pflicht genommen: Sie sind für die „erfolgreiche" Durchführung der Aktion verantwortlich. All jenen, die Informationen über Judenvermögen verschweigen und dem Gebietskommissariat vorenthalten, droht mit Bekanntmachung vom 23. Oktober 1941 die Todesstrafe.

Jakob Wygodzki (1856–1941), seit zwanzig Jahren die Stimme der Juden Wilnas, wird am 24. August verhaftet. Obwohl er schwer krank ist, bringt man ihn ins Gefängnis, ein Versuch, über die litauische Zivilverwaltung seine Befreiung zu erreichen, scheitert, auch sein junger Freund Mendel Balberyszski kann nichts für ihn tun. Der 85-Jährige stirbt nach wenigen Tagen Haft im Lukiškes-Gefängnis – nach anderer Darstellung wird er ermordet. Sein Tod ist ein schwerer Schlag für den Judenrat: Mit Jakob Wygodzki, ehemals Minister für jüdische Angelegenheiten der Republik Litauen, verliert man die herausragende Persönlichkeit dieser Tage, einen Mann, der durch seine Integrität und Haltung in der Auseinandersetzung mit den Nazis zum Vorbild geworden ist.

Vor Gericht in Graz 1963 wird Murer die von ihm mit so viel Elan betriebene Beraubung der jüdischen Bevölkerung beharrlich leugnen. 15 Jahr zuvor, in den Verhören durch den sowjetischen Untersuchungsrichter in Mai und Juni 1948 in Wilna, ist seine Erinnerung noch bedeutend besser – er räumt im Verhör ein, dass er an der Eintreibung der „Kontribution", die man über die Juden verhängt habe, beteiligt gewesen sei: „Die Wilnaer Juden mussten eine Million Rubel oder Reichsmark zahlen, ich kann mich an die Währung nicht mehr erinnern. Sie hatten die Summe in drei Raten innerhalb von ein, zwei Tagen zu zahlen." Das Geld wäre als adäquates Angebot für eine Garantie gedacht gewesen: Die Juden sollten dadurch davon abgehalten werden, etwas gegen die Deutschen zu unternehmen. Die Idee zur Kontribution sei allerdings von SS- und Polizeiführer Lucian Wysocki gekommen, er habe vorgeschlagen, die erzielte Summe in die Kasse des Gebietskommissariats einzuzahlen. Zum vorgegebenen Zeitpunkt hätten die Juden „500 bis 600.000 Rubel und 15 kg Gold " abgeliefert, aber das sei zu wenig gewesen. Auf Weisung des Gebietskommissars habe er jedoch diesen Betrag akzeptiert und in die Kasse des Hauses eingezahlt.

Die Namen von SS-Standartenführer Karl Jäger, Gebietskommissar Hans Christian Hingst und seinem Stabsleiter Franz Murer sind in der jüdischen Bevölkerung Wilnas inzwischen bekannt, auch in der Familie des Buchhalters Mosche Anolik in der Pohulankastraße werden sie aufmerksam registriert. Vater Mosche ist dafür, die „Befehle" der Deutschen zu befolgen, da man ohnehin keine Wahl habe und ihnen keinen Vorwand geben dürfe, gegen die Juden vorzugehen. Die beiden Söhne sind kämpferischer – so erinnert sich der 15-jährige Benjamin Anolik, genannt „Benja", später an ein Gespräch mit seinem älteren Bruder Nissan, in der Familie kurz „Nisja" gerufen: „‚Wir werden uns diese Namen merken', sagte Nisja, ‚wir werden später mit ihnen abrechnen!' – ‚Hoffentlich', sagte ich, ‚hoffentlich werden wir das erleben!' – ‚Siehst du, Benja, manche Namen sind kein Zufall: Ein ‚Jäger' jagt, und ‚Murer' hört sich wie Mörder an!'" *(Zitiert nach Benjamin Anolik, Lauf zum Tor mein Sohn.)*

Die Große Provokation

In seiner autobiografischen Skizze erzählt Franz Murer die Geschichte so: Eines Tages, an das genaue Datum könne er sich nicht mehr erinnern, habe sein Chef Hingst ein Schreiben vom vorgesetzten Generalkommissariat in Kaunas bekommen, in dem ihm von Adrian von Renteln mitgeteilt worden sei, dass die Gestapo bereits Beschwerde über ihn geführt habe. Der Grund dafür: Da der Gebietskommissar noch keinen Platz zur Verfügung gestellt habe, könne die Gestapo die jüdische Bevölkerung nicht wie in den Richtlinien vorgesehen in einem Ghetto zusammenfassen. Die Rüge aus Kaunas habe hektische Aktivitäten ausgelöst: Hingst gibt seinem Adjutanten Murer Befehl, das Ghetto zu „organisieren“, und lädt Bürgermeister Dabulevičius zu sich ein, um die Frage der Ortswahl für das Ghetto zu besprechen, Murer bekommt dann den Auftrag, „mit den Herren der litauischen Stadtverwaltung Wilna abzufahren, mit dem Zweck festzustellen, welche Plätze oder Stadtviertel sich für die Bildung eines Ghettos eignen würden. Wir kamen auch zu einem Stadtviertel, wo sich eine Straße noch Ghettostraße nannte. Dort war einst unter der Herrschaft der Russen ein Ghetto.“ Hingst, so Murer, sei dafür gewesen, das Ghetto in der Innenstadt zu errichten, so erreiche man, dass die Gestapo „nicht machen könne, was sie wolle“, und setzt sich damit auch durch. Eine weitere Sitzung wird angesetzt, dieses Mal eine „große Runde“ mit Gestapo, Polizei und der litauischen Stadtverwaltung, an der Murer, wie er später behauptet, nicht teilnimmt – sehr unwahrscheinlich, wenn man bedenkt, dass er das betreffende Stadtviertel in der Altstadt Wilnas bereits inspiziert hat und damit rechnen muss, dass Hingst ihn auch weiterhin für die Betreuung des Ghettos heranziehen wird. Vor dem sowjetischen Untersuchungsrichter wird er denn 1948 auch behaupten: „In Ausführung

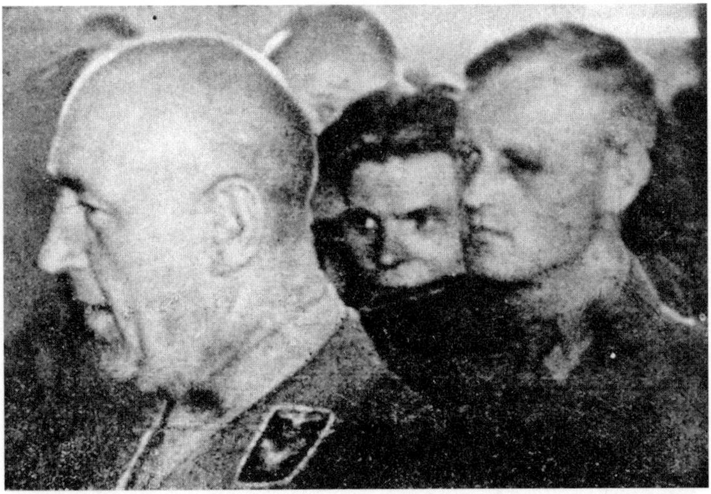

Sie organisieren die Ghettoisierung der jüdischen Bevölkerung Wilnas: Gebietskommissar Hans Christian Hingst und sein Adjutant Franz Murer.

des Befehls habe ich zusammen mit dem Wilnaer Bürgermeister Dabulevičius den Platz für das Ghetto ausgewählt." *(Documents Accuse, Dokument Nr. 94 – Übersetzung J. S.)*

Die für die beiden Ghettos vorgesehenen Straßenzüge beiderseits der Deutschen Straße stehen fest, doch nun gibt es ein Problem: Es gilt Platz zu schaffen für die 45.000 Menschen, die hierher umziehen sollen. Hingst und Murer „arbeiten" an der Lösung: Polen und Litauern muss man neue Wohnungen zuweisen, was die jüdischen Bewohner des Viertels betrifft, so käme eine Art Großrazzia gerade recht, doch wie rechtfertigt man diese? Da es keinen Vorwand gibt, muss einer nach bewährtem Nazi-Muster geschaffen werden: Am Sonntag, dem 31. August 1941, um zwei Uhr nachmittags, betreten zwei in Zivil gekleidete litauische „Partisanen" eine Wohnung im Haus an der Ecke Stekljannajastraße/Bolschajastraße. Vom Fenster dieser Wohnung, die keinem Juden, sondern einem Christen (!) gehört, hat man beste Sicht auf den Eingang des Pan-Kinos, vor dem zahlreiche deutsche Soldaten auf die nächste Filmvorführung warten. Die beiden litauischen Kollaborateure feuern aus dem Fenster zwei Schüsse ab, die niemanden verletzen, dann stürzen sie auf die Straße und rufen, dass gerade zwei im Haus lebende Juden auf die Deutschen geschossen hätten – das Signal zur Lynchjustiz: Gemeinsam mit einigen deutschen Soldaten dringen die beiden Litauer in eine jüdische Wohnung des Hauses ein, zerren zwei Juden, die nicht wissen, wie ihnen geschieht, auf die Straße, prügeln sie halbtot und erschießen sie dann.

Alles läuft nach Plan: Der „Volkszorn" der litauischen „Aktivisten" – Angehörigen der im März 1941 in Berlin gegründeten rechtsradikalen „Litauischen Aktivisten-Front" (LAF) – und „Partisanen" ist nun geweckt, es beginnt ein Pogrom, das im Bereich des vorgesehenen Ghettogeländes die Nacht über bis Montagmittag andauert. Mit Kolbenschlägen prügeln die Litauer die Juden erbarmungslos aus ihren Wohnungen hinaus auf die Straße, Tausende müssen überstürzt ihr Heim verlassen, haben kaum Zeit, etwas einzupacken. Die 20-jährige Jüdin Rachel Margolis, die bei einer christlichen Familie lebt und sich später der jüdischen Widerstandsbewegung F. P. O.

Tausende müssen überstürzt ihr Heim verlassen, niemand weiß, wohin es geht …

anschließen wird, beobachtet das Geschehen: „Aus dem Fenster einer Wohnung in der Trockastraße sah ich in der Nacht eine endlose Kolonne von Menschen – Kinder, Greise, Frauen mit Babys auf dem Arm, mit Bündeln, Töpfen, Eimern, Kissen – eine schreckliche graue Masse, die kein Ende nahm. Niemand wusste zunächst, wohin man die Menschen trieb und was mit ihnen geschehen sollte." *(Zitiert nach Rachel Margolis und Jim Tobias, Die geheimen Notizen des K. Sakowicz.)*

Unter den Beobachtern dieser „Aktion" ist auch der jüdische Journalist Grigorij Schur, geboren 1888 in Wilna: „Alle wurden hinausgetrieben – die Alten und die Kranken, die Kinder und die Frauen mit Säuglingen auf den Armen. Vielen wurde es nicht gestattet, sich anzuziehen; nur in ihrer Unterwäsche standen sie auf der Straße. Die Wohnungen blieben offen für alle, die sie zu plündern wünschten." *(Zitiert nach Grigorij Schur, Die Juden von Wilna.)*

Das Gebietskommissariat zeigt sich – wenig überraschend – gut vorbereitet: Noch am 31. August wird eine Ausgangssperre von 15 Uhr nachmittags bis 10 Uhr vormittags gegen „alle Juden beiderlei Geschlechts" verhängt, nur jene Juden dürfen ihre Wohnung verlassen, die ausdrücklich zu einem Arbeitseinsatz befohlen sind. Und ein Plakat wird in Druck gegeben, eine „Bekanntmachung", in der es mit zynischer Verlogenheit heißt: „Am gestrigen Sonntag nachmittag wurde in der Stadt Wilna aus dem Hinterhalt auf deutsche Soldaten geschossen. Zwei der feigen Banditen konnten festgestellt werden. Es waren Juden. Die Täter haben ihr Leben verwirkt. Sie wurden sofort erschossen. Zur Verhütung derartiger feindseliger Akte sind bereits weitere schärfste Gegenmaßnahmen getroffen. Die Vergeltung trifft die Gesamtheit der Juden."

Die „Vergeltung" heißt Mord: Die zusammengetriebenen Juden werden zum Teil ins berüchtigte Lukiškes-Gefängnis gebracht, zum Teil müssen sie in langer Kolonne direkt den Weg nach Ponary antreten. Noch weiß niemand, was sie hier erwartet. Viele glauben, dass sie „umgesiedelt" und in ein Arbeitslager gebracht werden …

Opfer der „Großen Provokation" werden auch zehn Mitglieder des ersten Judenrates, unter ihnen auch Shaul Pietuchowski, mit dem Murer noch vor wenigen Wochen über die „Kontribution" verhandelt hat. Am 2. September erhält der Judenrat vom litauischen Mordkommando *Ypatingas Burys* noch Befehl, in der Straszunstraße Fuhrwerke bereitzustellen, wenig später werden die zehn Männer von EK-3-Verbindungsmann Horst Schweinberger festgenommen, nach Ponary gebracht und erschossen. Die Büros des Judenrats werden geschlossen und versiegelt, in der jüdischen Einwohnerschaft Wilnas breiten sich Panik und eine „unerträgliche Hilflosigkeit" (Christoph Dieckmann) aus. Man schickt eine Delegation zu Bürgermeister Dabulevičius, doch der schiebt alles auf die deutschen Besatzer, sie trügen die Verantwortung, er könne nichts tun. Ihrer gewohnten Führung beraubt, taumeln die Juden Wilnas der Ghettoisierung entgegen.

Der Ort des Todes: Ponary

Kazimierz Sakowicz, Jahrgang 1894, ist Journalist und Herausgeber der Wilnaer Wochenzeitung *Przegląd Gospodarczy* („Wirtschaftsrundschau"). Zusammen mit seiner Frau Maria bewohnt er ein kleines Haus in der Gemeinde Ponary, etwa zehn Kilometer von Wilna entfernt. Neben dem Schreiben widmet er sich der Arbeit auf den Feldern, die zum Haus gehören. Das Dorf Ponary ist umgeben von dichten Wäldern, für die Bewohner von Wilna ist die Gegend vor dem Krieg ein beliebtes Ausflugsziel gewesen.

Als Kazimierz Sakowicz am 11. Juli 1941 Schüsse hört, die vom Wald herkommen, glaubt er zunächst an militärische Übungen. Es ist vier Uhr nachmittags, die Schüsse dauern eine, dann sogar zwei Stunden an. Auf der *Grodzienka,* der Landstraße, die an Ponary vorbei Richtung Grodno führt, erfährt er dann von Bauern aus der Umgebung die Wahrheit: Man hat Juden in den Wald getrieben, etwa 200 hat man gesehen und nun werden sie erschossen.

Von einem Versteck auf dem Dachboden seines Hauses aus verfolgt er am nächsten Tag die Hinrichtungen – wieder wird eine große Gruppe Juden, etwa 300 Menschen, in den Wald geführt, jeweils 10 Personen werden auf einmal erschossen. Sakowicz notiert seine Beobachtungen auf herausgerissenen Seiten von Schulheften und Kalenderblättern, Tag für Tag dokumentiert er von nun an die Massenmorde im Wald von Ponary. Da niemand von diesen Aufzeichnungen erfahren darf, steckt er die beschriebenen Zettel in leere Limonadenflaschen, stöpselt diese zu und vergräbt sie in seinem Garten. Der letzte Eintrag, den Sakowicz in seinem „Tagebuch" macht, stammt vom 6. November 1943; der Journalist befürchtet zu diesem Zeitpunkt schon, dass ihn die *Szaulisi,* die litauischen Kollaborateure der Nazis, im Visier haben würden. Sakowicz, der sich der polnischen Untergrundarmee AK – *Armia Krajowa* – anschließt, wird am 5. Juli 1944 auf einem Waldweg von unbekannten litauischen Tätern angeschossen und erliegt am 15. Juli 1944 seinen Verletzungen. Seine Aufzeichnungen werden ausgegraben, jüdische Historiker übergeben sie dem Jüdischen Museum Wilna, von dort gelangen sie ins Staatliche Zentralarchiv Litauen.

Der 2. September 1941 ist ein kalter, regnerischer Tag. Kazimierz Sakowicz hat von den *Szaulisi* bereits eine Woche zuvor erfahren, dass in der „kommenden Woche" in Ponary so viele Menschen erschossen werden würden wie zuvor den ganzen August über nicht – nun muss er erkennen, dass die Mörder recht hatten: Bereits um halb acht am Morgen erblickt er auf der Landstraße eine „auseinandergezogene Menschenschlange", „mit Sicherheit" 2 km lang. Vom Dachboden seines Hauses aus beobachtet er dann den Massenmord: „Wie es sich später erwies, waren es 4000 Personen (…) lauter Frauen, viele Babys. Als sie (…) in den Weg zum Wald einbogen, begriffen sie, was sie erwartete und schrieen: ‚Rettet uns'. Säuglinge in Wiegen, auf dem Arm usw.

Die Leute wurden geschlagen, bevor sie erschossen wurden (…). Die Männer wurden separat erschossen, die Frauen mussten sich bis auf die Unterwäsche ausziehen. Viele Sachen, Pelze und Wertgegenstände (hatten die Juden mitgenommen), da sie dachten, dass

Die Massenerschießungen im Wald von Ponary (litauisch: Paneriai) beginnen im Juli 1941. Von den Sowjets ausgehobene Gruben für ein Benzinlager werden zu Massengräbern – deutsche und litauische Mordkommandos töten hier etwa 100.000 Menschen.

sie ins ‚Ghetto' gehen würden. (...) Bei den Hinrichtungen ging man so vor, dass sich die (zur Erschießung vorgesehene) Gruppe auf die Körper der vorher Getöteten stellen musste. Sie (die Opfer) gingen und gingen (buchstäblich) über die Leichen! Die Gräber wurden gleich am nächsten Tag zugeschüttet." *(Zitiert nach Rachel Margolis und Jim Tobias, Die geheimen Notizen des K. Sakowicz.)*

Was die Beobachtung „lauter Frauen, viele Babys“ betrifft, so wird Sakowicz durch den sogenannten „Jäger-Bericht“, die „Gesamtaufstellung der im Bereich des EK 3 bis zum 1. Dez. 1941 durchgeführten Exekutionen“, von SS-Standartenführer Karl Jäger (1888–1959) bestätigt – Jäger, ein penibler Buchhalter der Mordaktionen seines Einsatzkommandos, vermerkt für den 2. September im Bereich Wilna-Stadt „864 Juden, 2019 Jüdinnen, 817 Judenkinder“, exekutiert von einem „Teilkommando“ des EK 3, und vergisst nicht zu erwähnen, dass es sich um eine „Sonderaktion“ gehandelt habe, da „von Juden auf deutsche Soldaten geschossen wurde“.

Wie Sakowicz berichtet, läuft der Handel mit Damenkleidung am 3. und 4. September bei den Bauern aus der Umgebung „auf Hochtouren“, auch aus Wilna kommen Litauerinnen, um sich vor allem warme Sachen zu holen. Von manchen Bekannten erfährt er noch Einzelheiten, so habe man im Wald ein Kind gefunden, das bei einer Grube im Sand spielte – man habe es in die Grube geworfen und erschossen. In einem anderen Fall habe man ein Kleinkind von der Mutterbrust weggerissen und erschossen. Die *Szaulisi* feiern am 2. und 3. September mit einem Saufgelage – das Morden hat sich ausgezahlt: Da man den Juden gesagt hat, sie könnten alles mitnehmen, haben sie ihren Opfern viele Wertsachen abnehmen können.

Der Massenmord in Ponary ist „geheime Reichssache“ und soll auch geheim gehalten werden, was die Deutschen aber nicht wissen: Zwei Mädchen, die 16-jährige Pesia Szlos und die 11-jährige Judyta *(Yehudit)* Trojak, haben das Massaker in Ponary überlebt und sind nach Wilna zurückgekehrt. Sie waren durch die Schüsse nur verletzt worden, hatten sich totgestellt und konnten aus der Grube entkommen. Ihr Bericht stößt bei den Ghettoinsassen zunächst auf ungläubiges Erstaunen, viele wollen es nicht wahrhaben, dass die „Kulturnation“ Deutschland zu einem derartigen Verbrechen fähig sei. Die Nachricht vom Massaker in Ponary gelangt auch zu Herman Kruk, der sie kaum fassen kann und in seinem Tagebuch notiert: „Diese entsetzliche Sache ist schwer zu beschreiben. Die Hand zittert, die Tinte ist blutig. Ist es möglich, dass alle, die man von hier weggebracht hat, in Ponary ermordet wurden, erschossen?“ Dann hält Herman Kruk den Bericht der kleinen Judyta Trojak in seinem *Togbukh* fest: „Was erzählt Judyta Trojak? Von der ganzen Familie – Mutter, Vater, drei Jungen und zwei Mädchen – sind nur unsere Erzählerin Judyta und ihr Vater übrig, der im Torf in Riese arbeitet. Und ein Bruder floh mit den Bolschewisten. Was ist geschehen?

Am Sonntag, dem 1. September, gab es einen Tumult. Worin der Tumult bestand, weiß sie nicht, sie weiß nur, dass man über Ereignisse auf der Glezerstraße redete. Am nächsten Morgen erfährt sie, dass man nicht weit von ihrer Wohnung entfernt viele Leute mitgenommen habe; alle hätten sich bei einem Nachbarn getroffen und jeder habe Neuigkeiten über das Geschehene mitgebracht. Um acht Uhr morgens tauchten plötzlich Litauer auf und befahlen sich anzuziehen und in den Hof zu gehen. Dort stellte man sie in Reihen auf. Die Hausmeister nahmen alle Wohnungsschlüssel an sich und dann führte man sie ins Gefängnis. Im Gefängnis blieben wir von Montag bis Dienstag. Dienstag früh hat man uns alle in den Gefängnishof geführt, und wir waren alle sicher, dass wir freigelassen würden. Aber es wurde angeordnet, alle unsere Sachen zurückzulassen und die wartenden Lastwagen zu besteigen. Während wir in den geschlossenen Lastwagen fuhren, sah eine Frau, dass wir an einem Wald vorbeifahren. Später haben wir eine Schießerei gehört. Wehklagen begann. Wir haben nicht verstanden, was mit den Männern geschah, denn sie wurden zu Fuß weggeführt. Als wir aus den Lastwagen stiegen, hat man uns in einen Wald abgeführt, zwischen Sandhügel, und dort haben wir gewartet. (...) Den ganzen Tag hörte man das Schießen. Es gab einigen Streit. Menschen haben geweint. Erst um fünf Uhr nachmittags hat man zehn von uns weggeführt. Von dort sind wir etwa fünf Minuten gegangen. Man hat uns dort die Augen verbunden und vor eine Grube gestellt. (...) Ich habe das Tuch so angelegt, dass ich sehen konnte. Da in der Grube sind viele Tote gelegen, ein ganzer Berg.“ *(Herman Kruk, The Last Days of the Jerusalem of Lithuania, zitiert nach Christoph Dieckmann, Deutsche Besatzungspolitik in Litauen.)* Judyta Troyak wird von einer Kugel am linken Arm getroffen, eine ebenfalls verwundete Frau schleppt sie aus der Grube, die Nacht verbringen die beiden auf einem litauischen Bauernhof, die Bäuerin führt sie am nächsten Tag zurück in die Stadt, wo Judyta im Jüdischen Spital operiert wird. Unter den behandelnden Ärzten ist auch Dr. Avraham Weinryb, der die Infektionsabteilung des Ghettokrankenhauses leiten wird – er ruft den jungen Aktivisten Abba Kovner ins Spital, um sich die Erzählung des Mädchens anzuhören.

Trotz dieser ersten Augenzeugenberichte von Überlebenden bleiben bei der in Wilna verbliebenen jüdischen Bevölkerung Zweifel – man weigert sich, das Ungeheuerliche zu glauben, dazu kommt, dass die deutsche Verwaltung den Massenmord geschickt verschleiert. Sie spricht in ihrer Korrespondenz offiziell von einem „Lager Ponar“, gefälschte „Dokumente", die man im September der neu geschaffenen jüdischen Polizei und ihrem Chef Jakob Gens zuspielt, sollen die Illusion schüren, dass im Wald von Ponary tatsächlich ein „Ghetto Nr. III" existiert. Die jüdische Polizeiführung und auch der Judenrat sind bestrebt, die Augenzeugenberichte geheim zu halten, wie die Überlebende Pnina Arkian bestätigt, der es im Oktober 1941 gelingt, einem Massaker in Ponary zu entkommen: „Als ich zurück ins Ghetto kam, sah mich die jüdische Polizei und ließ mich bei ihr eintreten. Dann fragte mich einer: ‚Wo bist du gewesen?', und ich sagte: ‚Ponary …' Als ich nach Hause kam, erzählte ich meiner Mutter nicht, was ich erlebt hatte … Nur zehn Minuten waren vergangen, dann kam die jüdische Polizei … Sie brachten mich zu Gens … Er fragte mich: ‚Wo warst du?' Ich erzählte ihm alles, was ich erlebt hatte, wie wir mitgenommen wurden und wie es mir gelang zu entkommen. Er fragte mich: ‚Willst du, dass deine Eltern und deine Familie leben? Dann erzähle kein Wort von dem, was du gesehen hast. Ich helfe dir, Arbeit zu bekommen, aber halte einfach still. Du hast nichts gesehen und nichts gehört.' Ich versprach es ihm … und habe mein Versprechen gehalten." *(Yad Vashem Archives, 0-3/2048, zitiert nach Yitzhak Arad, Ghetto in Flames.)*

Die nächsten großen Massenexekutionen in Ponary finden am 12. und 17. September 1941 statt, jetzt bringt man auch die Juden aus dem Lukiškes-Gefängnis nach Ponary.

Auch für diese beiden Tage hält der „Jäger-Bericht" mit bürokratischer Akribie die Mordzahlen für Wilna fest: Liquidiert werden am 12. September 993 Männer, 1670 Frauen und 771 Kinder, in Summe 3334 Personen. Am 17. September tötet man 1271 Menschen: 337 Männer, 687 Frauen und 247 Kinder.

Kazimierz Sakowicz, der heimliche Beobachter auf dem Dachboden, notiert zum 12. September lakonisch: „Wieder wurden circa 2000 erschossen" und liegt mit dieser Schätzung viel zu niedrig …

Das Mahnmal für die in Ponary ermordeten Juden.

Drangsal Ghetto

Die Morde der „Großen Provokation" haben den notwendigen Platz geschaffen, jetzt gilt es, die „Besiedlung" des frei gewordenen Wohnraumes zu steuern. Das Gebietskommissariat und die Gestapo wollen keine Zeit verlieren, der Transfer der jüdischen Bevölkerung in die beiden Ghettos wird für Samstag, den 6. September, angesetzt. Vom 3. bis zum 5. September lässt man das Areal links und rechts der Deutschen Straße einzäunen, die verlassenen Wohnungen der Ermordeten bleiben vielfach unberührt. Den Wochenendtag, den Sabbat, hat man gewählt, um nichts an Arbeitsleistung zu verlieren – den Sonntag hat man noch als Reserve und am Montag, so das Kalkül, könnten die Juden wie gewohnt wieder zu ihrer Arbeit gehen. Der Ablauf ist genau geplant: Die „Umsiedlung" ins Ghetto startet in den Randbezirken Wilnas, Stadtviertel für Stadtviertel, beaufsichtigt von litauischer Polizei und Angehörigen der litauischen Selbstschutz-Bataillone, müssen die Juden ihre Wohnungen räumen, die litauischen Kollaborateure haben den Ehrgeiz, die Umsiedlung in nur 24 Stunden durchzupeitschen. Die Aufsicht über die litauischen Polizeieinheiten führt Wilnas Polizeichef Antanas Iskauskas, auch er ein erklärter Judenhasser. Herman Kruk hält am 5. September die Stimmung dieser ersten Septembertage in seinem Tagebuch fest: „Die ganze Stadt ist in Aufregung. Alle haben das frische Blutbad vergessen und man zittert schon wegen einer neuen Drangsal – Ghetto!"

Der 6. September 1941 ist ein schöner, sonniger Spätsommertag. Bereits in den frühen Morgenstunden umzingeln die Litauer die Häuserblocks, dann gehen sie von Tür zu Tür und fordern die Menschen auf, sich innerhalb einer halben Stunde auf das Verlassen der Wohnung vorzubereiten. Mitgenommen werden kann, was man tragen kann –

Der Marsch ins Ghetto am 6. September 1941: Mitnehmen dürfen die Menschen, was sie tragen können.

„Alles, was blieb, war ein kleines Bündel auf dem Rücken", schreibt Herman Kruk in sein *Togbukh.* Zu Fuß, bepackt mit Paketen, müssen sie sich dann auf den Weg zur Altstadt machen. Am Straßenrand steht die litauische Bevölkerung und schaut zu: „Einige waren gleichgültig, andere traurig oder offenkundig froh. Einige Juden bezahlten christliche Jungen, die ihnen beim Tragen ihrer Habe halfen. Es wurde geschubst. Menschen fielen zu Boden und Päckchen samt ihrem Inhalt wurden zertreten." *(Zitiert nach Benjamin Anolik, Lauf zum Tor mein Sohn.)* Um sich nicht allzu lange mit Formalitäten aufzuhalten, hat man eine einfache Formel für die Verteilung gefunden: Die jüdische Bevölkerung aus den südlichen Gebieten der Stadt – etwa 29.000 Menschen – pfercht man im großen Ghetto I zusammen, die Juden aus dem Norden der Stadt – etwa 9.600 Menschen – müssen sich im kleineren Ghetto II eine neue Unterkunft suchen.

Überwacht wird der Ablauf der „Aktion" von einigen Gestapobeamten – und von Franz Murer, der im Ghetto zufällig auf den Ingenieur Anatol Fried trifft, den er schon von den Verhandlungen über die 5-Millionen-Kontribution kennt. Einer plötzlichen Eingebung

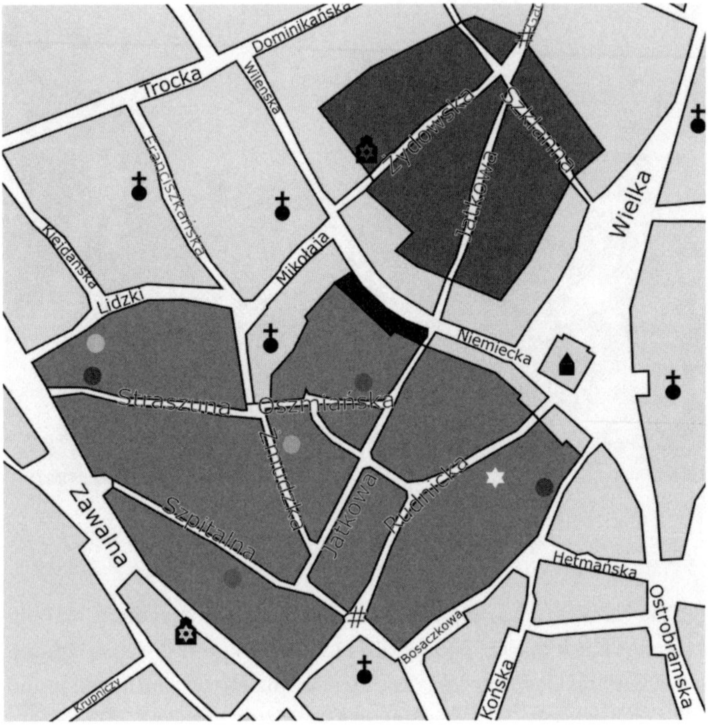

Nur innerhalb weniger Straßenzüge sollen etwa 40.000 Menschen eine Unterkunft finden: das große und das kleine Ghetto, beide voneinander getrennt durch die „Niemiecka", die Deutsche Straße.

folgend, hält Murer Fried an und ernennt ihn zum Vorsitzenden des neu zu bildenden Judenrats im Ghetto. Er habe, so der Auftrag Murers, weitere vier Männer zu finden und mit ihnen den Judenrat zu konstituieren. Fried entscheidet sich für den Advokaten Shabtai Milkonovicki, der sein Assistent wird, für den Schuhmacher Joel Fishman, ein Mitglied des „Bundes", sowie für den Ingenieur G. Guchman und den jungen Rechtsanwalt Grisza Jaszunski, der aus Warschau nach Wilna geflüchtet ist. Fried erhält in der Folge von Murer genaue Instruktionen, wie der Judenrat zu agieren habe: Er müsse im Ghetto völlig autonom alle Aspekte des täglichen Lebens organisieren und regeln, alle arbeitsfähigen Juden müssten zur

Arbeit gehen, dafür bekämen sie auch bezahlt. Weiters müsse der Judenrat für die Verteilung der Lebensmittel an die Bevölkerung sorgen, die von den Deutschen ins Ghetto geliefert würden. Und er müsse dafür sorgen, dass es im Ghetto immer friedlich zugehe – für alle Zeiten. „Niemand", so soll Murer zu Fried gesagt haben „will euch irgendein Leid antun. Was in der Vergangenheit geschehen ist, ist Vergangenheit. Von nun an seid ihr sicher!" *(Zitiert nach Mendel Balberyszski, Stronger than Iron.)*

Fried, der diese denkwürdig verlogenen Sätze Murers im Kopf behält und später in einem estländischen KZ Mendel Balberyszski erzählt, berichtet auch, dass er es gewesen sei, der sich dafür entschieden habe, Jakob Gens zum Kommandanten der Ghettopolizei zu ernennen. Er habe den 1905 im Bezirk Schaulen *(Siauliai)* geborenen Gens als Verwalter des jüdischen Spitals kennen gelernt und einen guten Eindruck von ihm gehabt: ein noch recht junger Mann, der als Freiwilliger in der litauischen Armee im Krieg gegen Polen militärische Erfahrung gesammelt hatte, intelligent und energisch, ein Zionist mit einem Abschluss aus Wirtschaft und Recht an der Universität in Kowno, der aus Angst vor dem sowjetischen NKWD nach Wilna gekommen sei. Er habe Gens den Posten angeboten und dieser habe akzeptiert. Noch ahnt Fried nicht, dass Gens auch den besseren „Draht" zu den Deutschen, vor allem zu Franz Murer, finden und dies seine Stellung gefährden wird …

Nisja Anolik, der Bruder von Benjamin Anolik, kennt Jakob Gens gut, er hat mit ihm im jüdischen Krankenhaus zusammengearbeitet. Sein Urteil über den neuen Chef der jüdischen Polizei: „Gens ist ein begabter, aber gefährlicher Mann. Ich beneide ihn nicht um seine neue Aufgabe." *(Zitiert nach Benjamin Anolik, Lauf zum Tor mein Sohn.)*

Mit der Bestellung von Gens, einer „starken, ja sogar diktatorischen Führerfigur" (Lucy Dawidowicz), zum Chef der Ghettopolizei ist auch der letzte wichtige Posten für die Selbstverwaltung des Ghettos vergeben. Unmittelbarer Ansprechpartner des Judenrats ist offiziell Petras Buragas, der Referent für jüdische Angelegenheiten in

der litauischen Stadtverwaltung, in der Praxis eine hilflose Marionette des Gebietskommissariats, wie ein von Murer unterfertigtes Schreiben des Gebietskommissars vom 16. Oktober 1941 an Buragas dokumentiert. Unmissverständlich heißt es da in scharfem Ton: „In der Anlage überreiche ich Ihnen zuständigkeitshalber eine Bestellung des Judenrates mit dem Bemerken, mir in Zukunft solche Schreiben des Judenrates nicht zuleiten zu wollen, da nicht ich, sondern Sie in erster Linie zuständig sind.
Angelegenheiten, die das Ghetto betreffen, haben Sie entgegen zu nehmen und nach meinen Weisungen durchzuführen. Ich verhandle daher nur mit Ihnen und nicht mit einzelnen Juden und dem Judenrat" – das ist die Sprache des Kolonialherrn, der keinen Widerspruch duldet und nur Befehlsempfänger kennt. *(LCVA, R-643, ap. 3, b. 195, BL. 191)* Buragas muss in Zukunft monatlich einen Bericht über die Lage im Ghetto an das Gebietskommissariat liefern, unter anderem mit der genauen Zahl der Ghettobewohner, die notwendigen Informationen erhält der litauische Beamte vom Judenrat, mit der Realität im Ghetto haben die Zahlen aber nicht immer zu tun – so leben deutlich mehr Menschen im Ghetto, als vom Judenrat angegeben.

Jakob Gens als Polizeichef komplettiert die Führungsriege des Ghettos. Es ist nunmehr ein Kreis von sechs Personen, die zu „virtuellen Herrschern" (Mendel Balberyszski) des Ghettos werden, sie erhalten von den Deutschen und insbesondere von Franz Murer das Recht, darüber zu entscheiden, wer leben und wer sterben soll. Anatol Fried rekrutiert dazu noch etwa zwanzig Personen, die Verwaltungsaufgaben in den einzelnen Abteilungen des Judenrats übernehmen, die meisten von ihnen sind als Aktivisten bekannt und repräsentieren zugleich die wichtigsten ideologisch-politischen Gruppierungen der Wilnaer Juden: Zionisten, Bundisten, Kommunisten und die kleine „Yidishe Folkspartei" (auch bekannt als „Jüdische Demokratische Partei"), eine nichtsozialistische, liberale Gruppierung, die vor allem in der jüdischen Intelligenz Wilnas einen starken Rückhalt hat und auf kulturelle Autonomie, basierend auf dem Jiddischen, setzt. Mendel Balberyszski, der später mit sei-

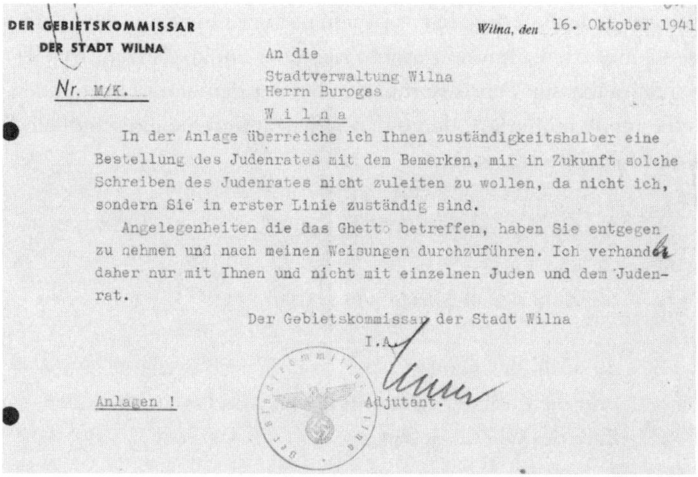

DER GEBIETSKOMMISSAR
DER STADT WILNA

Nr. M/K.

Wilna, den 16. Oktober 1941

An die
Stadtverwaltung Wilna
Herrn Burogas
W i l n a

In der Anlage überreiche ich Ihnen zuständigkeitshalber eine Bestellung des Judenrates mit dem Bemerken, mir in Zukunft solche Schreiben des Judenrates nicht zuleiten zu wollen, da nicht ich, sondern Sie in erster Linie zuständig sind.

Angelegenheiten die das Ghetto betreffen, haben Sie entgegen zu nehmen und nach meinen Weisungen durchzuführen. Ich verhandle daher nur mit Ihnen und nicht mit einzelnen Juden und dem Judenrat.

Der Gebietskommissar der Stadt Wilna
I.A.
Adjutant.

Anlagen !

Petras Buragas, der litauische Judenreferent, wird von Franz Murer nach Belieben mit „Weisungen“ drangsaliert (LCVA R-643-3-195, Bl. 191).

nem Buch *Stronger than Iron* (Erstausgabe unter dem Titel *Shtarker fun Ayzn)* eine wichtige Quelle über das Wilnaer Ghetto zur Verfügung stellen wird, übernimmt die Wohnungsabteilung, die Leitung der Gesundheitsabteilung wird Dr. Wladimir Poczter übertragen, jene des jüdischen Arbeitsamtes Abraham Jakobsohn.

Murer und Hingst klären inzwischen eine grundsätzliche Frage, die von litauischer Seite an sie gestellt wird: Müssen auch getaufte Juden ins Ghetto übersiedeln? In seiner Weisung vom 13. September 1941 *(LCVA, R-659, ap. 1, b. 6, Bl. 41)* an den SS- und Polizeiführer in Wilna, unterzeichnet von Franz Murer, lässt das Gebietskommissariat keinen Zweifel: Auch getaufte Juden sind ins Ghetto zu bringen. Jude ist auch, wer zumindest zwei jüdische Großeltern oder einen jüdischen Ehepartner hat bzw. mit dem Stichtag 22. Juni 1941 der jüdischen Religionsgemeinschaft angehört. Für den nichtjüdischen Ehepartner gibt es nur zwei Möglichkeiten: sich von seinem Ehepartner zu trennen oder mit ihm ins Ghetto zu gehen und den Tod zu riskieren. Selbst die deutsche Staatsbürgerschaft kann daran nichts ändern. Das Problem mit den Mischehen beschäftigt Murer, der offenbar die Sorge hat, dass jemand der Ghettoisierung entgehen könnte, jedoch weiter und so richtet er am 26. November 1941 ein Schreiben an Petras Buragas, in dem er den litauischen „Judenreferenten“ auffordert, durch den Judenrat und die jüdische Polizei sofort folgende Fragen klären zu lassen:

1. die Gesamtzahl der Mischehen

2. die Zahl der in Mischehen verheirateten Ghettoinsassen

3. die Zahl der gemischten Paare, die sich getrennt haben, und die Zahl der Arier aus diesen Mischehen, die außerhalb des Ghettos leben

4. die Zahl der Kinder aus diesen Mischehen und wie viele davon im Ghetto bzw. außerhalb leben

5. die Geburtsdaten der Kinder und der Ehepartner aus Mischehen *(Zitiert nach Yitzhak Arad, Ghetto in Flames.)*

Buragas leitet den Brief an Anatol Fried weiter, dieser übergibt ihn Joseph Glazman, dem stellvertretenden Chef der Ghettopolizei, der nun so schnell wie möglich Murer die geforderten Informationen zukommen lassen soll – eine Antwort Glazmans ist allerdings nicht bekannt. Die Mehrzahl der Männer und Frauen aus Mischehen wählt den Weg mit ihren Lieben in das Ghetto und geht mit ihnen im Laufe der diversen *czystkas* (Säuberungen) auch in den Tod. Es gibt aber auch andere Fälle: So berichtet die Sammlung *Documents Accuse* von einer deutschen Frau, die mit einem Juden verheiratet ist: Sie lässt sich von ihm scheiden und wird ins „Reich“ geschickt, ihre beiden Kinder, 9 und 13 Jahre alt, werden, so die Entscheidung von Gebietskommissar Hans Christian Hingst, nach Ponary gebracht und dort erschossen.

Inzwischen regiert die blanke Willkür: Tausende Menschen, vor allem aus den nordwestlichen Stadtgebieten, werden ins Lukiškes-Gefängnis gebracht, wie Grigorij Schur berichtet, sind dort vor al-

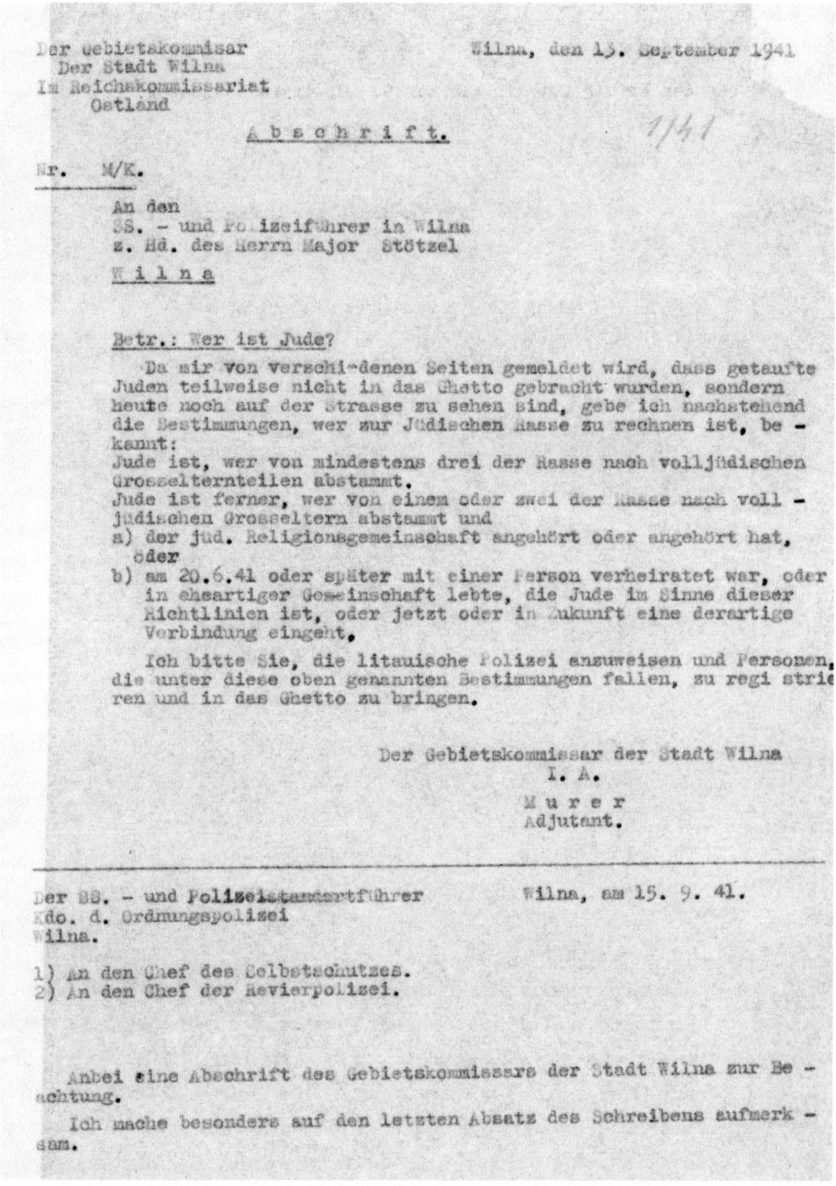
Der Gebietskommisar
Der Stadt Wilna
Im Reichskommissariat
Ostland

Wilna, den 13. September 1941

1/41

Abschrift.

Nr. M/K.

An den
SS. – und Polizeiführer in Wilna
z. Hd. des Herrn Major Stötzel
Wilna

Betr.: Wer ist Jude?

Da mir von verschiedenen Seiten gemeldet wird, dass getaufte Juden teilweise nicht in das Ghetto gebracht wurden, sondern heute noch auf der Strasse zu sehen sind, gebe ich nachstehend die Bestimmungen, wer zur Jüdischen Rasse zu rechnen ist, be – kannt:
Jude ist, wer von mindestens drei der Rasse nach volljüdischen Grosselternteilen abstammt.
Jude ist ferner, wer von einem oder zwei der Rasse nach voll – jüdischen Grosseltern abstammt und
a) der jüd. Religionsgemeinschaft angehört oder angehört hat, oder
b) am 20.6.41 oder später mit einer Person verheiratet war, oder in eheartiger Gemeinschaft lebte, die Jude im Sinne dieser Richtlinien ist, oder jetzt oder in Zukunft eine derartige Verbindung eingeht.

Ich bitte Sie, die litauische Polizei anzuweisen und Personen, die unter diese oben genannten Bestimmungen fallen, zu regi strie ren und in das Ghetto zu bringen.

Der Gebietskommissar der Stadt Wilna
I. A.
Murer
Adjutant.

Der SS. – und Polizeistandortführer
Kdo. d. Ordnungspolizei
Wilna.

Wilna, am 15. 9. 41.

1) An den Chef des Selbstschutzes.
2) An den Chef der Revierpolizei.

Anbei eine Abschrift des Gebietskommissars der Stadt Wilna zur Be – achtung.
Ich mache besonders auf den letzten Absatz des Schreibens aufmerk – sam.

„Wer ist Jude?" Franz Murer ist in Sorge, dass ihm getaufte Juden oder auch nichtjüdische Lebenspartner entgehen könnten, und erklärt den deutschen Dienststellen noch einmal alles ganz genau (LCVA R-659, ap 1, b. 6, Bl. 4).

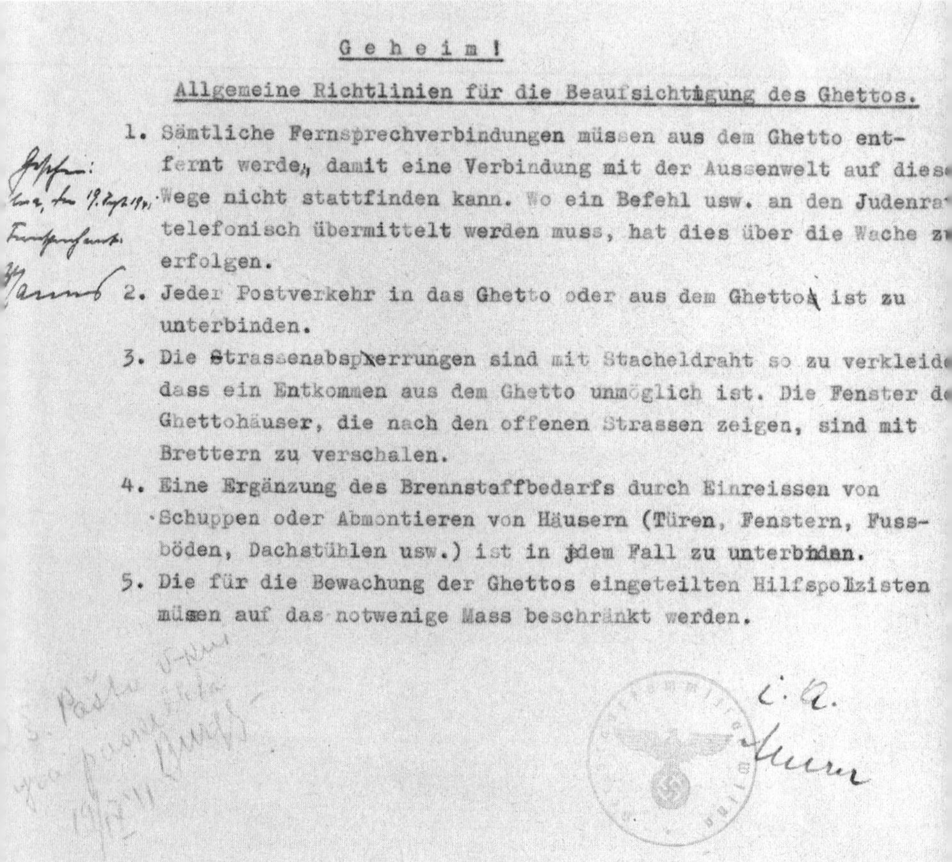

Geheim!

Allgemeine Richtlinien für die Beaufsichtigung des Ghettos.

1. Sämtliche Fernsprechverbindungen müssen aus dem Ghetto entfernt werden, damit eine Verbindung mit der Aussenwelt auf diese Wege nicht stattfinden kann. Wo ein Befehl usw. an den Judenrat telefonisch übermittelt werden muss, hat dies über die Wache zu erfolgen.
2. Jeder Postverkehr in das Ghetto oder aus dem Ghetto ist zu unterbinden.
3. Die Strassenabsperrungen sind mit Stacheldraht so zu verkleiden dass ein Entkommen aus dem Ghetto unmöglich ist. Die Fenster der Ghettohäuser, die nach den offenen Strassen zeigen, sind mit Brettern zu verschalen.
4. Eine Ergänzung des Brennstoffbedarfs durch Einreissen von Schuppen oder Abmontieren von Häusern (Türen, Fenstern, Fussböden, Dachstühlen usw.) ist in jedem Fall zu unterbinden.
5. Die für die Bewachung der Ghettos eingeteilten Hilfspolizisten müssen auf das notwenige Mass beschränkt werden.

i. A.

Murer

Murers „Richtlinien“ für das Ghetto: Jede „Verbindung mit der Außenwelt“ soll abgeschnitten werden, ein „Entkommen“ unmöglich sein (LCVA R-643-3-300, Bl. 53).

lem die Frauenzellen überfüllt, es herrscht ein „unbeschreibliches Gedränge und Durcheinander“, Personen, die auf Befehl der Deutschen wieder entlassen werden sollen, können nicht gefunden werden. Das betrifft vor allem freigelassene jüdische Facharbeiter und Spezialisten, die in den „bis zum Bersten gefüllten Zellen“ verzweifelt nach ihren Frauen und Kindern suchen. Anderen gelingt es, sich mit Geld oder Wertsachen freizukaufen und aus dem Lukiškes-Gefängnis zu entkommen, jene, die es nicht schaffen, werden zwischen dem 10. und 12. September in Ponary erschossen. Secharja Jutan, der später in Lyda den Terror des österreichischen Ordensjunkers Leopold Windisch erleben muss, erinnerte sich 1942 an diese Tage im Lukiškes-Gefängnis: „Im Gefängnis wurde uns gemeldet, dass wir dort ein paar Tage bleiben, bis das Ghetto in Ordnung gebracht werden wird. Es waren dort mindestens 5.000 Mann. Wir hatten wenig zu essen und der Hunger machte sich bereits am anderen Tag fühlbar. Im Gefängnis gab man uns nur kaltes Wasser und dieses auch nur als Entgeltung für Zigaretten, Tabak oder ähnl. Am nächsten Tag fing eine Registrierung von Fachleuten, Ingenieuren, Ärzten an, als Resultat von welcher nach drei Hungertagen etwa 800 Juden, darunter auch ich und meine Familie (meine Frau ist Hebamme), vom Gefängnis freigelassen und ins Ghetto getrieben wurden. Die im Gefängnis gebliebenen sah ich nicht mehr; sie machten den kurzen Weg nach der bekannten Massenmordstelle Ponary …" *(Bericht des Jutan Secharja, zitiert nach Christoph Dieckmann, Deutsche Besatzungspolitik in Litauen.)*

Ihre Besitztümer, die sie in den alten Wohnungen zurückgelassen haben, sehen die Neuankömmlinge in den beiden Ghettos nicht wieder: Die Räume werden abgesperrt und versiegelt, die Adressen ritzt man in die Schlüssel, die von den litauischen Polizisten eingesammelt und auf der zuständigen Polizeidienststelle – es gibt davon sieben in der Stadt – abgegeben werden. Die unmittelbare Beute an Bargeld für den 6. September beträgt knapp 21.000,- RM, bis zum 21. Oktober 1941 werden es 130.000,- RM sein. Das Gebietskommissariat beauftragt die litauische Stadtverwaltung mit der Verwahrung des jüdischen Besitzes, diese muss regelmäßig über das geraubte Gut an die deutsche Verwaltung berichten. Die konfiszierten Vermögenswerte sind beträchtlich: So sind es mit Stand vom 25. September 1941 429 Häuser und Grundstücke mit einer Fläche von 58,86 Hektar, die man ihren jüdischen Eigentümern geraubt hat, sowie 71 beschlagnahmte Handwerksbetriebe. Sorgfältig registriert werden Möbel, Musikinstrumente, Kleidungsstücke und selbst Haustiere, Litauer und Polen nützen die Gelegenheit zum Plündern, Hausmeister und Hausverwalter spielen ihnen in die

Hände. Auch zahlreiche deutsche Soldaten und Polizisten wollen nicht leer ausgehen: Man bedient sich in Wohnungen und Lagern am jüdischen Eigentum, wer korrekt vorgehen möchte, bestellt seine neue Wohnungseinrichtung beim Gebietskommissariat. Für Angehörige der Wehrmacht und der diversen deutschen Dienststellen steht Mobiliar „erster Sorte" zur Verfügung, Möbel „zweiter und dritter Sorte" können die neuen Inhaber der jüdischen Wohnungen für sich reklamieren oder die litauische Stadtverwaltung, die sie weiterverteilt oder -verkauft – Massenmord und Ghettoisierung sind ein gutes Geschäft! Für die „Ausgabe weiteren Mobiliars an die ärmere Bevölkerung" durch das litauische Wohlfahrtsamt ist allerdings die Genehmigung von Franz Murer notwendig, er achtet penibel darauf, dass „noch andre Stellen dringend vorab befriedigt werden", wie es in einem Schreiben des Gebietskommissariats an Bürgermeister Dabulevičius heißt *(LCVA, R 614-1-287, Bl. 172).*

Murer hat wohl auch seine Hände bei der Verwertung der Kleidung der in Ponary ermordeten Juden im Spiel: Auf Anweisung des Gebietskommissariats wird diese in einer „Rohstoffzentrale" gesammelt – bis Sommer 1942 fallen immerhin 20 Tonnen an. Bessere Kleidungsstücke werden aussortiert und dem Sozialamt der Stadtverwaltung übergeben, die Lumpen bleiben am Lager liegen. Am 1. Juni 1942 wird schließlich eine „Kommission zur Liquidierung des jüdischen Vermögens" eingerichtet, die vom Chef des litauischen Sozialamtes geleitet wird und eng mit dem Gebietskommissariat zusammenarbeiten muss. Objekte aus Gold und Silber, Bargeld und Wertpapiere müssen weiterhin an die Dienststelle von Hingst und Murer abgeliefert werden. Von August 1941 bis Ende Februar 1942 betragen die Einnahmen der Zivilverwaltung durch Verkäufe und Beschlagnahmungen von jüdischem Eigentum knapp 363.000,- Reichsmark, nicht eingerechnet dabei Gold- und Silberwaren, Wertpapiere, Genossenschaftsanteile und Ähnliches *(LCVA, R 614-1-249, Bl. 124).* Auch die Zahl der kostenlos verteilten Möbelstücke ist enorm: Von Dezember 1941 bis zum 20. April 1942 werden rund 34.000 Möbel im geschätzten Wert von 290.000,- Reichsmark verteilt *(LCVA, R-643-3-200).* Um an noch mehr Geld

Die Deutsche Straße (heute: Vokiečių gatvė) zählt vor dem Krieg zu den eleganten Geschäftsstraßen Wilnas. Ansichtskarte, um 1917.

zu kommen, überlegt die litauische Stadtverwaltung eine besonders zynische Vorgangsweise: Sie will die bis Ende 1941 aufgelaufenen „Schulden" der ermordeten Juden einfordern – immerhin hätten diese ja keine Mieten sowie Strom-, Gas- und Wasserrechnungen mehr bezahlt. Der Plan, diese „Schulden" bei der Stadtkasse Wilna mit Erlösen aus der jüdischen Zwangsarbeit und dem Verkauf von jüdischem Eigentum zu begleichen, wird allerdings nicht in die Tat umgesetzt.

Zusammenfassend ist zu sagen: Wenn Murer später vor Gericht in Graz behauptet, mit den Massenerschießungen in Ponary nichts zu tun gehabt zu haben, so ist das eine Lüge. Wenn er auf die Karte „Ich war nur ein unwichtiger Zivilbeamter" setzt und erklärt: „Meine Aufgabe war es, die landwirtschaftliche Produktion in Schwung zu bringen und die Ablieferungsvorschriften, wie sie in Deutschland bestanden, auch dort durchzuführen", so ist das nur ein sehr kleiner Teil der Wahrheit. Er war in Wilna jener Mann der deutschen Zivilverwaltung, der den Massenmord an den Juden nicht nur organisatorisch unterstützte, sondern auch dafür sorgte, dass die Gewinne aus den Morden maximal ausfielen.

„Ameisenhaufen" Ghetto

Nicht jeder Ankömmling im Ghetto findet seinen Schlafplatz in einem Zimmer: Für jene, die später kommen, gibt es dann nur mehr freie Ecken in der Küche oder im Vorzimmer, andere müssen gar mit dem Korridor oder dem Keller vorliebnehmen. Der Lebensraum pro Person: etwa 1,5 m^2 – beide Ghettos sind überfüllt „wie Ameisenhaufen" (Grigorij Schur). So erobert sich die Familie Esterowicz in der Straszunstraße Nr. 1 ein neues „Zuhause", Pearl Good, damals noch Perela Esterowicz und 12 Jahre alt, erinnert sich an die beinahe unerträgliche Situation: „Die Zahl der Menschen in unserem bescheidenen, engen, länglichen Raum von etwa 1,90 x 7,50 m wuchs bis zum Abend auf 26. In den folgenden Nächten mussten wir zusammengedrängt auf dem schmutzigen Fußboden schlafen, die einen liegend, die anderen sitzend, denn es gab nicht genug Raum für alle, sich zur selben Zeit auf dem Fußboden auszustrecken. Die Erwachsenen mussten abwechselnd schlafen, aber ich konnte auf dem Kissen liegen, das ich mit so viel Mühe hergeschleppt hatte. Neben mir schlief ein halbwüchsiges, durch Kinderlähmung verkrüppeltes Mädchen, sie muss auch Epilepsie gehabt haben. In einer Nacht hatte sie einen Anfall, gab unheimliche Laute von sich und trat mich." *(Zitiert nach Michael Good, Die Suche.)*

Während sich in den engen Gassen noch die Kolonnen der Umsiedler stauen, sind bereits die Maurer am Werk: Die Ausgänge aus dem Ghettogelände werden abgemauert, Fenster, die in die Freiheit führen, mit Brettern versehen. Ein Verlassen des Ghettos ist nur mehr durch die vorgesehenen Tore möglich. Zum „Jubiläum" der Errichtung des Ghettos wird die *Kauener Zeitung* am 2. August 1942 unter dem Titel „Ein Jahr Zivilverwaltung in Wilna" ein Interview mit Gebietskommissar Hans Christian Hingst veröffentlichen, das die „historische" Leistung seiner Dienststelle würdigt und von triumphierendem Hohn nur so trieft: „Da musste zunächst einmal der jüdisch-parasitäre Einfluss, der sich überall in Wirtschaft, Verwaltung und Kultur breitmachte, beseitigt werden. Wir schafften die schwarzen Brüder ins Ghetto, sie durften die Bürgersteige nicht mehr benutzen. Fahrzeuge standen ihnen nicht mehr zur Verfügung. Sie wurden kaltgestellt. So haben wir an einem Tag 65.000 Juden ins Ghetto – das ist das auch schon früher zumeist von Juden bewohnte Viertel – gesteckt. Das ging alles über Nacht. Gleichzeitig war eine Maurerkolonne am Werk, die die Ausgänge aus dem Viertel vermauerte. Als am nächsten Morgen die schwarzen Kaftane sich die Augen wischten, werden sie wohl erstaunt festgestellt haben, dass für sie die Welt mit Brettern vernagelt war."

Auch Mascha Rolnikaite und ihre Familie müssen die Wohnung in der Deutschen Straße verlassen, litauische Soldaten, Angehörige einer Sondereinheit, dringen in die Wohnung ein: „Sie befahlen der Familie, sich innerhalb von fünf Minuten fertig zu machen und nur das mitzunehmen, was jeder selber tragen könne. Meine Mutter warf schnell unsere Kleider und Mäntel in eine Kinderbadewanne. Aus Kissenbezügen hatte sie schon Rucksäcke für mich und Mira gemacht und Wäsche hineingepackt. Sogar die Kleinen bekamen jedes einen Rucksack, ein Bündel und eine Mappe mit daran festgebundenen Schuhen. Schlimmer als alles andere war das Weggehen … Die Soldaten stießen Rajele und Ruwele auf die Treppe. Mama lief hinterher. In der Tür sah sie sich noch einmal um." *(Zitiert nach Mascha Rolnikaite, Ich muss erzählen.)* Ihre neue „Wohnung" finden Mascha und ihre Angehörigen in der Rudnickastraße 16 in unmittelbarer Nähe des Ghettotors. Acht Familien teilen sich die Wohnung, eine Familie bekommt die Küche zugeteilt, während der Nacht reicht nicht einmal der Platz am Fußboden – ein Mädchen muss am Tisch schlafen, ein anderes in der Badewanne.

Das ehrgeizige Vorhaben der litauischen Kollaborateure gelingt nicht. Auch am 7. September, mittlerweile hat es zu regnen begonnen, strömen noch viele Juden ins Ghetto. Sie kommen meist nicht ungern, da sie die Hoffnung haben, dass hier die Chance zu überleben größer sein werde. Sie wissen, dass die Deutschen Arbeitskräfte brauchen, und deshalb, so ihre Schlussfolgerung, könnten sie nicht alle Juden töten.

In seiner Aussage vor dem sowjetischen Untersuchungsrichter 1948 wird Murer das Geschehen rund um die Errichtung des Ghettos

schlicht so darstellen: „Nachdem die Bewohner entfernt worden waren, wurde das Gelände in Ordnung gebracht, dann führte man die noch in Wilna lebenden Juden, etwa 40.000 bis 42.000, in das Ghetto. Sie wurden von der Gestapo und litauischen Polizisten zusammengetrieben.
Anfang September 1941 hatte die Polizei der Stadt Wilna alle Juden ins Ghetto gebracht. Es war ihnen erlaubt, etwas Essen mitzunehmen und all das Notwendige, das sie selbst bis zum Ghetto tragen konnten. Ihr übriges Eigentum wurde beschlagnahmt und zum Gebietskommissar gebracht, der es wiederum unter den deutschen zivilen und militärischen Behörden sowie den Kolonisten aus Deutschland verteilte." *(Documents Accuse, Dokument Nr. 94 – Übersetzung J. S.)*

Da die sanitären Anlagen in den Häusern des Ghettos meist veraltet sind und dem Ansturm so vieler Menschen bei weitem nicht standhalten können, werden zwei Badeanstalten errichtet, in denen sich jeder Jude mindestens einmal im Monat waschen muss – die Deutschen, aber auch der Judenrat fürchten den Ausbruch von Epidemien, beide drängen daher auf Sauberkeit. Wird in einem Haus ein Mangel an Hygiene festgestellt, so wird über dessen Bewohner eine kollektive Strafe verhängt. Besonders verpönt: das Deponieren von Müll auf der Straße – wer dabei erwischt wird, muss mit einer Gefängnisstrafe rechnen. Dann verfällt man auf eine weitere effiziente Regelung: Wer seinen Badenachweis nicht vorzeigen kann, bekommt seine Brotration nicht ausgehändigt.

Lebensmittelkarten werden verteilt, aber die reichen, wie Mascha Rolnikaite feststellt, „hinten und vorne nicht, ganz nach dem Motto: zum Leben zu wenig und zum Sterben zu viel". Vorgesehen sind so 125 g Brot pro Tag sowie folgende Wochenrationen: 80 g Graupen, 50 g Zucker, 50 g Öl und 30 g Salz. Aber selbst diese Zuteilungen werden nicht immer eingehalten, statt der Graupen gibt es dann Brot oder schwarze Erbsen, Öl und Zucker bekommen die Ghettobewohner, so Mascha Rolnikaite, erst gar nicht zu sehen. Ihr Fazit: „Es ist klar, dass man von dem, was sie uns geben, nicht leben kann."

Im Ghetto von Wilna sind Bäume und Pflanzen verboten. Sie würden den Bewohnern vom Rhythmus des Lebens künden, vom Wachsen und Blühen und so Trost und Hoffnung spenden – das wollen die Nazis nicht. Dennoch gibt es im Ghetto einen Baum. Er steht im zweiten Hinterhof des Judenrat-Gebäudes in der Rudnickastraße 6. Hier befinden sich die Dienstwohnungen von Jakob Gens und seinem Vertreter Salek Dessler. Wie Schoschana Rabinovici erzählt, hat man um den Baum Rasenflächen und einen „Sandweg" angelegt und einige Bänke aufgestellt – hier geht die 10-Jährige mit ihrer Freundin Judith Kugel spazieren, für die beiden Kinder ersetzt dieser Baum einen ganzen Park. Auch Rachel Margolis, die in einem Raum des jüdischen Spitals, in dem Röntgenaufnahmen entwickelt werden, Unterschlupf findet, hört von diesem Baum, von dem sie hinter dem Tor sogar einige Blätter erkennen kann – er wird für sie zu einem Gegenstand der Sehnsucht, zu einem Symbol unbeschwerter Freiheit: „Und so träumte ich davon, im Gras zu liegen, und schaute im Himmel den ziehenden Wolken nach." *(Zitiert nach Rachel Margolis, Als Partisanin in Wilna.)*

Schoschana Rabinovici wohnt mit ihrer Familie in der Rudnickastraße 9, die Wohnung hat man nach dem Verlassen von Ghetto 2 am 21. Oktober 1941 bezogen. Sie schildert in ihren Erinnerungen die Situation: „Die Wohnung war groß, mit vielen Zimmern, und in jedem großen Zimmer wohnten mindestens zehn Personen, in den kleineren fünf bis acht. Wie die meisten Wohnungen in dieser Gegend waren die Zimmer eines nach dem anderen angeordnet, wie in einem Eisenbahnwaggon: lauter Durchgangszimmer, und auf beiden Seiten der Wohnung befand sich ein Eingang. Der Haupteingang war neben unserem Zimmer, und vor der Tür befand sich die einzige Toilette der Wohnung. Alle Bewohner waren gezwungen, durch unser Zimmer zu gehen, wenn sie zur Toilette wollten. In dem kleinen, schmalen Flur vor unserer Zimmertür standen die Leute oft Schlange bis zur Toilette." *(Zitiert nach Schoschana Rabinovici, Dank meiner Mutter.)* Geschlafen wird in drei Stockbetten, notdürftig zusammengezimmert aus einfachen Brettern. Zwei bis drei Familienangehörige teilen sich ein Bett, nur für den Großvater gibt es keinen Platz mehr – er muss auf dem großen Küchentisch in der Mitte des Zimmers schlafen, über den abends eine dünne Matratze gelegt wird. Außer den Stockbetten, dem Tisch und einigen Stühlen gibt es keine Möbel, Kleidung und persönliche Habseligkeiten müssen irgendwie auf den Holzpritschen untergebracht werden. Die Küche auf der anderen Seite der Wohnung müssen sich alle Familien teilen, um Chaos zu vermeiden, hat jede Familie eine feste Kochzeit zugeteilt bekommen.

Im Ghetto, inmitten von Angst und Verzweiflung, gibt es einen besonderen Ort, der nun für viele zu einer Quelle der Kraft wird: die öffentliche jüdische Bibliothek in der Straszunstraße. Bereits am 9. September 1941 verleiht sie wieder Bücher, ihr Leiter ist der bereits erwähnte Chronist Herman Kruk (1897–1944), „ein kleiner, tatkräftiger und anspruchsvoller Mensch, der stets eine Pfeife zwischen den Zähnen hielt" (Rachel Margolis). „Kruczek", wie die Juden ihren Bibliothekar liebevoll nennen, ist ein Flüchtling aus Warschau, in der polnischen Hauptstadt hat er die Grosser-Bibliothek, die bedeutendste jüdische Volksbibliothek, geleitet und war engagierter „Bund"-Aktivist, eine Tätigkeit, die er in Wilna fortsetzt. Vor allem aber hat sich Kruk entschlossen, die Ereignisse im Ghetto zu dokumentieren. Vom Judenrat täglich mit den neuesten Informationen und Unterlagen versorgt, beginnt er eine Chronik zu schreiben und wird so zum „Historiker" des Ghettos. Gut ein Drittel seiner in Jiddisch verfassten Aufzeichnungen, die er vor der Liquidierung des Ghettos im September 1943 in drei Behältern versteckt, geht leider verloren – sie werden von Räubern, die auf der Suche nach Geld und Gold sind, zerstört. Herman Kruk wird von den Nazis in das KZ Klooga in Estland deportiert und dort im Herbst 1944 ermordet – knapp vor der Befreiung Kloogas durch die Rote Armee. Sein Tagebuch, 1961 in den USA erstmals veröffentlicht, stellt heute eine der wichtigen Quellen für die Geschichte des Wilnaer Ghettos dar.

In der „Erwartung ihres Todes", so beobachtet Rachel Margolis, die in der Bibliothek beschäftigt ist, mit Dutzenden Menschen zusammengesperrt, hungrig und geschlagen, beginnen die Menschen zu lesen, wollen „vor allem die Realität vergessen". Dann gibt es aber auch jene Leser, die in der Lektüre bewusst Kraft und Stärke suchen, um ihre Würde als Menschen bewahren zu können. Das Resümee der 16-jährigen Rachel Margolis, die knapp vor dem Einmarsch der Deutschen die letzten Prüfungen zum Abitur abgelegt hat: „Zur Bibliothek ging ich wie zu einem heiligen Ort."

Malinenwahnsinn

Diese Verstecke, „Maline" genannt, werden mit viel Umsicht und Raffinesse angelegt, die eindrucksvolle Schilderung einer derartigen Maline verdanken wir Schoschana Rabinovici: Das Versteck, von dem sie berichtet, ist unter einem Gemeinschaftsabort angelegt worden, der Zugang nur durch Hochklappen eines Klosettbeckens möglich. Vom Kanal aus grub man eine etwa vier Meter tiefe Höhle in die Fundamente des Hauses und von dieser Höhle aus baute man zwei Zimmer, ein schmaler Belüftungsschacht, der mit dem Kamin des Gebäudes verbunden wurde, erlaubt die Zufuhr von Frischluft. Die Maline wird mit Frischwasser und Strom versorgt, ein Verbindungsrohr zur Kanalisation dient als Toilette. Die Zimmer sind mit Holzpritschen versehen, Lebensmittel und Konserven für etwa eine Woche liegen bereit, dazu alles Notwendige für eine medizinische Erstversorgung und Beruhigungstabletten. Schoschana überlebt in dieser Maline zusammen mit ihrer Mutter, Stiefschwester Dolka und Stiefvater Julek Rauch drei Tage und vier Nächte – ein Aufenthalt, der vor allem für ihre Mutter, die an Klaustrophobie leidet, zur beinahe unerträglichen Qual wird: „Wir waren unter der Kanalisation begraben wie in einem Massengrab." Als die jüdische Polizei, die in dem Haus ein Versteck vermutet, den Strom abschaltet, um die Menschen zum Verlassen der Maline zu zwingen, und in der Nähe Häuser sprengt, wird die Lage in dem unterirdischen *hideaway* beinahe unerträglich: „Wir saßen gebeugt und wie versteinert vor Angst. Alle waren von Grauen gepackt. Es war eindeutig, dass Häuser gesprengt wurden, aber wir wussten nicht, wo. Wir hatten das Gefühl, als sei das Haus über unseren Köpfen zusammengestürzt.

Panik brach aus, Menschen rannten in der Dunkelheit hin und her." *(Zitiert nach Schoschana Rabinovici, Dank meiner Mutter.)* Das Versteck bleibt jedoch unentdeckt, alle können nach dem Ende der „Aktion" und dem Abzug der Deutschen aus dem Ghetto wieder in ihre Wohnungen zurückkehren. Die Maline hat ihnen – zumindest vorläufig – das Leben gerettet.

Der Malinenbau, so berichtet auch Abraham Sutzkever, entwickelt sich zu einer wahren „Kunst", getrieben von der Hoffnung auf ein Überleben entsteht eine verborgene unterirdische Stadt. So baut man etwa in der Rudnickagasse 6 eine Maline, deren Eingang durch einen Ofen verläuft: „Es öffnete sich der Deckel des Ofens, und von dort fuhr man in die Maline ein, auf einer elektrisch sich bewegenden Bodenplatte, ähnlich wie auf einer Rolltreppe in der Untergrundbahn." Das Versteck ist bestens ausgestattet: Neben einem Bad und einer Toilette gibt es sogar ein Radio und eine kleine Bibliothek.

Um der Gefahr einer Sprengung des Gebäudes, in dem sich die Maline befindet, zu entgehen, treiben besonders Umsichtige diese unterirdische Welt auf das Gebiet der Stadt vor, so gräbt man etwa eine unterirdische Verbindung zum Allerheiligenkloster und vom jüdischen Spital einen Gang zur Choralsynagoge in der Sawalnestraße. Unter der *Dajtschen Gass* gräbt man eine Verbindung vom ersten zum zweiten Ghetto. „Malinen", so resümiert der Ghettoüberlebende Abraham Sutzkever, „gab es reiche und arme, große und kleine, für einzelne Familien und für 100 Menschen". Viele werden zum Schauplatz von Tragödien, immer wieder sind es Kinder, die durch ihr Weinen das Versteck verraten, „beherrscht vom Malinenwahnsinn", werden Kinder sogar erstickt, um eine Entdeckung zu verhindern. Die Menschen sterben an Hunger oder Luftmangel, im September 1943, als die Deutschen zahlreiche Häuser einfach sprengen, werden die Menschen in den Malinen lebendig begraben.

Abraham Sutzkever kennt dieses „Königreich des Drecks und der Mäuse", den „wilden Schrecken der zusammengekrampften Körper" in den Malinen aus eigener Anschauung: „Jedes Rascheln, jede Bewegung zerriß einem das Herz und raubte die Kräfte. In solchem Zustand ist man zu allem fähig. Viele meiner Erlebnisse werde ich vergessen. Schon jetzt ist mir die Farbe des Blutes nebelhaft geworden. Aber ich werde nie den Augenblick vergessen, als in der Maline die Streichhölzer nicht mehr aufflammten, weil die Luft schon zu wenig Sauerstoff enthielt." *(Zitiert nach Abraham Sutzkever, Wilner Getto 1941–1944.)*

Um die Malinen zu finden, setzen die Deutschen auf die litauischen Spezialisten der *Ypatingas Burys*, die gefürchteten *Chapunes*, die „Greifer", die in speziellen „Kursen" auf ihre Aufgabe vorbereitet werden. Nach der Liquidierung des Ghettos bekommen diese skrupellosen Handlanger der Gestapo für jede entdeckte Maline eine Prämie, abhängig von der Zahl der versteckten Juden. Nur wenige Malinen bleiben bis zur Befreiung Wilnas durch die Rote Armee im Juli 1944 unentdeckt …

„Das Arbeitsamt ist Scheiße!"

Wer nicht in Ponary getötet wird, hat eine große Hoffnung: Arbeit. Zwangsarbeit für die Deutschen, die dafür ein eigenes raffiniertes „System" entwickeln: Der Grundgedanke, wie er in den „Vorläufigen Richtlinien zur Behandlung der Judenfrage" des Reichskommissars Ostland festgehalten wird: Die Kasse der Gebietskommissariate soll dadurch entsprechend zum Klingeln gebracht werden, die Entlohnung der jüdischen Zwangsarbeiter natürlich keineswegs der tatsächlichen Arbeitsleistung entsprechen. Hingst und sein Adjutant Murer halten sich gerne an dieses Grundkonzept und schon am 30. September 1941 können sie ihre eigenen „Richtlinien für den Einsatz der jüdischen Arbeitskräfte" präsentieren:

Ab dem 10. Oktober 1941, so die Anordnung in Punkt 1, müssen die jüdischen Arbeitskräfte bezahlt werden, die Hälfte der Lohnsätze ist dabei, wie Punkt 2 regelt, von den privaten Arbeitgebern an

6

Richtlinien für den Einsatz der jüdischen Arbeitskräfte.

1. Ab 1o. 1o. 1941 sind die jüdischen Arbeitskräfte zu bezahlen. -

2. Der Arbeitslohn beträgt:

a) für männliche Arbeiter vom 16. - 6o Lebensjahr pro Stunde RM

b) für weibliche Arbeitskräfte vom 16. - 6o. Lebensjahr pro Stu RM o.15

c) für jugendliche Arbeiter unter 16 Jahren pro Stunde RM o.1o.

Diese Lohnsätze gelten nur für private Arbeitgeber. Zivile deutsch Dienststellen, Wehrmachtsdienststellen und die Stadtverwaltung Wil bezahlen die Hälfte der oben angegebenen Sätze. Die privaten Arbei geber sind verpflichtet die Hälfte der oben angeführten Lohnsätze Auszahlung zu bringen, während die andere Hälfte an das Gebietskomm sariat abzuführen ist.

3. Um die jüdische Facharbeiterkraft zu erhalten, ist es wünschens wert, dass die Arbeitgeber den arbeitenden Juden eine warme Mittag suppe verabreichen. Für diese aknn von dem an die Juden auszuzahle Tagelohn ein Betrag von RM o.3o in Abzug gebracht werden.

4. Jüdische Arbeitskräfte können nur vom Arbeitsamt Wilna angeford werden.

5. Das Arbeitsamt bewilligt jüdische Arbeitskräfte nur in Stärke v 1o Mann aufwärts. Nur in Ausnahmefällen können einzelne Juden verm telt werden. Diese Juden haben sich mit einem besonderen Ausweis, gestellt vom Arbeitsamt Wilna, auszuweisen.

6. Um eine bessere Kontrolle über die zur Arbeit zugelassenen Jude haben, bestimme ich:

a) Die litauische Polizei hat bei jedem Ghettoausgang ein geeig Wachlokal einzurichten. Das für die Bewachung des Ghettos zu dige Polizeirevier hat vom Arbeitsamt wöchentliche die Zahl für die einzelnen Betriebe und Dienststellen vermittelten Ju anzufordern und nach dieser Liste die zur Arbeit gehenden Ju zu kontrollieren.

b) Das Verlassen des Ghettos ist nur Juden gestattet, welche vo Arbeitsamt zu einer Arbeit vermittelt und mit einem geeignete Ausweis versehen sind.

c) Diese Juden haben geschlossen und auf dem kürzesten Weg die beitsstätte aufzusuchen und zu verlassen.

d) Das unbefugte Verlassen der Arbeitsstätte ist verboten. Einz in der Stadt herumlaufende Juden werden verhaftet. Der Arbei

hat -2-

62

- 2 -

hat die Juden so zu beaufsichtigen, dass sie den Arbeitsplatz nicht verlassen können. Ist erdazu nicht in der Lage, so wird eine weitere Zuteilung von jüdischen Arbeitskräften an ihn eingestellt.

e) Bei Einbruch der Dunkelheit haben die Juden in das Ghetto geschlossen zurückzukehren.

7. Der Einkauf und die Mitnahme von Lebensmitteln und Holz in das Ghetto ist verboten. Die Wache am Ghettoeingang hat die zurückkehrenden Juden zu untersuchen und ihnen Lebensmittel sowie mitgenommenes Holz abzunehmen. Die Versorgung des Ghettos mit Lebensmitteln und Holz erfolgt durch die dazu bestimmten Lebensmittelfirmen und die Stadtverwaltung.

gez. Hingst

W i l n a, den 30. September 1941.

Das Gebietskommissariat sichert sich das Monopol über die jüdische Zwangsarbeit. Die Hälfte des Lohns fließt in die Kassa des Gebietskommissariats (LCVA R-643-3-300, Bl. 61 und 62). Punkt 3, die warme Mittagssuppe, soll auf eine Initiative Murers zurückgehen.

das Gebietskommissariat abzuführen. Der Arbeitslohn für männliche Arbeiter vom 16. bis zum 60. Lebensjahr wird mit RM 0,20 pro Stunde festgesetzt, weibliche Arbeitskräfte vom 16. bis zum 60. Lebensjahr erhalten RM 0,15, jugendliche Arbeiter unter 16 Jahren RM 0,10 pro Stunde.

Angeblich auf einen Vorschlag Murers geht die Bestimmung im Punkt 3 zurück. Da bei halber Ration von den Juden keine entsprechende Arbeitsleistung erwartet werden könne, habe er Hingst, wie er in seiner autobiografischen Skizze erzählt, den Vorschlag gemacht, „den arbeitenden Juden von der Arbeitsstelle ein Mittagessen geben zu lassen. Der Chef ging darauf ein und sagte, ich solle dies ausarbeiten und ihm vorlegen. Somit entstand eine Anordnung (die einzige von mir im Auftrage des Geb. Kom. unterschriebene), die die zusätzliche Verpflegung, Lohn und Arbeitsplatz regelte.“ Der Vorstoß Murers ist durchaus bemerkenswert, er zeugt vom pragmatischen Denken – nicht von humanen Überlegungen! – des ehemaligen Gutsverwalters, dem Produktivität über alles geht. Die Formulierung, die von Hingst genehmigt wird, lautet schließlich: „Um die jüdische Facharbeiterkraft zu erhalten, ist es wünschenswert, dass die Arbeitgeber den arbeitenden Juden eine warme Mittagssuppe verabreichen. Für diese kann von dem an die Juden auszuzahlenden Tagelohn ein Betrag von RM 0,30 in Abzug gebracht werden.“

Aus dem „Mittagessen“ ist eine „warme Mittagssuppe“ geworden, die „wünschenswert“, aber nicht Pflicht ist, ein Kompromiss, mit dem auch die Arbeitgeber leben können. Diese Regelung wird in der Folge auch auf jüdische Arbeitskräfte ausgedehnt, die in den Werkstätten und Dienststellen des Ghettos arbeiten, sowie auf halbwüchsige Kinder.

Angefordert werden können jüdische Arbeitskräfte nur beim Arbeitsamt Wilna, die Mindestzahl für eine Bewilligung beträgt „10 Mann aufwärts“ (Punkt 4 und 5) – damit sichern sich Hingst und Murer die ausschließliche Zuständigkeit für den Arbeitseinsatz der Ghettoinsassen und zwingen dadurch auch die Wehrmachtsdienststellen und die Sicherheitspolizei, Arbeitskräfte zukünftig über die Zivilverwaltung zu rekrutieren.

Besonderes Augenmerk wird von Gebietskommissar Hingst auf die Kontrollmöglichkeiten gelegt (Punkt 6): „Um eine bessere Kontrolle über die zur Arbeit zugelassenen Juden zu haben, bestimme ich:

a) Die litauische Polizei hat bei jedem Ghettoausgang ein geeignetes Wachlokal einzurichten. Das für die Bewachung des Ghettos zuständige Polizeirevier hat vom Arbeitsamt wöchentlich die Zahl der für die einzelnen Betriebe und Dienststellen vermittelten Juden anzufordern und nach dieser Liste die zur Arbeit gehenden Juden zu kontrollieren.

b) Das Verlassen des Ghettos ist nur Juden gestattet, welche vom Arbeitsamt zu einer Arbeit vermittelt und mit einem geeigneten Ausweis versehen sind.

c) Diese Juden haben geschlossen und auf dem kürzesten Weg die Arbeitsstätte aufzusuchen und zu verlassen.

d) Das unbefugte Verlassen der Arbeitsstätte ist verboten. Einzeln in der Stadt herumlaufende Juden werden verhaftet. Der Arbeitgeber hat die Juden so zu beaufsichtigen, dass sie den Arbeitsplatz nicht verlassen können. Ist er dazu nicht in der Lage, so wird eine weitere Zuteilung von Arbeitskräften an ihn eingestellt.

e) Bei Einbruch der Dunkelheit haben die Juden in das Ghetto geschlossen zurückzukehren."

Die „Spielregeln" für den täglichen Arbeitseinsatz der Ghettoinsassen stehen damit fest, sie werden von nun an den Alltag bestimmen. Auf die größte Sorge, die Hingst und Murer haben, nimmt noch Punkt 7 Bezug: „Der Einkauf und die Mitnahme von Lebensmit-

„Die Fenster der Ghettohäuser, die nach den offenen Strassen zeigen, sind mit Brettern zu verschalen“ – Murers Befehl wird konsequent umgesetzt: Der Haupteingang zum Ghetto in der Rudnickastraße.

teln und Holz in das Ghetto ist verboten. Die Wache am Ghettoeingang hat die zurückkehrenden Juden zu untersuchen und ihnen Lebensmittel sowie mitgenommenes Holz abzunehmen. Die Versorgung des Ghettos mit Lebensmitteln und Holz erfolgt durch die dazu bestimmten Lebensmittelfirmen und die Stadtverwaltung." *(LCVA R-643, ap. 3, b. 300, Bl. 61/62)*

In der Praxis wird sich bald zeigen, dass die Umsetzung dieser „Richtlinien" mit zahlreichen Problemen und „Zwischenfällen" behaftet ist. So soll der Grundsatz „Ohne Zuweisungsschein des Arbeitsamtes werden keine Juden mehr gestellt" auch für Polizei und SD gelten. Als daher SA-Oberscharführer Horst Schweinberger, der Verbindungsmann des EK 3 zum litauischen Erschießungskommmando *Ypatingas Burys,* am 12. September 1941 vom Judenrat des Ghettos 2 die Stellung von 1500 Menschen fordert, hat er Pech: Der Judenrat beruft sich auf die neuen Regeln und schickt eine Abordnung zum Arbeitsamt in die Wilnaer Straße. Die Männer kommen mit einem Brief, von Hingst persönlich unterzeichnet, zurück, der noch einmal die auschließliche Zuständigkeit des Arbeitsamtes betont. Horst Schweinberger, gewohnt, dass seine Forderungen erfüllt werden, bekommt einen Wutanfall, als ihm Yitzhak Lejbowicz, der Vorsitzende des Judenrats, am 15 September das Schreiben präsentiert. Mendel Balberyszski hat in *Stronger than Iron* den O-Ton überliefert: „Was ist das? Ihr Scheiß-Juden wollt mir sagen, was ich zu tun habe? Das Arbeitsamt ist Scheiße! Und auch der Gebietskommissar, alles Scheiße! Ich gebe hier die Befehle, die Gestapo!" *(Übersetzung: J. S.)*

Auch ein wütender Schlag mit der Faust auf den Tisch ändert nichts mehr – Schweinberger muss unverrichteter Dinge wieder abziehen, die Gestapo hält sich allerdings an den Insassen von Ghetto I schadlos: Am selben Tag, dem 15. September 1941, erhält der Judenrat des großen Ghettos die Order, dass alle Bewohner ohne gültige Arbeitserlaubnis in das kleine Ghetto übersiedeln müssten. Die jüdischen Polizisten machen sich daran, die Menschen zusammenzutreiben, dann bricht die Kolonne in Richtung Ghetto II auf, wo aber nur ein kleiner Teil ankommt: Etwa 2.000 Menschen werden ins Lukiškes-Gefängnis und von dort nach Ponary zum Erschießen gebracht.

Auch die Wehrmachtsdienststellen wollen sich nicht unbedingt vom Arbeitsamt gängeln lassen – Kontrollen, die im Sommer 1942 in der Infanteriekaserne in Wilna durchgeführt werden, decken „unhaltbare“ Zustände auf: Es zeigt sich, dass zahlreiche Ausweise der hier beschäftigten Juden nicht vom Arbeitsamt genehmigt sind, dazu haben sie auch noch das Privileg, allein durch die Straßen gehen zu können. Vor allem aber kümmern sich die Arbeitgeber kaum darum, ob die bei ihnen beschäftigten Juden nebenbei am Schwarzmarkt auch noch Lebensmittel „organisieren“ – viel Arbeit für Franz Murer, der der Kontrollen nicht müde wird. Und dann ist da auch noch das Problem mit den „geeigneten Ausweisen“ – unterschiedliche Bescheinigungen und Stempel sorgen bei den jüdischen Arbeitskräften für Unsicherheit, da sie nicht vor dem Abtransport nach Ponary schützen. Erst mit der Ausgabe der „gelben Scheine“ soll ein zuverlässiger „Ausweis“ geschaffen werden …

Bei den deutschen Arbeitgebern sind vor allem die jüdischen Facharbeiter beliebt, sie gelten als fleißig, gut ausgebildet und zuverlässig, während die litauischen Arbeitskräfte den Ruf haben, faul und wenig zuverlässig zu sein, insbesondere die häufigen Krankschreibungen sorgen für Ärger. „Probleme“ mit jüdischen Arbeitnehmern gibt es dort, wo die schlecht ernährten Zwangsarbeiter den Anforderungen schwerer körperlicher Arbeit nicht mehr gewachsen sind. So gibt es im Ghetto keine Arbeitslosen, eine Anfrage nach jüdischen Arbeitern zum Holzfällen muss das Arbeitsamt Wilna im Sommer 1942 ablehnen: „Der Judeneinsatz ist ein wesentlicher Faktor im Gesamteinsatz des Sozialamts Wilna geworden. Die Bedeutung des Judeneinsatzes wird noch größer in dem Maße, als einheimische Arbeitskräfte für das Reich dienstverpflichtet werden. Wenn daher noch vor einem halben Jahr von einer Übersetzung (sic!) von Juden bei Wehrmachts- und anderen Dienststellen gesprochen wurde, so stimmt es heute nicht mehr. Durch den ständigen Abzug von einheimischen Kräften werden diese Dienststellen gezwungen, die Juden zweckentsprechend einzusetzen. Es sind heute keine arbeitslosen Juden vorhanden.“ *(Schreiben an das Gebietskommissariat Wilna vom 7. Juni 1942, zitiert nach Joachim Tauber, Arbeit als Hoffnung.)* Im November 1942 werden in Wilna 4061 jüdische Arbeitskräfte bei der Wehrmacht beschäftigt sein, 4319 bei zivilen Dienststellen und 444 in privaten Betrieben – jüdische Zwangsarbeit ist aus dem System der deutschen Kolonialherrschaft nicht wegzudenken, dennoch plant man schließlich die Umwandlung der Ghettos in Konzentrationslager und ihre Liquidierung.

Für die Gelder, die die Unternehmen unter dem Titel „Lohnsätze“ an das Gebietskommissariat abführen müssen, gründet der findige Steirer eine eigene Abteilung, die sogenannte „Auftrags- und Lohnstelle“, die ihren Sitz in der Nähe des Ghettotors hat. Hier können sich Privatpersonen, Deutsche und Litauer, aber auch deutsche und litauische Dienststellen melden und Bestellungen für die Ghettowerkstätten aufgeben: Pelzmäntel, Maßanzüge, Möbel, Schuhe – das Angebot ist vielfältig und von bester Qualität. Die „Auftrags- und Lohnstelle“ verrechnet ihren Kunden für die bestellten Waren die landesüblichen Preise – ein gutes Geschäft, denn die jüdischen Arbeiter in den Werkstätten schuften für einen Tageslohn von 1,20 RM, Frauen erhalten nur 0,8 RM.

Verlassen von den Menschen und von Gott

Er habe, so wird Franz Murer später in seiner autobiografischen Skizze behaupten, „keinen Einblick" in die Todesmaschinerie des Holocausts gehabt. Das habe alles strengster Geheimhaltung unterlegen, sei Sache der Einsatzkommandos und ihrer litauischen Handlanger gewesen. In der Beweisaufnahme zum Prozess vor dem sowjetischen Militärgericht 1948 finden sich jedoch zwei Sätze, die verraten, dass sich Murer über seine Rolle und jene des Ghettos völlig im Klaren war: „Das Ghetto war gedacht als Platz zur Vernichtung der Juden. In der Zeit, in der ich als Verwalter des Ghettos arbeitete (von August 1941 bis Juli 1943), wurden von 42.000 Juden, die hier gefangen waren, 20.000 nach Ponary in der Nähe von Wilna gebracht und dort getötet." *(Documents Accuse, Dokument 94)*

Zwei lapidare Sätze, die er im skandalösen Lügengebäude des Prozesses von 1963 schon vergessen haben wird und die den Richtern unbekannt sind. Zwei Sätze, die das ungeheuerliche Geschehen auf kürzeste Weise zusammenfassen. Das Ghetto, so ihr nicht ausgesprochener Metatext, wird von Franz Murer als „sein Kind" empfunden, er ist der „Verwalter", nicht die Gestapo, nicht der SD. Er, der Mann vom Gebietskommissariat. So konsequent, wie er einst als Verwalter auf den großen Bauerngütern agiert hat, verfährt er nun mit dem „Menschengut", das ihm anvertraut ist. Aus dem tüchtigen Adjunkten, der für maximalen Ertrag der Felder gesorgt hat, ist ein kalter Organisator geworden, der darauf achtet, dass die Ernte des Todes nicht allzu knapp ausfällt.

Jom Kippur, der Versöhnungstag, bildet den Höhepunkt und Abschluss der zehn Tage der Reue und Umkehr. Der „heiligste" Tag des jüdischen Jahres fällt in diesem Herbst 1941 auf den 1. Oktober. Wie an diesem Feiertag und strengen Fasttag üblich, besuchen auch die Menschen im Ghetto die Synagogen und Bethäuser – die religiösen Stätten sind übervoll, inbrünstig betet man um Rettung und Hilfe. Das gilt auch für die Große Synagoge und die Bethäuser in Ghetto II, das an diesem 1. Oktober 1941 zum Ziel einer „Sonderaktion" wird: Es geht gegen 13 Uhr, als 70 Mann des litauischen Selbstschutzes, geführt von deutschen Polizei- und Gestapobeamten mit Horst Schweinberger an der Spitze, in das kleine Ghetto einfallen und die betenden Menschen aus den Synagogen treiben. Nach dem ersten Schock versuchen sich viele Juden zu verstecken, die litauischen Schergen verfolgen sie jedoch bis in die Wohnungen, die „Jagd" dauert bis in die Dunkelheit an. Manche, die zu fliehen versuchen, werden sofort erschossen, einigen gelingt die Flucht. Abraham Sutzkever hat in seinem Erinnerungsbuch *Wilner Getto 1941–1944* die Szene beschrieben: „Als ich mich aus dem zweiten Getto hinausgestohlen hatte, kam Schweinenberg (sic!) mit der hiesigen Ypatinga (= Ypatingas Burys, das litauische Sonderkommando – J. S.) dorthin und begann seine Arbeit. Diesmal hat er sich wieder etwas Neues ausgedacht. Er ging bei der Metzelei mit System vor: Einen Hof nahm er, den anderen ließ er aus. Doch es waren ihm zu wenig Menschen. Er kam, um eine bestimmte Zahl von Köpfen zu holen, und die Zahl mußte erfüllt werden, kein einziger mehr oder weniger. Schweinenberg ging in die Bethäuser und führte die Juden in den Kitteln und Gebetsmänteln zum Tod.

Er brachte Mandolinen und befahl zu spielen. Als Mojsche Frumkin, ein Bursche von 18 Jahren, ins Gefängnis gebracht wurde, stieß er einen Schrei aus: ‚Laßt euch nicht wegführen! Lauft auseinander, lauft in die Straßen!' In der Menge entstand ein Tumult. Frauen warfen sich auf das Straßenpflaster und gingen nicht mehr weiter. Greise blieben versteinert stehen. Jugendliche liefen nach allen Seiten auseinander. Schweinenberg befahl zu schießen. Dutzende lagen tot, und die Lebenden mußten die Toten tragen."

Am Nachmittag taucht Schweinberger auch im Ghetto I auf und verlangt vom Judenrat die Stellung von 1.000 Menschen. Sollte das

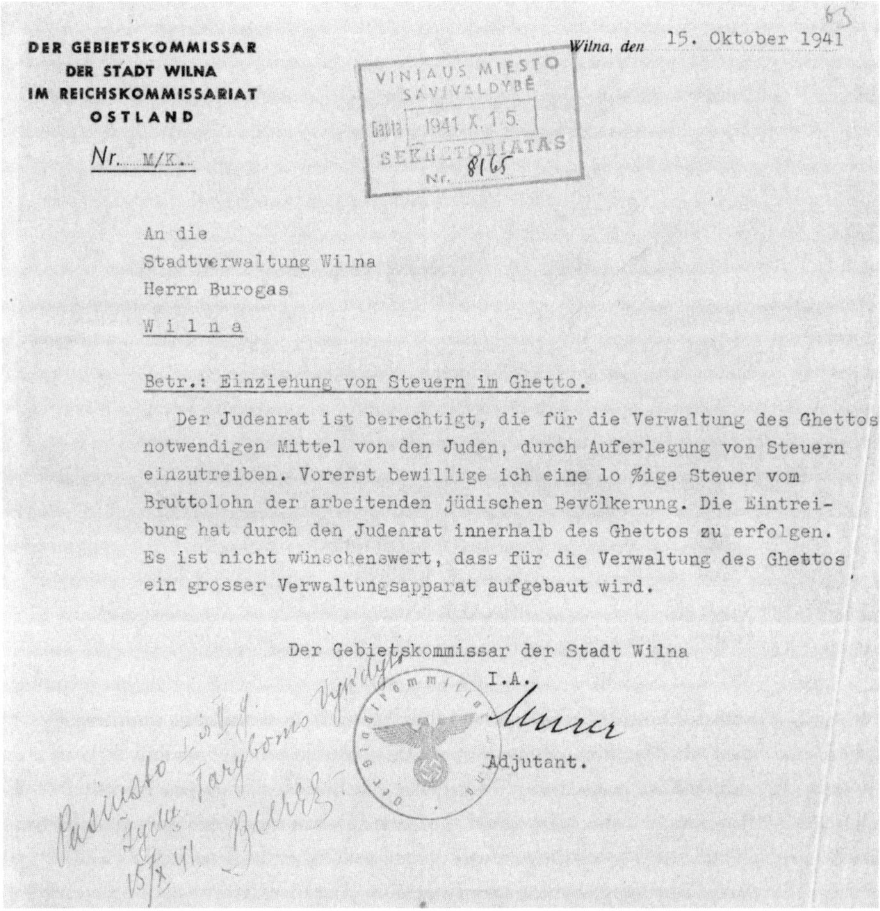

DER GEBIETSKOMMISSAR
DER STADT WILNA
IM REICHSKOMMISSARIAT
OSTLAND

Nr. M/K.

VILNIAUS MIESTO SAVIVALDYBĖ
1941 X. 1 5.
SEKRETORIATAS
Nr. 8165

Wilna, den 15. Oktober 1941

An die
Stadtverwaltung Wilna
Herrn Burogas
W i l n a

Betr.: Einziehung von Steuern im Ghetto.

Der Judenrat ist berechtigt, die für die Verwaltung des Ghettos notwendigen Mittel von den Juden, durch Auferlegung von Steuern einzutreiben. Vorerst bewillige ich eine lo %ige Steuer vom Bruttolohn der arbeitenden jüdischen Bevölkerung. Die Eintreibung hat durch den Judenrat innerhalb des Ghettos zu erfolgen. Es ist nicht wünschenswert, dass für die Verwaltung des Ghettos ein grosser Verwaltungsapparat aufgebaut wird.

Der Gebietskommissar der Stadt Wilna
I.A.
Adjutant.

Noch eine Schikane: Eine zehnprozentige Steuer vom Bruttolohn soll die Selbstverwaltung des Ghettos finanzieren (LCVA R-643-3-300, Bl. 63).

nicht geschehen, werde er sich mit Hilfe der Litauer die Menschen selbst aus dem Ghetto holen. Anatol Fried und seine Freunde entscheiden sich dafür, die 1.000 Todgeweihten selbst auszuliefern. Sie schicken die jüdischen Polizisten in das Ghetto, um Menschen zu suchen, die keine Arbeitserlaubnis haben – sie können aber lediglich 46 Personen aufstöbern und zum Tor bringen. Daraufhin durchsuchen Schweinberger und seine litauischen Handlanger

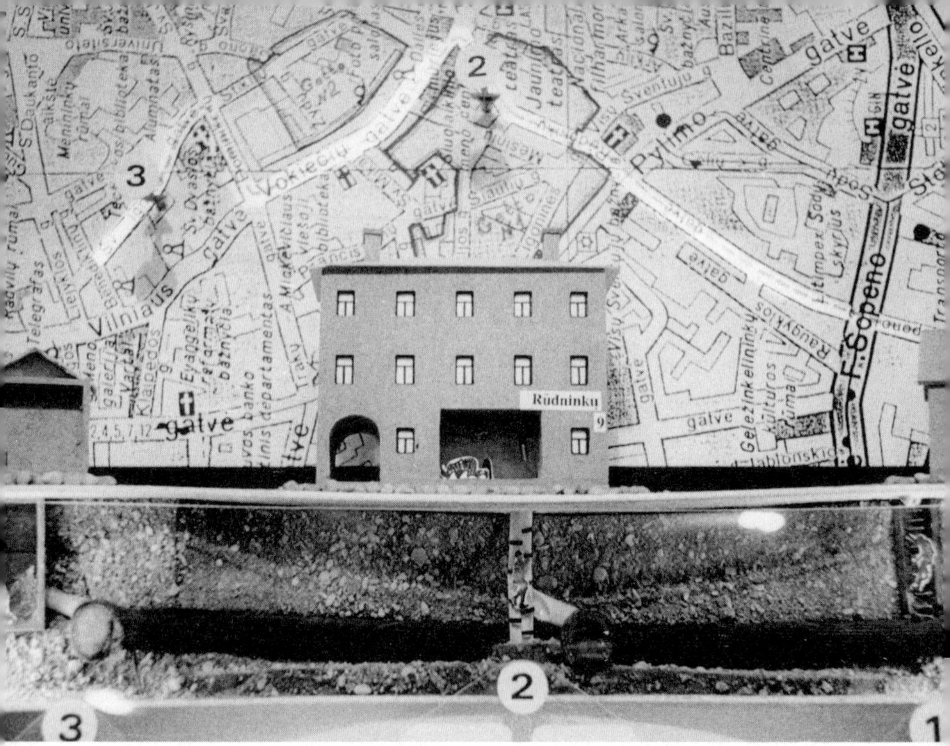

Unter den Häusern des Ghettos entsteht ein Labyrinth aus Verstecken und Gängen. Modell eines Fluchttunnels im Staatlichen Jüdischen Museum „Gaon von Wilna“.

selbst Ghetto I, mindestens 2.000 Menschen, wohl aber mehr, werden aufgegriffen. Viele der gefährdeten Juden verstecken sich in den Malinen, auch der 14-jährige Yitzhak Rudashevsky. In seinem Tagebuch notiert er: „Wir sind wie Tiere eingekreist von den Jägern. Die Jäger sind überall: unter uns, über uns, auf den Seiten. Aufgebrochene Schlösser schnappen, Türen knarren, Äxte, Sägen. Ich fühle den Feind unter den Brettern, auf denen ich stehe. (…) Plötzlich, irgendwo oben, bricht ein Kind in Tränen aus. Ein verzweifeltes Stöhnen entringt sich den Lippen aller. Wir sind verloren. Ein verzweifelter Versuch, dem Kind Zucker in den Mund zu stopfen, bleibt ohne Erfolg. Sie verschließen ihm mit Polstern den Mund. Die Mutter des Kindes wimmert. Die Leute rufen in wilder Angst, dass man das Kind erwürgen solle, es schreit noch lauter, die Litauer klopfen noch heftiger an den Wänden. Irgendwie beruhigt sich dann aber alles von selbst. Wir begreifen, dass sie fort sind.“ *(Yitzhak Rudashevsky, Diary, Übersetzung: J. S.)*

Die litauischen Kollaborateure, die die zusammengetriebenen Juden in der Rudnickastraße bewachen, haben ihren Spaß: Sie zwingen die Opfer, das russische Liebeslied *Katjuscha* zu singen, und Grigorij Schur vermerkt in seinen Aufzeichnungen: „Das Geschrei der Frauen und Kinder, die mit Gewehrkolben und Gummistöcken geschlagen wurden, war fürchterlich. Um die Schreienden zum Schweigen zu bringen, begannen die litauischen Soldaten ziellos und unkontrolliert zu schießen, bis die zu Tode erschrockenen Menschen tatsächlich aufhörten zu schreien." Alle Festgenommenen, etwa 3.900 Menschen, werden ins Lukiškes-Gefängnis gebracht, wo am nächsten Vormittag noch einmal eine Selektion stattfindet – Interventionen von kriegswirtschaftlich wichtigen Betrieben und Bestechungen führen dazu, dass etwa 100 Arbeiter wieder freigelassen werden. Die übrigen Menschen müssen die Fahrt nach Ponary in den Tod antreten, sie werden am 2. und 3. Oktober 1941 erschossen. Daran ändert auch nichts, dass das Rüstungskommando der Wehrmacht gegen die „Judenwegnahme" heftig protestiert – sie würde die Erfüllung der Wehrmachtsaufträge gefährden.

Unter den Opfern dieser *czystka* ist auch Lejb Shriftsetzer, ein begabter und beliebter Schauspieler. Als die Razzia beginnt, so erzählt Mendel Balberyszski in *Stronger than Iron*, macht sich seine Familie auf ins vorbereitete Versteck, er aber will nicht. Die Familie fleht ihn an, doch mitzukommen, Lejb Shriftsetzer rührt sich aber nicht von der Stelle. „Ich gehe nirgendwo hin", sagt er, „ich habe keine Kraft mehr und keinen Willen so zu leben. Lasst geschehen, was geschehen muss." Er bleibt allein in der Wohnung zurück, die Mörder, so Balberyszski, nehmen in mit. Näheres über das Schicksal des Schauspielers weiß Marc Dworzecki in seinem Buch *La Victoire du Ghetto* zu berichten: Shriftsetzer (Dworzecki schreibt „Chriftsetzer") sei zur Zwangsarbeit auf den Hügeln von Seskiniai eingesetzt worden, dort habe ihn Franz Murer bei einem Besuch misshandelt und schließlich totgeschlagen.

Das Jom-Kippur-Massaker steigert Resignation und Verzweiflung unter den überlebenden Juden, man hat endgültig erkannt, dass auch das Ghetto keinen Schutz gegen die mörderische Willkür der Deutschen und ihrer litauischen Schergen bietet. Herman Kruk stellt noch am 1. Oktober im Tagebuch fest: „Man wird uns in Raten zum Massaker schleppen!“ Die Hölle, so vermuten viele Ghettoinsassen, werde niemals enden.

Der Fall Schmigel

Leon Schmigel, geboren in Warschau und von Beruf „Taschenarbeiter“, ist zusammen mit seinem Sohn Abraham ins Ghetto übersiedelt. Die beiden Männer leben erst seit dem Jahr 1940 in Wilna, mit der Übersiedlung in die litauische Hauptstadt wollte Leon Schmigel seinem Sohn den gefürchteten russischen Militärdienst ersparen. Vater und Sohn arbeiten auf dem Flughafengelände: Leon hilft die Flugzeuge aus den Hangars zu ziehen, Abraham ist mit der Wartung der Fluggeräte beschäftigt. Eines Morgens, es ist ein Donnerstag Mitte Oktober 1941, gibt Leon Schmigel seinem Sohn ein Leintuch und einen Deckenüberzug mit, damit er sie gegen Essen eintausche. Auf dem Weg zur Arbeit kann Abraham, der ein „helles Gesicht und blaue Augen“ hat, für die Bettwäsche 2 kg Fleisch, 1 kg Butter und 5 kg Kartoffeln eintauschen.

Für den gefährlichen Rückweg teilen Vater und Sohn die Lebensmittel auf: Leon versteckt die Kartoffeln auf seiner linken Körperseite unter den Kleidern, auf der rechten Seite bringt er sogar noch gestohlenes Holz unter; Abraham übernimmt das Schmuggeln von Fleisch und Butter. So präpariert reihen sie sich in die Kolonne der heimkehrenden Arbeiter ein.

Vor dem Gericht in Graz erzählt Leon Schmigel, der nun in Brooklyn, New York, lebt, was dann passierte: „Mein Sohn und ich sind in einer Reihe, mein Sohn 4 Mann vor mir, gegangen. Wie wir dann zum Tor gekommen sind, sind wir dann einer hinter dem anderen gegangen. Die Litauer haben bei meinem Sohn 2 kg Fleisch und die Butter gefunden. Murer hat sich auch beim Tor befunden. Die

Litauer führten meinen Sohn zu Murer und haben dem Angeklagten auch das Fleisch gegeben. Murer hat zu meinem Sohn gesagt, er solle sich niederknien und die Hände in die Höhe strecken. Mein Sohn hat dies getan. Murer hat den Revolver gezogen und ans Genick gehalten. Er hat dann geschossen und mein Sohn war tot.

Dann bin erst ich dran gekommen. Nach meinem Sohn kamen zuerst ein Mann, eine Frau und dann wieder ein Mann. Diese konnten durchgehen. Bei der Frau hat man Kartoffeln und Holz gefunden, diese mußte zu den Litauern hingehen. Bei mir hat man auch Holz und Kartoffeln gefunden, ich wurde auch zu den Litauern hingeführt. Die Frau hat 10 Schläge und ich 25 bekommen.

Dann kam der Murer und hat mir die Hosen hinuntergezogen, den Knüppel herausgezogen und mir zuerst 10 und dann 15 Schläge gegeben.

Ich bin dann nach Hause gegangen. Dann wurde es ruhig und ich ging in den Judenrat und mein Sohn ist beim Judenrat *(gemeint ist wohl: beim Haus des Judenrats in der Rudnickagasse – J. S.)* gelegen und war tot. Das war Donnerstag. Am Freitag konnte ich mit Rücksicht auf dieses Erlebnis nicht zur Arbeit gehen. Es fand ein Leichenzug statt bis zum Ghettotor. Weiter hat man mich nicht hinausgelassen. Ich bin dann 8 Tage zu Hause gesessen und bin nicht zur Arbeit gegangen. Zur Durchführung des Begräbnisses waren eigene Juden bestimmt.“ *(Zitiert nach Gerichtsakt Franz Murer, Steiermärkisches Landesarchiv.)*

Murer, zu diesem Tatvorwurf befragt, gibt nur an: „Es ist in meiner Gegenwart niemals jemand erschossen worden“ – Staatsanwalt Schuhmann lässt sich davon nicht beeindrucken und dehnt die Anklage auf diesen Fall, nunmehr das „Faktum 17“, aus. Leon Schmigels Schilderung klingt überzeugend, eine Verwechslung scheint ausgeschlossen, er habe, wie er auf Nachfrage des Staatsanwalts erklärt, den „Vorfall“ aus „5 bis 6 Metern“ Entfernung genau gesehen. Er sei später vom Ghetto in den Heereskraftfahrzeugpark

(HKP) und dann in ein KZ gekommen, nach der Befreiung habe er sich auf die Suche nach seinen Angehörigen gemacht. Im Mai 1945 sei er dann nach München gefahren, wo er bis zu seiner Übersiedlung in die USA 1951 gewohnt habe. Dass man sich als Zeuge melden solle, wenn man im Ghetto von Vilnius gelebt habe, habe er in der „jüdischen Zeitung" gelesen, einen Aufruf der Kultusgemeinde habe es dazu nicht gegeben.

Die Zeugenaussage von Leon Schmigel beeindruckt auch die Geschworenen – sie werden aber mit 4 Ja- gegen 4 Neinstimmen auch in diesem Fall einen Schuldspruch vermeiden.

Das Gold des Victor Chelem

Victor Chelem und seine Schwester Eugenia, die Erben des Kaufmanns Isaac Chelem, gelten als sehr reich. Gemeinsam betreiben sie ein Geschäft mit Glaswaren und ein beträchtlicher Teil des Einkaufszentrums in der Deutschen Straße gehört ihnen. Victor Chelem ist mit Samuel Esterowicz befreundet, der die folgenden Ereignisse überliefert hat.

Offenbar hat auch Franz Murer Wind vom Reichtum der Geschwister Chelem bekommen und so hält er eines Tages, kurz vor der „Gelbschein-Aktion", Victor Chelem am Ghettotor auf. Er solle sein Gold abliefern, das er außerhalb des Ghettos versteckt habe. Es werde ihm nichts passieren, wenn er dies tue. Sollte er sich aber weigern, würde er auf der Stelle erschossen. Victor Chelem bleibt nichts anderes übrig, als Murer zu seiner alten Wohnung mitzunehmen, die nun von Nikolaj Ordu, dem Hausmeister des Gebäudes, betreut wird. Chelem bittet Ordu, Murer das versteckte Gold auszuhändigen, was dieser auch macht.

Franz Murer hält sein Wort und lässt Victor Chelem ungeschoren – Nikolaj Ordu wird jedoch auf seine Anordnung hin festgenommen und am Kathedralenplatz gehängt. Am Leichnam befestigt man eine Tafel: So werde es allen gehen, die jüdisches Eigentum verstecken oder den Juden Schutz geben würden.

Auch Michael Good, der sich in jenen Tagen noch „Wowka Gdud“ nennt, erzählt in *The Search for Major Plagge* die Geschichte von Victor Chelem: Im Ghetto wächst die Angst.

Die Aktion der gelben Scheine

Die Weisung kommt von Generalkommissar Adrian von Renteln: Die für den Arbeitseinsatz vorgesehenen Juden sind entsprechend zu registrieren und mit Arbeitsausweisen zu versehen. Die Nazibürokraten wollen auf ihr jüdisches Sklavenheer verwaltungstechnisch zentralen Zugriff bekommen und so entscheidet man sich im Gebietskommissariat Wilna-Stadt für die Verteilung der sogenannten gelben Scheine (jiddisch: *gele schajin*). Die gelben Scheine sind die Lebensversicherung für die Bewohner des Ghettos. Die Ehefrau des jüdischen Arbeiters und zwei Kinder bis zum Alter von 16 Jahren können miteingetragen werden, auch sie sind damit vor der Ermordung in Ponary geschützt. Die eingetragenen Familienangehörigen bekommen ihrerseits Ausweise, auf denen Name und Beruf des für sie zuständigen Arbeiters, die Nummer seines Ausweises und der Verwandtschaftsgrad genannt sind. 3500 Scheine werden verteilt, zusammen mit den Familienangehörigen sind es ca. 14.000 Menschen, die durch sie geschützt sind. Vergeblich bemüht man sich von jüdischer Seite um eine Erhöhung des Kontingents – die Deutschen hüten sich davor, ihre unverändert gültige Option auf Mord selbst weiter einzuschränken. Wer keinen gelben Schein bekommt, muss befürchten, dass er bei einer der nächsten „Säuberungen“, von den Ghettoinsassen mit dem polnischen Wort *czystka* bezeichnet, für den Tod in Ponary „selektiert“ wird.

Die Verteilung der gelben Scheine ist so organisiert, dass zunächst alle Unternehmen und deutschen Dienststellen, die jüdische Arbeiter beschäftigen, ihren „Bedarf“ nennen, dann wird ihnen eine streng limitierte Zahl von Arbeiterinnen und Arbeitern zugeteilt – größter Arbeitgeber ist die Pelzfabrik „Kailis", die 1200 Scheine zugesprochen bekommt. Über ein gewisses Kontingent verfügt der Judenrat selbst, der sie, so zumindest die Theorie, an besonders wichtige Facharbeiter verteilt, und gelbe Scheine besitzen auch die Ghettopolizisten. Wie Grigorij Schur berichtet, kann man einen gelben Schein eine Zeit lang auch kaufen, der Preis steigt rasch von 15.000 auf 80.000 Rubel, bald ist er jedoch für keinen Preis der Welt mehr zu haben – „er war unbezahlbar, er beschützte seinen Besitzer, weil dessen Arbeit zur Kriegsanstrengung des deutschen Volkes beitrug". *(Zilla Rosenberg-Amit, Das menschliche Antlitz wahren.)*

Da nicht jeder Arbeiter Familie hat, sind die „freien" Positionen auf dem gelben Schein äußerst begehrt und umkämpft. Frauen und Männer, die alleinstehend sind, lassen sich wenn möglich als „Ehefrauen" und „Ehemänner" oder als „Töchter" und „Söhne" auf den gelben Scheinen fremder Personen eintragen – „Gefälligkeiten", für die oft hohe Summen bezahlt werden. Das beste „Geschäft" sind die gelben Scheine natürlich für jene, die Zugang zu ihnen haben: die Mitglieder des Judenrats, die Angehörigen der jüdischen Ghettopolizei und des jüdischen Arbeitsamts sowie die „Brigadiere" der einzelnen Arbeitseinsätze.

Zu den Unglücklichen, die sich vergeblich um einen gelben Schein bemühen, zählt auch der Journalist und Pharmazeut Mendel Balberyszski – mit ihm sind nun seine Mutter, seine Frau Leah und die beiden Kinder in tödlicher Gefahr. Die Mitglieder des Judenrats, die er persönlich kennt, weisen ihn kalt ab, der Einzige, der ihm zuhört, ist Dr. Michael Brocki, der Direktor des jüdischen Spitals. Aber auch er kann nicht helfen: „Sie kommen zu spät zu mir. Ich habe die Scheine für das Krankenhauspersonal vergeben, als ich sie in den Händen hatte. Ich sah zu, dass jeder Schein voll genützt wird. Ich habe nicht einmal einen Platz, um sie vorzumerken." Verzweiflung macht sich in der Familie Balberyszski breit, man überlegt, über die weißrussische Grenze in die Gegend von Lida zu fliehen, dort soll es noch keine „Säuberungen" geben, entschließt sich aber dann

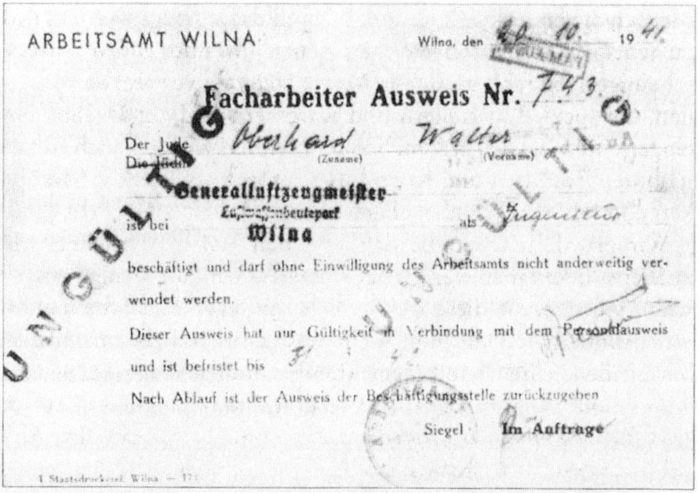

ARBEITSAMT WILNA Wilna, den ... 10. 1941

Facharbeiter Ausweis Nr. 743

Der Jude / Die Jüdin Oberhard (Zuname) Walter (Vorname)

ist bei **Generalluftzeugmeister Luftwaffenbeutepark Wilna** als ...

beschäftigt und darf ohne Einwilligung des Arbeitsamts nicht anderweitig verwendet werden.

Dieser Ausweis hat nur Gültigkeit in Verbindung mit dem Personalausweis

und ist befristet bis

Nach Ablauf ist der Ausweis der Beschäftigungsstelle zurückzugeben

Siegel **Im Auftrage**

UNGÜLTIG

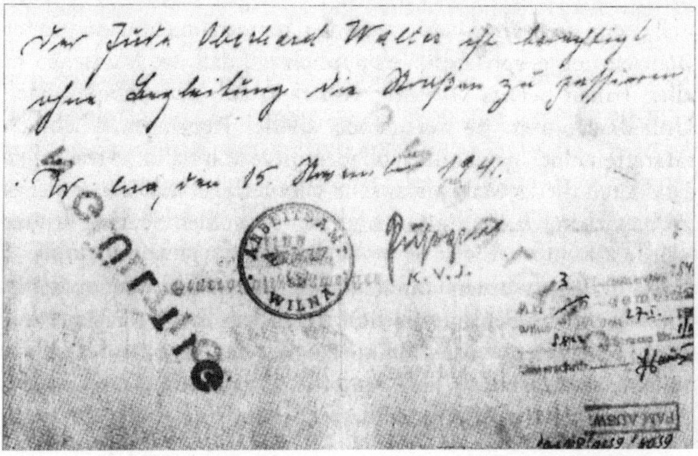

Der Jude Oberhard Walter ist berechtigt ohne Begleitung die Straßen zu passieren

Wilna, den 15. November 1941.

Arbeitsamt Wilna

K.V.J.

UNGÜLTIG

Sie bedeuteten das Überleben zumindest für die unmittelbare Zukunft: die sogenannten „gelben Scheine" des Arbeitsamtes Wilna.

doch, zu bleiben und sich in einer Maline zu verstecken. Über die Lage seiner Familie in diesen tragischen Tagen wird Mendel Balberyszski später notieren: „Und so standen wir, die Unglücklichen, zusammen im Hof des Lebens und des Todes, der Tod schaute uns aus den Augen. Wir waren nicht mehr als heimatlose Hunde, nein, falsch: Wir waren tausendmal unglücklicher als Hunde. Hunde hätten sich nur von ihrem irdischen Herrn im Stich gelassen gefühlt – wir aber fühlten uns verlassen von den Menschen und von Gott." *(Zitiert nach Mendel Balberyszski, Stronger than Iron, Übersetzung: J. S.)*

Es ist die Nacht vom 22. zum 23. Oktober 1941. Regen hüllt das Ghetto in tiefe Dunkelheit. Die Menschen schlafen bereits, als plötzlich in den Höfen jüdische Polizisten auftauchen und schreiend verkünden, dass sich alle Besitzer von gelben Scheinen sofort zum Judenrat begeben und sich dort registrieren lassen müssten. Ein „schreckliches Chaos" (Grigorij Schur) ist die Folge, im Dunkeln stolpern die Menschen über das nasse Kopfsteinpflaster zum Haus des Judenrats in der Rudnickastrasse 6, nur wenige wissen bereits, was es mit dieser „Registrierung" auf sich hat. Bis vier Uhr morgens werden in den Räumlichkeiten des ehemaligen Realgymnasiums im zweiten Stock von „Sonderbevollmächtigten" die Nummern der gelben Scheine notiert. Ihre Besitzer müssen mit der ganzen Familie kommen, ihre Angehörigen erhalten kleine blaue Karten, die mit einer Nummer versehen sind – wie sich am nächsten Tag herausstellen wird, sind es diese unscheinbaren blauen Karten, die ihre Besitzer zum Verlassen des Ghettos während der „Säuberung" berechtigen. „Unsägliche, herzzerreißende Szenen und Tragödien", so erzählt Grigorij Schur, spielen sich ab, Leute, die keinen gelben Schein besitzen, sind bereit, alles zu opfern, um einen Platz auf der Angehörigenliste eines glücklichen Gelbscheinbesitzers und damit eine dieser blauen Karten zu bekommen: „Niemand, der nicht selbst dabei war, ist auch nur in der Lage sich vorzustellen, was sich dort abspielte." *(Zitiert nach Grigorij Schur, Die Juden von Wilna.)*

Auch Mascha Rolnikaite hat sich mit ihrer Mutter und Schwester Mira auf den Weg zum Judenrat gemacht. Mira, die siebzehn ist, hat das Glück, bereits einen eigenen gelben Schein zu besitzen, auch die Mutter hat diesen rettenden Ausweis erhalten, problemlos bekommen alle drei eine blaue Karte mit Nummer ausgehändigt. In ihrem Tagebuch schildert Mascha die Situation: „Alle drängen nach oben zu den Registriertischen. Dem einen tritt man auf den

Hielt unter „schweren, fast unmöglichen Bedingungen Stück für Stück die Geschehnisse" fest: Grigorij Schur mit seiner Frau und den Kindern Miriam und Aron. Schur wurde 1945 in Stutthof ermordet.

Fuß, einem andern quetscht man die Hand, das Kind eines Dritten wird an die Wand gedrückt, dass es beinahe erstickt. Schweißgebadet, entmutigt, weinend versuchen sich die Leute einen Weg zu bahnen. Bei einem hat man die Mutter nicht eingetragen, bei einem andern den siebzehnjährigen Sohn. Die Ghettopolizisten versuchen für Ordnung zu sorgen, aber niemand beachtet sie – wem der Tod im Nacken sitzt, der hat keine Angst vor Schlägen." *(Zitiert nach Mascha Rolnikaite, Ich muss erzählen.)*

Maschas Mutter lässt einen ihr fremden Mann als Ehemann eintragen, der danach, nunmehr im Besitz einer blauen Karte, nicht aufhören kann, sich zu bedanken. Siebzehn Leute in ihrer Wohnung haben jedoch keinen gelben Schein und keine blaue Karte mit Nummer – das bedeutet, dass sie am nächsten Tag das Ghetto nicht zur Arbeit verlassen können und damit dem Tod geweiht sind. Manche haben ihre Kinder Fremden zuschreiben lassen und müssen sich nun von ihnen trennen, die „Kinder weinen, wollen nicht gehen, die Mütter sind untröstlich, küssen wieder und wieder das geliebte Gesichtchen, die kleinen Hände und flüstern bekümmert: ‚Geh mit dem Onkel und der Tante, mein Schatz, und hör auf sie … sie haben dir das Leben gerettet.'"

Inzwischen haben es in dieser düsteren Nacht alle begriffen: Mit den blauen Karten hat man die Bevölkerung des Ghettos „selektiert", einmal mehr hat der Judenrat den willfährigen Handlanger abgegeben …

Die Angst vor dem Kommenden, so zeigt sich rasch, ist berechtigt. Ab 6 Uhr wird am Ghettotor kontrolliert – und es stehen bereits mehrere hundert Mann einer litauischen Sonderabteilung bereit, die nur darauf warten, den Befehl zum Eindringen ins Ghetto zu erhalten. Zuvor müssen jene, die leben sollen, das Ghetto verlassen: Wer eine Kartennummer von 1 bis 2000 besitzt, muss durch das Tor an der Rudnickastrasse gehen, all jene, die eine Kartennummer über 2000 vorweisen können, müssen das Ghetto durch das Tor an der Mjasnajastraße verlassen. Für die Deutschen, unter ihnen auch Stabsleiter Franz Murer vom Gebietskommissariat Wilna-Stadt, ist vor allem das Alter der das Tor passierenden Kartenbesitzer interessant: Man will sozusagen selbst noch einmal „selektieren" und augenscheinlich zu alte Menschen zurückweisen – trotz blauer Karte werden sie sterben müssen.

Auch Mascha Rolnikaite muss mit ihrer Familie durch diese Kontrolle: „Wir gehen hinaus auf die Straße. An der Sperre herrscht Gedränge. Murer, Weiß und andere Offiziere kontrollieren die Ausweise sehr genau und mustern jedes Familienmitglied. Die ‚Untauglichen' (das heißt diejenigen, deren Alter Verdacht erregt) jagen sie in den Hof des gegenüberliegenden Hauses.

Ein junges Mädchen nähert sich der Sperre. Sie führt ein älteres Paar an der Hand – ihre Eltern. Murer nimmt ihren Ausweis, befiehlt ihr durchzugehen und stößt die Eltern zu den ‚Untauglichen'. Aber das Mädchen holt sie zurück und will sie mit sich ziehen. Murer lässt sie nicht. Da reißt sie ihm den Ausweis aus der Hand und geht schnell mit den Eltern durchs Tor. Murer drückt sie an die Wand und zieht seine Pistole.

Als ich die Augen wieder öffne, liegt sie schon in einer Blutlache …

Murer fährt kaltblütig mit der Kontrolle fort.“ *(Zitiert nach Mascha Rolnikaite, Ich muss erzählen.)*

2013, 72 Jahre später, hat Mascha Rolnikaite dieses Erlebnis noch immer vor Augen und berichtet davon in einem lebengeschichtlichen Interview, das sie in St. Petersburg für das LVR-Institut für Landeskunde und Regionalgeschichte Bonn, Archiv Vogelsang IP, gibt. Franz Murer ist für sie noch immer der „Hauptmörder“ des Ghettos von Wilna: „Murer hat mit mir nicht gesprochen. Ich habe ihn nur von weitem gesehen. Wenn er, der Hauptmörder, ins Ghetto kam, trieben die Ghettopolizisten immer alle Menschen in die Häuser, in die Innenhöfe, in die Korridore, irgendwohin, damit sich niemand mehr auf der Straße befand. [...] Er war der Stellvertreter des Gebietskommissars Hingst. Nur von Hingst hörten wir weniger als von Murer. Murer war sehr aktiv. Er brauchte Blut. Er musste Menschen morden. Das war ihm eine Art Bedürfnis. Ein Unmensch.“

Murer, so meint Mascha Rolnikaite, sei auch die treibende Kraft hinter den *czystkas*, den „Säuberungen“, gewesen: „Die ganzen ‚Aktionen‘ – so wurde das Zusammentreiben zum Erschießen genannt –, das war alles Murers Arbeit. Murer war der größte Schrecken des Ghettos. Franz Murer. All die Jahre. Und wenn ich sagen könnte, dass er so etwas wie ein Gewissen hatte, würde ich sagen, er hat 70 000 ermordete Juden auf dem Gewissen.“ *(Zitiert nach Klaus Ring/ Stefan Wunsch, Bestimmung Herrenmensch, Übersetzung aus dem Jiddischen: Dorothea Greve.)*

Von den Ghettoinsassen wird die Aktion der gelben Scheine auch als „Schönheits-Aktion“ bezeichnet, weil sich alle, vor allem Kranke und ältere Menschen, verzweifelt darum bemühen, einen möglichst jungen, gesunden und kräftigen Eindruck zu machen. Alle möglichen Tricks werden eingesetzt: Mit Schminke und Frisur wird das Aussehen auf jugendlich getrimmt, wer kann, wählt auch eine entsprechend jugendlich wirkende Kleidung aus.

Die Kinder im Ghetto werden bald ein neues Lied singen, das Lied vom „schlechter Murer":

Iden sogt, wer stejt beim tojer, iden sogt ale un, dorten stejt der schlechter Murer, er nemt alsding doch zu, Getto mein, du geler schejn, on dir geht men in Ponar arajn.

Mit der Aktion der gelben Scheine hat auch das „Faktum 1" der Anklage im Prozess 1963 zu tun. Als Zeuge für diesen Punkt der Anklage tritt der Schlosser Ephraim Schuster auf, der 1949 nach Israel ausgewandert ist. Schuster, Jahrgang 1921, berichtet: „Es wurden damals gelbe Scheine verteilt. Ich habe keinen bekommen. Es wurde dann festgelegt, daß die, welche gelbe Scheine haben, hinausgehen dürfen. Ich versuchte auszureißen aus dem Ghetto, es ist mir aber nicht gelungen. Ungefähr Mittag, es war 1 bis 2 Uhr, marschierte eine Gruppe von Ukrainern ein. Ich war damals, als diese Gruppe einmarschierte, in der Spidogo (Spitalsgasse) auf dem Dachboden eines Hauses versteckt. Bei dieser Aktion ist auch der Murer mit zwei anderen ins Haus gekommen, wo ich versteckt war. Dann hörte ich größeres Geschrei. Ich habe dann die Dachsparren aufgehoben und hinuntergeschaut und gesehen, daß sie eine Frau wegschleppten, die sich gegen dieses Wegschleppen gewehrt hat. Die Frau wurde von litauischen oder ukrainischen Soldaten geschleppt. Murer wollte auch dabei helfen, die Frau wegzuziehen, die sich gegen das Wegtransportieren wehrte. Er hat dann mit einer Pistole gegen sie geschossen. Ob sie tot war oder nicht, wußte ich nicht. Die ganze Aktion hat drei Tage gedauert. Am dritten Tag um 6 Uhr abends – ich hatte mich die ganze Zeit in diesem Dachboden des von mir beschriebenen Hauses versteckt gehalten und wartete dort – war die Aktion beendet. Am dritten Tag bin ich herausgekommen vom Dachboden und habe die Frau, welche damals weggeschleppt werden sollte, im Blut liegen gesehen. Es war eine Handschuhnäherin, ungefähr 40 bis 42 Jahre alt. Sie war mir unbekannt, dem Namen nach. Ich fand sie im gegenüberliegenden Haus. Der ganze Vorfall hat sich nämlich, wie ich jetzt näher beschreibe, nicht auf der Straße, sondern in einem Zimmer im gegenüberliegenden Haus abgespielt. Im Zimmer lag die Frau im Blut und war kalt. Dann sind noch andere Juden, die vom Arbeitsplatz zum Ghetto kamen, hinzugekommen. Wir haben dann vom Krankenhaus eine zusammenlegbare Trage geholt und die Frau daraufgelegt und mit einem Laken zugedeckt und sind mit der Toten ins Krankenhaus gekommen und haben sie in der Totenkammer hingelegt. Was weiter mit der Frau geschehen ist, weiß ich nicht, wahrscheinlich ist sie mit anderen Leichen begraben worden." *(Zitiert nach Gerichtsakt Franz Murer, Steiermärkisches Landesarchiv.)*

Als Murer daraufhin erklärt, niemals an „irgendwelchen Aktionen mitgewirkt zu haben" – eine offensichtliche Lüge –, gibt Ephraim Schuster „mit ziemlicher Heftigkeit an, daß seine Darstellung richtig sei". Er bleibe dabei, dass Murer, der auch den Tod seiner Eltern verschuldet habe, an den Aktionen mitgewirkt habe. Auf Nachfrage eines Geschworenen erklärt Schuster, dass Murer eine „braune Uniform mit Hakenkreuz und einen Mantel" getragen habe. Ein zweiter Geschworener fragt naiv nach dem Motiv, das Murer gehabt haben könnte – Schusters Antwort: „Es bestand eine Losung, die Juden zu vernichten, wozu hätte Murer die Frau auch mitnehmen wollen? Wohl nur dazu, um sie in Ponary zu erschießen."

Obwohl Schuster auf Befragung durch Staatsanwalt Dr. Schuhmann noch einmal bekräftigt, alles aus einer Entfernung von 5 bis 6 Metern beobachtet und Murer im Profil genau gesehen zu haben, bleiben die Geschworenen skeptisch – zu unsicher wirkt Schuster, der später vom Ghetto in den Heereskraftfahrzeugpark wechselt und Panzerwagen repariert, bezüglich des Datums der Tat, das er nicht mehr genau angeben kann, auch wenn er versichert: „Ich habe zu viel gesehen, jedoch das, was ich mit meinen Augen gesehen habe, sehe ich heute noch vor mir." Der Staatsanwalt verabsäumt es, die enge Verstrickung des Gebietskommissariats in die Aktion der gelben Scheine stärker herauszuarbeiten, es ergibt sich kein überzeugendes Gesamtbild. Die Konsequenz: Die Geschworenen beantworten die Schuldfrage zum „Faktum 1" mit 8 Neinstimmen.

Geniek Kowner ist Spezialist für Lederarbeiten, eine Profession, die im Ghetto selten und sehr gesucht ist, er hat deshalb neben dem gelben Schein auch eine Zusatzkarte für Lebensmittel bekommen und genießt so eine privilegierte Stellung. Bald macht er auch, wie er im Prozess von 1963 aussagt, Bekanntschaft mit Franz Murer: „Eines Tages war ich vor dem Ghetto mit einem anderen, als plötzlich ein Mann in hellbrauner Uniform, der mittelgroß und 30 bis 32 Jahre alt war, auf uns zukam und uns fragte, was wir hier täten. Wir antworteten ihm, daß wir auf einen Passierschein warteten; er nahm zwei gedruckte Zettel heraus und unterschrieb sie. Ich sah den Zettel und las darauf die Unterschrift: ‚Murer'. Was für eine Position Murer innehatte, weiß ich nicht. Ich habe ihn oft im Ghetto gesehen."

Kowner, der das Ghetto überlebt, nach dem Krieg nach Israel emigriert und es hier zum Regierungsangestellten bringt, lernt bei der „Aktion der gelben Scheine" Murers wahres Gesicht kennen – seine Aussage zeigt, wie gnadenlos und konsequent der Steirer agiert: „Während der ‚Aktion der gelben Scheine' stand ich mit meiner Familie beisammen und Murer ging zu meiner Schwägerin, die nicht verheiratet war, aber auf dem Schein eines gewissen Dr. Borak als dessen Frau eingetragen war. Er fragte meine Schwägerin nach ihrem Schein und sie sagte, vom plötzlichen Schrecken überrascht, anstatt daß Dr. Borak ihr Mann sei, er sei ihr Vater. Daraufhin ergriff Murer sie und führte sie ins Ghetto zurück. Wir haben dann einen Brief aus dem Gefängnis Lukischki *(= Lukiškes, J. S.)* erhalten, worin sie bat, ihr zu helfen, da sie zum Tode gehe. Es war uns nicht möglich, ihr zu helfen. Wir haben sie nie wieder gesehen." *(Zitiert nach Gerichtsakt Franz Murer, Steiermärkisches Landesarchiv.)*

Der Tod der Schwägerin von Geniek Kowner, den Murer glaubhaft verschuldet hat, interessiert beim Prozess in Graz niemanden mehr, hier geht es nur darum, ihm Morde mit eigener Hand nachzuweisen. Der Fall illustriert den „Mechanismus": Murer liefert seine Opfer dem Tode aus und wird schuldig, Schuld, die keinen Ankläger mehr findet …

Geniek Kowner hat in Graz aber noch eine Geschichte zu erzählen: „Bei der ‚Aktion der gelben Scheine' kam ich einmal von der Arbeit ins Ghetto zurück und sah, daß im Ghetto Menschen liefen, und ich fragte, was hier geschehe; man sagte mir, daß Murer ins Ghetto komme. Ich hörte, als ich durch die Rudnickastraße kam, einen Schuß. Murer ist nicht weit vom Tor gestanden und eine Frau ist auf den Gehsteig gefallen. Ich habe mich sofort versteckt und geschaut, was geschieht. Ich habe gesehen, wie Murer der jüdischen Polizei befahl, die Frau wegzubringen. Nach dem Schuß habe ich auch gesehen, wie er mit der Pistole in der Hand dastand. Den Schuß selbst habe ich nicht gesehen. Ob noch jemand bei Murer stand, kann ich nicht angeben. Ich habe dann den Levas, den ich gut kannte, gefragt, was mit der Frau geschehen sei, und dieser sagte mir, daß sie ins Ghettospital überführt worden sei und bald darauf dort verstorben sei." *(Zitiert nach Gerichtsakt Franz Murer, Steiermärkisches Landesarchiv.)* Von Staatsanwalt Dr. Schuhmann wird diese Aussage in Zusammenhang mit dem „Faktum 11" gebracht, der „Erschießung einer unbekannten jüdischen Frau mittleren Alters, die sich der Kontrolle am Ghettotor entziehen wollte, im Winter 1942", die vom Zeugen Abraham Sapirstein, 51 Jahre alt, angereist aus Tel Aviv, geschildert wird. Sapirstein, der als Schlosser einen gelben Schein hat und im Sanitätspark arbeitet, sagt aus: „Es war im Februar 1942, als ich von der Arbeit ins Ghetto zurückkehrte und sah, daß Murer die Kontrolle hielt. Ich sah, daß eine Frau davonlief und Murer die Pistole zog und ihr nachschoß. Er hat sie in den Kopf getroffen und der jüdischen Polizei hierauf den Auftrag erteilt, die Leiche wegzuschaffen." Auf Befragen des Verteidigers ergänzt Sapirstein: „Als Murer auf die Frau schoß, war noch ein Deutscher bei ihm. Wer das war, weiß ich nicht. Ich weiß nur, daß der zweite Mann etwas hinter Murer gegangen ist. Ich habe genau gesehen, wie Murer geschossen hat. Er war in einer gelben Uniform mit einer Hakenkreuzbinde." *(Zitiert nach Gerichtsakt Franz Murer, Steiermärkisches Landsarchiv.)*

Beide Zeugenaussagen werden vom Staatsanwalt ins Rennen geschickt, ohne die Schwachstellen entsprechend abzusichern: Sapirstein spricht vom Februar 1942, Kowner von der „Aktion der gelben Scheine" im Oktober/November 1941, dazu kommen Unstimmigkeiten in wichtigen Details – so ist das Opfer Murers bei Sapirstein tot, bei Kowner stirbt es erst später im Spital. Was aber noch schwerer wiegt und es der Verteidigung noch leichter macht: Sapirstein und Kowner haben bereits 1947 Aussagen gemacht, die sich von den aktuellen deutlich unterscheiden, und beide müssen eingestehen, sich an ihre Aussagen von 1947 nicht mehr erinnern zu können. Murer selbst leugnet wie gewohnt: „Ich kann nur betonen, daß ich bei einer Kontrolle nie geschossen, geschweige denn jemanden erschossen habe." Die Geschworenen sind sich daraufhin zum „Faktum 11" einig: Die Schuldfrage beantworten sie mit 8 Neinstimmen.

Das Töten geht weiter

Das Fest Allerheiligen fällt 1941 auf einen Samstag. Feiertagsruhe kennen die Nazis und ihre Handlanger allerdings keine. „Fromme Vertreter der katholischen litauischen Nation“, notiert Kazimierz Sakowicz, der Beobachter auf dem Dachboden in Ponary, zum 1. November, „beseitigten 4 Lastwagenladungen mit Juden.“ Dann plötzlich große Aufregung in der Stadt: Überraschend trifft zu Mittag prominenter Besuch ein – die Maschine mit Propagandaminister Joseph Goebbels an Bord muss wegen eines schweren Schneesturms den Flug nach Smolensk abbrechen und nach Wilna, wo man bereits eine Zwischenlandung getätigt hatte, zurückkehren. Oberstleutnant Max Zehnpfennig, der Kommandeur der Feldkommandantur 814 Wilna, holt Goebbels, der eigentlich von Smolensk weiter an die Front wollte, und seine Entourage vom „menschenleeren“ Flugplatz ab und führt ihn durch die Stadt, dabei informiert er den Propagandachef Hitlers über die Lage in Litauen. Die Juden habe man mittlerweile in Ghettos zusammengetrieben, dass man sie noch nicht alle „niedergemacht“ habe, läge daran, dass sie das „ganze Wilnaer Handwerk“ beherrschen und die Litauer selbst sich nicht zu handwerklichen Arbeiten eignen würden. Als Zehnpfennig darauf hinweist, dass die Litauer von einem eigenen Staat träumen würden, regt sich in Goebbels sofort der Widerspruch: „Wir denken gar nicht daran, den alten Schwindel noch einmal zu wiederholen und deutsches Blut dafür einzusetzen, daß diese kleinen Randstaaten ein neues eigenstaatliches Leben beginnen, um dann in kurzer Zeit wieder von uns ab- und auf die Seite der Plutokratien hinüberzuschwenken“, notiert er im Tagebuch. Die Stadt biete einen „ziemlich desolaten Eindruck“, geradezu „schauderhaft“ sei aber der Anblick des Ghettos, das dem mächtigen Minister im Rahmen einer kurzen Rundfahrt vorgeführt wird: „Hier hocken die Juden

aufeinander, scheußliche Gestalten, nicht zum Ansehen, geschweige zum Anfassen. Die Juden haben sich eine eigene Verwaltung geschaffen, die auch eine jüdische Polizei besitzt. Sie steht am Eingang des Ghettos, das durch Tore von der übrigen Stadt getrennt ist, auf Wache und grüßt militärisch. Das hätte ich mir vor zehn Jahren auch nicht träumen lassen, daß so etwas einmal der Fall sein würde. In den Straßen lungern fürchterliche Gestalten, denen ich nicht in der Nacht begegnen möchte. Die Juden sind die Läuse der zivilisierten Menschheit. Man muß sie irgendwie ausrotten, sonst werden sie immer wieder ihre peinigende und lästige Rolle spielen. Nur wenn man mit der nötigen Brutalität gegen sie vorgeht, wird man mit ihnen fertig. Wo man sie schont, wird man später ihr Opfer sein."
(Zitiert nach Joseph Goebbels, Tagebuch 2. November 1941.)

Vom Ghetto und seinen Bewohnern, die er „ausrotten" möchte, geht es dann ins Hotel, angeblich das „erste Hotel" in Wilna, tatsächlich aber, wie Goebbels erbost feststellt, ein „wahrer Witz" – ein paar Stunden lang friert der an den Berliner Luxus gewöhnte Hitler-Intimus auf dem ungeheizten Zimmer „wie ein Schneider", noch immer hat er die Hoffnung nicht ganz aufgegeben, dass es doch noch weiter an die Front gehen könnte. Da sich das Wetter aber weiter verschlechtert, bleibt ihm nichts anderes übrig, als in Wilna zu übernachten. Um dem Gast ein bisschen Unterhaltung zu bieten, hat man inzwischen von deutscher Seite alles zusammengetrommelt, was Rang und Namen hat – am Abend sitzt Goebbels „mit den Offizieren vom Stadtkommando und unseren politischen Kommissaren" zusammen, sehr wahrscheinlich, dass in dieser Runde auch Franz Murer mit dabei ist. Goebbels ist von seinen Gesprächspartnern durchaus angetan, dass die „Kommissare" für Alfred Rosenberg arbeiten, scheint ihn nicht weiter zu stören: „Sowohl die Offiziere wie auch die politischen Amtswalter in Wilna machen einen außerordentlich guten Eindruck. Sie sehen ihre Aufgabe klar und scharf umrissen. Sie machen sich keine Illusionen, sie arbeiten wie die Pferde, nichts ist ihnen zu viel. Es ist nicht zu bezweifeln, daß es ihnen in kurzer Zeit gelingen wird, aus dem Lande das herauszuholen, was wir von ihnen erwarten können."

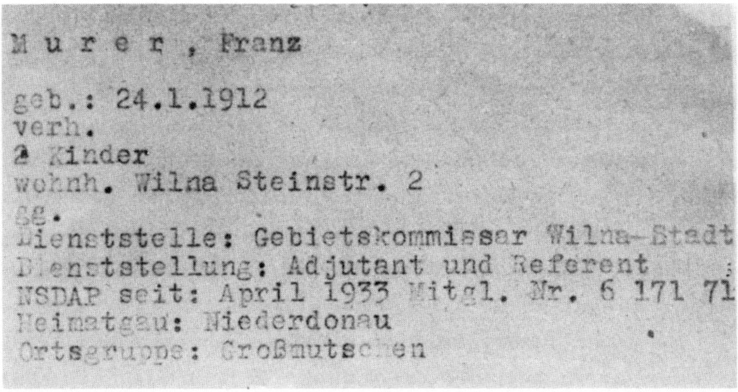

M u r e r , Franz

geb.: 24.1.1912
verh.
2 Kinder
wohnh. Wilna Steinstr. 2
SS.
Dienststelle: Gebietskommissar Wilna-Stadt
Dienststellung: Adjutant und Referent
NSDAP seit: April 1933 Mitgl. Nr. 6 171 71
Heimatgau: Niederdonau
Ortsgruppe: Großmutschen

Irrtum oder Absicht? – Der Vermerk im Mitarbeiterverzeichnis des Gebietskommissariats Wilna-Stadt führt eine Parteimitgliedschaft Murers seit April 1933 an (LYA K-58-11713-3, Bl. 202).

Der Propagandaminister erfährt eine „Unmenge von Einzelheiten" über die Verhältnisse, die sie in Litauen vorgefunden hätten, und nützt dies gleich für eine gewichtige Schlussfolgerung: „Aus all dem kann man entnehmen, daß wir Deutschen nicht nur eine politische Pflicht, sondern auch ein moralisches Recht besitzen, Europa zu führen." *(Zitiert nach Joseph Goebbels, Tagebuch, 2. November 1941.)*

Der Ghettobesuch von Goebbels, der spätabends noch einen Spaziergang durch das „vollkommen in Schnee eingehüllte Wilna" macht und am nächsten Tag nach Berlin zurückfliegt, wird in den Berichten der überlebenden jüdischen Augenzeugen nicht erwähnt, das deutet darauf hin, dass die „kurze Rundfahrt" tatsächlich kurz und improvisiert gewesen sein muss. Bestärkt in ihrer Arbeit sehen sich wohl Hingst und Murer, gut möglich, dass Goebbels für sie auch einige lobende Worte gefunden hat.

Kaum ist Goebbels weg, geht das Töten weiter. Einige der Juden, die in den *malines* gefunden werden, werden an Ort und Stelle erschossen, sie hätten, so die Begründung, die Anordnungen missachtet.

Am 5. November 1941 werden die Besitzer der Gelbscheine in

Ghetto Nr. 2 darüber informiert, dass die *Aktion* zu Ende sei und sie nun in das Ghetto Nr. 1 zurückkehren könnten. Die Deutschen verzichten auf weitere Kontrollen, weder beim Ausgang von Ghetto Nr. 2 noch beim Eingang zu Ghetto Nr. 1 werden die Passanten inspiziert, so können auch jene, die sich während der Aktion in Ghetto Nr. 2 versteckt gehalten haben, unbehelligt in das Große Ghetto jenseits der Deutschen Straße wechseln; Ziel der Deutschen ist es, das „kleine" Ghetto im Laufe des Novembers endgültig aufzulösen.

Der Report des Einsatzkommandos 3 vom 1. Dezember 1941 hält fest, dass am 6. November 340 Männer, 749 Frauen und 252 Kinder, insgesamt 1341 Menschen, in Wilna getötet worden sind.

Für den 19. November verzeichnet die Mordbilanz des Jäger-Berichts in Wilna 171 getötete Juden, davon 76 Männer, 77 Frauen und 18 Kinder – Opfer, die man, wie Yitzhak Arad vermutet, nach der Gelbschein-Aktion versteckt bei Nicht-Juden aufgegriffen und nach Ponary gebracht hat. Kazimierz Sakowicz notiert unter diesem Datum: „Es wurden über 200 Frauen und Kinder hergebracht. Es war kalt, kühler Wind. Da die (Soldaten) keine Patronen mehr hatten, gingen sie in eine Hütte, um sich aufzuwärmen. Doch anstatt die Munition zu holen, nahmen sie den Müttern ihre Babys weg und erschlugen sie mit Gewehrkolben. Es scheint mir, dass es (früher) Fälle gab, dass die (Soldaten) sich nicht die Mühe machten, jeden ‚Bengel' einzeln zu erschießen. Sie warfen sie einfach in die Gruben."

Die Aktion der rosa Scheine

Wenige Wochen vor Weihnachten verstärken sich im Ghetto die Gerüchte, dass neue „Säuberungen" bevorstehen würden. Der Judenrat will, so heißt es, einer *czystka* vorbauen und gibt nun eigene Scheine aus, ihre Farbe ist rosa, man will damit vor allem die Familien schützen – Ehepartner und Kinder werden mit ihnen registriert, sie werden deshalb auch „Familienmitglied-Ausweise" genannt. Die rosa Scheine sind nur innerhalb des Ghettos gültig, zugleich veröffentlicht man ein Rundschreiben, in dem der Judenrat die „illegal" – ohne gelben Schein – beschäftigten Juden dazu aufruft, sich einen rosa Schein ausstellen zu lassen. Davon sind vor allem zwei Gruppen betroffen: Menschen, die in den Geschäften und Werkstätten im Ghetto arbeiten, und Angehörige und Freunde der in der Verwaltung des Ghettos beschäftigten Juden. Die rosa Scheine werden von Jakob Gens unterschrieben und tragen neben dem Stempel mit dem Davidstern die Aufschrift „Polizeiamt Ghetto Wilna".

Auch Mascha Rolnikaite hat einen eigenen rosa Schein bekommen, erstmals hat sie damit ein eigenes Dokument. Die Menschen im Ghetto, so vermerkt sie im Tagebuch, sind dabei, sich wieder zu beruhigen: „Wenn alle der Reihe nach rosa Scheine erhalten, gibt es ja nichts zu befürchten." Doch dann, am 19. Dezember, ist es Franz Murer, der plötzlich für Panik sorgt: Er ordnet an, dass die Ausgabe der rosa Scheine bis zum nächsten Morgen beendet sein muss – das bedeutet, wie alle sofort erkennen, eine „Säuberung" am nächsten Tag. Murer weiß also über die geplante „Aktion" Bescheid und zweifellos auch sein verlängerter Arm im Ghetto, Polizeichef Jakob Gens. Einmal mehr bestätigt sich damit die zweifelhafte Rolle, die das Gebietskommmissariat in den Mordaktionen der deutschen Besatzer spielt. Die Vermutung liegt nahe, dass die Idee mit den rosa Scheinen ursprünglich von Murer kommt und er in Gens einen willigen „Umsetzer" dafür findet.

In der Nacht vom 19. zum 20. Dezember 1941 wird das Büro des Judenrats daher wieder einmal belagert, etwa 3.000 rosa Scheine werden auf Initiative von Jakob Gens an die andrängenden Massen ausgegeben, ihre Besitzer verwandeln sich vom „illegalen" Juden im Ghetto zu einer „legalen" Person – keinen Tag zu früh, denn schon am Morgen des 20. Dezember tauchen im Ghetto deutsche und litauische Polizisten auf, die nach Opfern ohne Dokumente suchen. Wer weder einen gelben Schein noch ein blaues Kärtchen oder einen rosa Schein vorweisen kann, wird mitgenommen. Viele wollen nichts riskieren und verstecken sich in einer Maline, man hofft, dass die Mörder so knapp vor Weihnachten sich nicht allzu lange im

Ghetto aufhalten würden. So wie Mendel Balberyszski, der mit seiner Familie in ein Versteck zieht, müssen sie jedoch zur Erkenntnis kommen: Für die „heilige Arbeit" des Judenmords gibt es keinen frühen Feiertag *(Mendel Balberyszski, Stronger than Iron)* – die Jagd auf Juden ohne Schein dauert bis in die Abenddämmerung des 22. Dezembers an, etwa 400 Menschen ohne Schein werden aufgespürt, auf mit Planen verdeckte Lastwagen verladen und nach Ponary zum Erschießen gebracht.

Mascha Rolnikaite hält in ihrem Tagebuch die Schrecken der „Aktion" fest: Ihre Mitbewohner, eine Ehepaar, das keine rosa Scheine hat, werden im Bett versteckt – eine verzweifelte Notlösung, die sich jedoch bewährt: „Plötzlich hören wir Schritte. Die Soldaten sind schon im Hof! Kommen die Treppe herauf! Klopfen an die Tür. Nein, nicht an unsere Tür, an die Nachbartür. Niemand öffnet. Sie verschaffen sich gewaltsam Zutritt … Eine Frau weint … Die Soldaten lachen wiehernd. Sie führen jemanden ab …

Schon hämmern sie an unsere Tür! Wir greifen uns die Kissen, decken damit die Gesichter der Versteckten zu, tarnen sie. Vor Schreck setze ich mich versehentlich aufs Bett. Unter mir hat sich etwas bewegt – wahrscheinlich habe ich jemandem wehgetan.

Die Schurken schauen sich jeden Schein genau an. Sie klopfen die Wände ab, rücken den Schrank vor, durchstöbern den Flur. Dringen in das Nachbarzimmer ein. Ich hebe den Zipfel eines Kissens leicht an, damit die Versteckten wenigstens ein bisschen Luft bekommen.

Die Mörder ziehen ab. Wir werfen die Kissen herunter. Unsere armen Nachbarn sind völlig verschwitzt und ringen nach Luft. Wir erfrischen sie mit kaltem Wasser und fächeln ihnen Luft zu. Nur langsam kommen sie zu sich. Aber sie trauen sich nicht, das Bett zu verlassen – die Mörder könnten noch einmal wiederkommen." *(Zitiert nach Mascha Rolnikaite, Ich muss erzählen.)*

Am 22. Dezember entdecken litauische Polizisten in der Szpitalnastraße Nr. 13 eine Maline. Als sie die hier verborgenen Menschen auffordern, ihr Versteck zu verlassen, weigern sich diese – als daraufhin die Polizisten in die Maline eindringen, werden sie von einigen Männern attackiert, zwei Juden werden erschossen. Ein erster Akt des Widerstands, der im Ghetto für großes Aufsehen sorgt.

Mit seiner Befürchtung, dass der rosa Schein in den Augen der Gestaposchergen nicht „stark" sein könnte, hat Mendel Balberyszski nicht ganz unrecht. SS-Mann August Hering (1910–1992), der seit September 1941 in Wilna ist und als Nachfolger von Horst Schweinberger den Kontakt zu den litauischen Todesschützen der *Ypatingas Burys* hält, zerreißt aus reiner Willkür den rosa Arbeitsausweis eines Juden und liefert diesen dadurch skrupellos der Erschießung aus. Hering, der eng mit Martin Weiss zusammenarbeitet, wird 1950 vom Landgericht Würzburg wegen Beihilfe zur Ermordung von mindestens 4.000 Juden und der gesondert nachgewiesenen Ermordung einer Jüdin zu lebenslanger Haft verurteilt.

Seit der Ankunft der Deutschen in Wilna sind nun exakt sechs Monate vergangen. Sechs Monate, in denen zwei Drittel der Wilnaer Juden ermordet worden sind. In diesen sechs Monaten hatten wir, so schreibt Mendel Balberyszski in *Stronger than Iron,* keinen einzigen ruhigen Tag und keine einzige ruhige Nacht. „Wir lebten unter der Herrschaft des Terrors und der ausgestreckten Hand des Todes. Wilna war zweifellos die erste große Stadt, in der die Massentötung der Juden ein derart wahnsinniges Tempo annahm." Franz Murer hat zweifellos seine Hände dabei im Spiel.

Etwas Spaß muss sein und so lässt sich Franz Murer neue Quälereien einfallen. Er befiehlt angeblich den angehaltenen Frauen und Mädchen, unter Tischen durchzukriechen, und drangsaliert sie dabei mit Kommandos: „Setzen! Stellen! Hinlegen!" Die „Übungen" werden bis zur völligen Erschöpfung der Opfer fortgesetzt. Die Ghettoüberlebende Helene Holzman weiß noch anderes zu berichten: Auf Murers Befehl hin schütte man den Mädchen Wasser in den Ausschnitt, er habe dann seine „gemeine Freude“, wenn das Wasser ihnen aus den Strumpfhosen und Beinkleidern läuft.

Der Arzt Marc Dworzecki, nach dem Freispruch von Graz unermüdlich um neues Belastungsmaterial gegen Murer bemüht, berichtet von einem weiteren „Gesetz“ des Gebietskommissariats: Im Ghetto dürfen keine Kinder geboren werden. Im Ghettospital überwacht Franz Murer diese Anordnung mit aller Härte. Im Fall, dass ein Neugeborenes gefunden werden sollte, so seine Drohung, würden der zuständige Arzt und die Hebamme dies mit ihrem Leben bezahlen. *(Marc Dworzecki, La Victoire du Ghetto.)*

Der jüdische Widerstand formiert sich

Am 22. Dezember 1941 machen Horst Schweinberger und seine Männer eine neue Erfahrung: Bei der Räumung eines Hauses wehren sich wie oben geschildert einige junge Juden – ihr Widerstand ist zwar vergeblich, dennoch setzt er ein Zeichen: Im Ghetto wächst die Bereitschaft zum Kampf. Am Neujahrstag 1942 versammelt sich eine Gruppe junger Leute, man beschließt den bewaffneten Kampf gegen die deutschen Besatzer. Der 23-jährige Aktivist Abba Kovner (1918–1987) hat den Text zu einem Aufruf verfasst und liest ihn in dieser Versammlung erstmals vor:

Lassen wir uns nicht wie Schafe zur Schlachtbank führen!

Jüdische Jugend!

Glaubt nicht den Verführern. Von den 80.000 Juden im ‚Jerusalem von Litauen‘ blieben nur 20.000. Vor unseren Augen haben sie unsere Eltern, Brüder und Schwestern entrissen.

Wo sind die Hunderte von Menschen, die von den litauischen Häschern zur Arbeit entführt wurden?

Wo sind die nackten Frauen und ihre Kinder, die in der schrecklichen Nacht entführt wurden?

Wo sind die Juden vom Jom-Kippur-Tag?

Und wo sind unsere Brüder aus dem zweiten Ghetto?

Von denen, die vor das Ghetto-Tor geführt wurden, kehrte kein einziger zurück.

Alle Wege der Gestapo führen nach Ponary.

Und Ponary ist der Tod!

Ihr Zweifler, lasst alle Illusionen fallen! Eure Kinder, Männer und Frauen sind nicht mehr am Leben. Ponary ist kein Lager. 15.000 wurden dort durch Erschießen getötet.

Hitler beabsichtigt, alle Juden Europas zu vernichten. Es ist das Schicksal der Juden Litauens, als erste an der Reihe zu sein.

Lassen wir uns nicht wie Schafe zur Schlachtbank führen! Es ist wahr, wir sind schwach und hilflos, aber die einzige Antwort an den Feind lautet: Widerstand!

Brüder! Lieber als freie Kämpfer fallen, als von der Gnade der Mörder leben.

Widerstand leisten! Widerstand bis zum letzten Atemzug! (Zitiert nach Arno Lustiger, Das Schwarzbuch.)

Der Aufruf Kovners „wirkte wie ein Blitz, der das Dunkel des Ghettos erhellte“ (Abraham Sutzkever). Teilnehmerin dieses Treffens ist auch die Lehrerin Sima (Teme) Katz, die das Massaker der Großen Provokation im September in Ponary überlebt hat – von mehreren Kugeln getroffen, kriecht sie des Nachts aus der Grube und schleppt sich halbnackt bis zur Stadt. Die Lehrerin ist den Jugendlichen gut bekannt, ihre Aufgabe ist es, den Wunsch nach Rache zu verstärken.

Antisemitische Hetzplakate sollen in der litauischen Bevölkerung weiter den Hass auf die Juden schüren.

Der Jude ist unser Feind

Franz Murer ist wie besessen von der Vorstellung, die Juden könnten sich nicht an seine Anordnungen halten, und so bleibt ihm gar keine andere Wahl: Er muss kontrollieren. Bestärkt wird er darin von Petras Buragas. Der „Referent für Judenangelegenheiten" der litauischen Stadtverwaltung berichtet ihm am 8. Januar 1942 über diverse angebliche Missstände, die von litauischen Polizisten aufgedeckt worden seien: „Bei Kontrollierung einzelner in der Stadt herumgehender Juden hat sich herausgestellt, dass die leitenden Stellen der Arbeitsstätten und die Geleitwachen der Judenkolonnen den Verkehr der Juden mit der Bevölkerung bewußt begünstigen, oder die Trennung der Juden von den nach der Arbeit ins Ghetto zurückmarschierenden Kolonnen gestatten. So gelingt es den Juden, ununterbrochene Verbindung mit den Preiswucherern aufrecht zu erhalten, und es ist nicht zu verwundern, dass sowohl die Kolonnen als auch einzelne Juden öfters mit Lebensmitteln beladen ins Ghetto zurückkehren." *(LCVA R-643, ap. 3, b. 194, Bl. 143 f.)* Buragas schlägt ihm vor, die Bewegungsfreiheit der jüdischen Arbeiter weiter einzuschränken, indem es den Arbeitgebern untersagt wird, diese mit irgendwelchen Bescheinigungen zur Besorgung von Aufträgen in der Stadt herumzuschicken. Ausweise für derartige Aufträge sollen nur mehr vom Arbeitsamt ausgestellt werden. Außerdem, so die Empfehlung von Buragas, solle ein Angehöriger der SS die Torwache verstärken – ein Ansinnen, das vom Gebietskommissariat natürlich abgelehnt wird, man will die SS vom Ghettotor fernhalten. Der andere Vorschlag des Litauers, der den judenfeindlichen Kurs der Deutschen mehr als bereitwillig unterstützt, wird jedoch umgesetzt.

Bei einer Inspektion am 5. Februar 1942 am Ghettotor muss Murer wieder einmal feststellen, dass die von ihren Arbeitsstellen heimkeh-

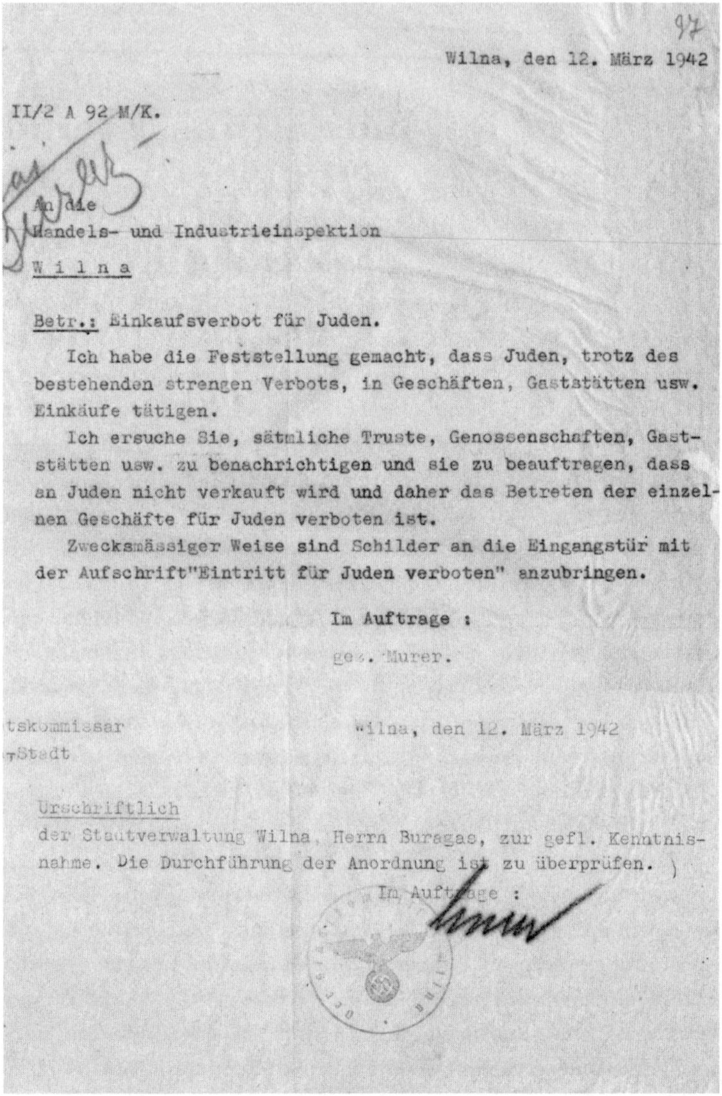

97

Wilna, den 12. März 1942

II/2 A 92 M/K.

An die
Handels- und Industrieinspektion
W i l n a

Betr.: Einkaufsverbot für Juden.

Ich habe die Feststellung gemacht, dass Juden, trotz des bestehenden strengen Verbots, in Geschäften, Gaststätten usw. Einkäufe tätigen.

Ich ersuche Sie, sätmliche Truste, Genossenschaften, Gaststätten usw. zu benachrichtigen und sie zu beauftragen, dass an Juden nicht verkauft wird und daher das Betreten der einzelnen Geschäfte für Juden verboten ist.

Zwecksmässiger Weise sind Schilder an die Eingangstür mit der Aufschrift"Eintritt für Juden verboten" anzubringen.

Im Auftrage :

gez. Murer.

tskommissar
-Stadt

Wilna, den 12. März 1942

Urschriftlich
der Stadtverwaltung Wilna, Herrn Buragas, zur gefl. Kenntnisnahme. Die Durchführung der Anordnung ist zu überprüfen.

Im Auftrage :

Murer wiederholt es für die „Handels- und Industrieinspektion" noch einmal: An Juden darf nichts verkauft werden, das „Betreten der einzelnen Geschäfte" ist ihnen verboten (LCVA R-643-3-300, Bl. 97).

renden Juden noch immer Lebensmittel bei sich haben – damit, so seine Anordnung, müsse sofort Schluss sein. Sollten weiter Lebensmittel ins Ghetto geschmuggelt werden, lasse er auch die beim Tor Dienst machenden jüdischen Polizisten verhaften. Gezielt nimmt Murer damit auch die Torwache in die Pflicht, die gleichsam garantieren muss, dass alle, die das Tor passieren, auch „sauber" sind. Der Chef der Torwache wird durch einen neuen Mann ersetzt, der im Ghetto bereits übel beleumundet ist: Meir Levas. Levas ist ein brutaler Schläger, der nicht zögert, die zur Prügelstrafe Verurteilten mit heftigen Hieben zu traktieren. Bald ist er einer der meistgehassten Männer des Ghettos. Wie Mendel Balberyszski berichtet, sagen die Arbeiter über ihn, dass der jüdische Sadist Levas genauso schlimm sei wie die Deutschen, der einzige Unterschied: Er schicke niemanden direkt nach Ponary.

Die Torwache, so Mendel Balberyszski, entwickle geradezu ein kriminelles Gespür für Brutalität und Gesetzlosigkeit, erbarmungslos schlage sie jeden, der in ihre Hände falle. Die beschlagnahmten Sachen teile man unter sich auf oder schicke sie in die Küchen der Polizeikooperative, nur selten stelle man sie karitativen Zwecken zur Verfügung. Das brutale Treiben von Levas und seinen Mannen – erzwungen und gebilligt von Murer – erreicht schließlich solche Ausmaße, dass sich der Judenrat gezwungen sieht zu intervenieren. In einem Brief an Jakob Gens vom 21. April 1942 – zitiert bei Mendel Balberyszski in *Stronger than Iron* – bittet Anatol Fried den mächtigen Polizeichef, die Torwachen anzuhalten, von „unbedachten Aktionen und unnötigen Provokationen" abzusehen. Das Fazit Mendel Balberyszskis: Die jüdische Ghettopolizei sei nur allgemein unbeliebt, die Torwachen würden jedoch von jedermann gehasst – von allen mit Ausnahme eines Mannes. Dieser Mann sei der deutsche Experte für jüdische Angelegenheiten: Murer.

Zu den wichtigen Gütern, deren Einfuhr ins Ghetto von Murer genehmigt werden muss, zählt auch Holz, das aus den Wäldern kommt, in denen jüdische Arbeitslager bestehen. Dabei wird Murers Einverständnis geschickt ausgenützt: „Auf eine Genehmigung Murers, zum Beispiel zehn Fuhren einzuführen, brachte man mit demselben Erlaubnisschein weitere zehn ins Ghetto – und weiter, solange es möglich war. Dabei befand sich immer auch etwas anderes unter dem Holz: ein Sack Kartoffeln und sogar ein Schafbock." *(Zitiert nach Abraham Sutzkever, Wilner Getto 1941–1944.)* Noch einfacher ist es für die Ghettobewohner, wenn sie wissen, dass Murer die Stadt verlassen hat – dann kommen im Ghetto plötzlich Dutzende Fuhren Holz an, „als hätten sie nur auf diese Minute gewartet" (Abraham Sutzkever).

Für Juden habe ich keine Kartoffeln!

Ein bezeichnendes Licht auf Murers unverändert gnadenlose Einstellung in der Verpflegungsfrage wirft der folgende Vorfall aus dem Februar oder März 1942: Oberleutnant Franz Engelmann, Jahrgang 1885, später zum Hauptmann befördert und nach dem Krieg in München wohnhaft, ist in Wilna Kommandant einer Einheit von Eisenbahn-Pionieren der Wehrmacht, bei der auch 80 bis 90 jüdische Zwangsarbeiter aus dem Ghetto beschäftigt sind. Diese werden von den Pionieren mit etwas Essen versorgt, allerdings so knapp, dass Oberleutnant Engelmann beschließt, sich an das Gebietskommissariat Wilna-Stadt zu wenden und um die ergänzende Zuteilung von Kartoffeln für die jüdischen Arbeiter zu bitten. In der Dienststelle in der Wilnastraße verweist man ihn an den „Zuständigen für Judenangelegenheiten", einen „gewissen Murer". In seiner eidesstattlichen Erklärung, die Engelmann am 24. Juli 1947 im Büro der „Juristischen Abteilung beim Zentralen Komitee der befreiten Juden in der US-Zone Deutschland" in München abgibt, erinnert sich der ehemalige Wehrmachtsangehörige Engelmann an den Auftritt mit dem mächtigen Zivilverwalter: „Nachdem ich mich persönlich an Murer in dieser Angelegenheit wandte und ihm erklärte, dass die Leute bei uns schwer arbeiten müssten und daher auch mehr zu essen brauchen, besonders Kartoffeln, antwortete mir Murer: ‚Wenn einer nicht mehr arbeiten kann, so schießen Sie ihn nieder, für Juden habe ich keine Kartoffeln!‘

Darauf erwiderte ich ihm, dass ich erstens Offizier sei und eine Waffe gegen Wehrlose nicht anwende, und ging fort.“ *(Zitiert nach eidesstattlicher Erklärung Franz Engelmann, Wiener Wiesenthal Institut)* Es zeigt sich in diesem Fall, dass Murers Judenhass in unmittelbaren Auseinandersetzungen auch durch seinen Pragmatismus nicht eingedämmt wurde, der ihn immerhin zur Anregung einer „warmen Mittagssuppe“ zwecks Erhaltung der jüdischen Arbeitskraft bewogen hatte.

Als der Staatsanwalt am 18. Juni 1963 diese Aussage Engelmanns im Gerichtssaal verlesen lässt und dann Murer befragt, will sich dieser wie gewohnt nicht mehr erinnern können und gibt dazu lediglich an: „Es ist ohne weiteres möglich, daß der Engelmann bei mir war. Wenn er mir gesagt hätte, daß er Kartoffeln brauchte, dann hätte ich ihm gesagt, er solle in den I. Stock gehen. Ich verweise auf das in den Akten liegende Merkblatt, wonach Arbeiter Anspruch auf zusätzliche Lebensmittel hatten.“ *(Zitiert nach Gerichtsakt Franz Murer, Steiermärkisches Landesarchiv.)*

In seiner eidesstattlichen Erklärung weiß Franz Engelmann noch einiges mehr über Murer zu erzählen. So habe er mit einem Herrn von Stock, einem Volksdeutschen aus Bromberg *(Bydgoszcz)*, der am Gebietskommissariat Wilna-Land beschäftigt gewesen sei und mit dem er dienstlich wegen der Beschaffung von Reis zu tun gehabt habe, auch über Murer gesprochen – dieser habe ihm erklärt, dass Murer, der „sogenannte Herrscher über die Juden von Wilna“, als „ausgesprochener Bluthund und Judenmörder allgemein bekannt“ sei. Im Wehrmachtskasino von Wilna, das Engelmann des Öfteren besucht und in dem er einige Male mit einem Oberzahlmeister der Wehrmacht zusammentrifft, habe der Pionieroffizier dann folgende Geschichte gehört: „Eines Abends saß ich mit diesem Oberzahlmeister zusammen an einem Tisch in diesem Kasino. Zu uns gesellte sich ein Offizier des SD. Dabei erzählte

1849

VERTRAULICH!

<u>Für den Arbeitgeber!</u>

Richtlinien und Merkblatt für den Einsatz der jüdischen Arbeitskräfte.

1. Das Ghetto steht unter Aufsicht des Gebietskommissars der Stadt Wilna. Dieser ist allein weisungsberechtigt und für alle Fragen, die das Ghetto betreffen, zuständig.
2. Die Vermittlung von jüdischen Arbeitskräften erfolgt durch die Dienststelle „Der Gebietskommissar in Wilna -Sozialamt-". Anforderungen auf Gestellung von Juden sind daher nur an diese Dienststelle zu richten. Eigenmächtiges Anwerben von jüdischen Arbeitskräften über den Judenrat ist untersagt.
3. Die Zuteilung von jüdischen Arbeitskräften durch das Sozialamt des Gebietskommissars erfolgt nach den hierfür ergangenen Richtlinien. Eine Verpflichtung des Sozialamtes, jüdische Arbeitskräfte zuzuweisen, besteht nicht.
4. Für Wehrmachtsdienststellen ist die Verfügung des Wehrmachtbefehlshaber Ostland vom 20.9.1941 massgebend. Die hat unter anderem folgenden Wortlaut:
   „Jegliche Zusammenarbeit der Wehrmacht mit der jüdischen Bevölkerung, die offen oder versteckt in ihrer Einstellung deutschfeindlich ist, und die Verwendung von einzelnen Juden zu irgendwelchen bevorzugten Hilfsdiensten für die Wehrmacht hat zu unterbleiben. Ausweise, die den Juden ihre Verwendung für Zwecke der Wehrmacht bestätigen sind durch militärische Dienststellen keinesfalls auszustellen. Hiervon ausgenommen ist lediglich die Verwendung von Juden in besonders zusammengefassten Arbeitskolonnen, die nur unter deutscher Aufsicht einzusetzen sind".
5. Wird vom Sozialamt die Gestellung von Juden für gerechtfertigt angesehen, so darf ein Einsatz nur erfolgen, wenn der Transport der Juden vom Ghetto zur Arbeitsstelle und zurück, sowie der Aufenthalt der Juden auf der Arbeitsstelle überwacht wird.
6. Eine Zuweisung von jüdischen Arbeitskräften erfolgt nur bei einer Anforderung von mindestens 10 Arbeitern. Der Einsatz von einzelnen Juden ist verboten. Ausnahmsweise kann eine Zuweisung dann erfolgen, wenn es sich um Spezialisten und Facharbeiter handelt die durch einheimische Kräfte nicht zu ersetzen sind.
7. Die zu einer Arbeit vermittelten Juden haben geschlossen unter Aufsicht des Arbeitgebers und des jüdischen Kolonnenführers die Arbeitsstätte aufzusuchen und zurückzukehren. Die Arbeitsstätte darf während der Beschäftigungszeit einschliesslich Mittagspause von den Juden nicht verlassen werden. Einzelne auf der Strasse ohne Genehmigung des Gebietskommissars herumlaufende Juden machen sich strafbar und werden verhaftet.

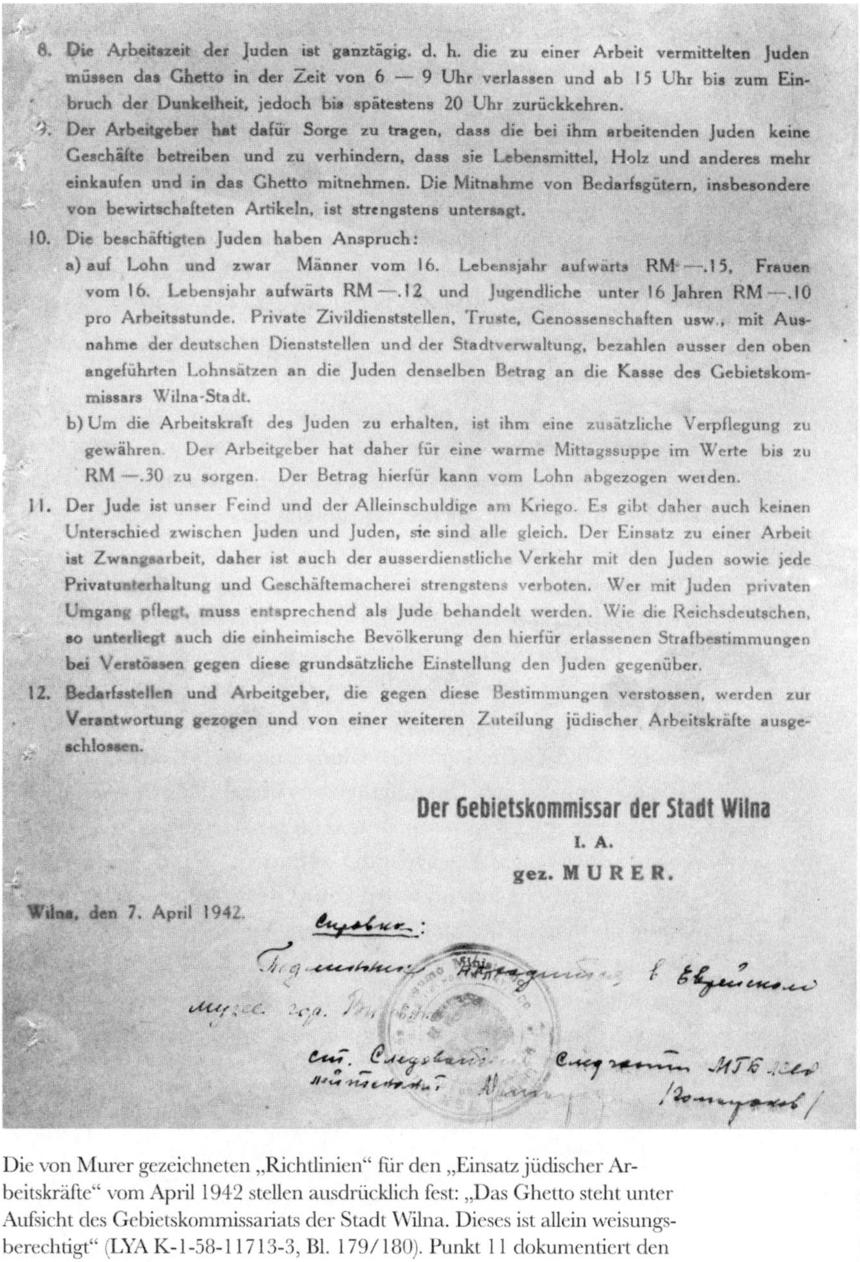

8. Die Arbeitszeit der Juden ist ganztägig. d. h. die zu einer Arbeit vermittelten Juden müssen das Ghetto in der Zeit von 6 — 9 Uhr verlassen und ab 15 Uhr bis zum Einbruch der Dunkelheit, jedoch bis spätestens 20 Uhr zurückkehren.

9. Der Arbeitgeber hat dafür Sorge zu tragen, dass die bei ihm arbeitenden Juden keine Geschäfte betreiben und zu verhindern, dass sie Lebensmittel, Holz und anderes mehr einkaufen und in das Ghetto mitnehmen. Die Mitnahme von Bedarfsgütern, insbesondere von bewirtschafteten Artikeln, ist strengstens untersagt.

10. Die beschäftigten Juden haben Anspruch:

a) auf Lohn und zwar Männer vom 16. Lebensjahr aufwärts RM —.15, Frauen vom 16. Lebensjahr aufwärts RM —.12 und Jugendliche unter 16 Jahren RM —.10 pro Arbeitsstunde. Private Zivildienststellen, Truste, Genossenschaften usw., mit Ausnahme der deutschen Dienststellen und der Stadtverwaltung, bezahlen ausser den oben angeführten Lohnsätzen an die Juden denselben Betrag an die Kasse des Gebietskommissars Wilna-Stadt.

b) Um die Arbeitskraft des Juden zu erhalten, ist ihm eine zusätzliche Verpflegung zu gewähren. Der Arbeitgeber hat daher für eine warme Mittagssuppe im Werte bis zu RM —.30 zu sorgen. Der Betrag hierfür kann vom Lohn abgezogen werden.

11. Der Jude ist unser Feind und der Alleinschuldige am Kriege. Es gibt daher auch keinen Unterschied zwischen Juden und Juden, sie sind alle gleich. Der Einsatz zu einer Arbeit ist Zwangsarbeit, daher ist auch der ausserdienstliche Verkehr mit den Juden sowie jede Privatunterhaltung und Geschäftemacherei strengstens verboten. Wer mit Juden privaten Umgang pflegt, muss entsprechend als Jude behandelt werden. Wie die Reichsdeutschen, so unterliegt auch die einheimische Bevölkerung den hierfür erlassenen Strafbestimmungen bei Verstössen gegen diese grundsätzliche Einstellung den Juden gegenüber.

12. Bedarfsstellen und Arbeitgeber, die gegen diese Bestimmungen verstossen, werden zur Verantwortung gezogen und von einer weiteren Zuteilung jüdischer Arbeitskräfte ausgeschlossen.

Der Gebietskommissar der Stadt Wilna
I. A.
gez. MURER.

Wilna, den 7. April 1942.

Die von Murer gezeichneten „Richtlinien" für den „Einsatz jüdischer Arbeitskräfte" vom April 1942 stellen ausdrücklich fest: „Das Ghetto steht unter Aufsicht des Gebietskommissariats der Stadt Wilna. Dieses ist allein weisungsberechtigt" (LYA K-1-58-11713-3, Bl. 179/180). Punkt 11 dokumentiert den Judenhass Murers.

der Zahlmeister die Geschichte von einem sehr hübschen Mädel, die als Geigerin im Wilnaer Rundfunk angestellt war und sich als Christin ausgegeben habe, obwohl sie Jüdin war. Der Offizier des SD mischte sich in das Gespräch mit ein und sagte, dass er den Fall genau kenne. Er erzählte uns, dass diese Jüdin ein Verhältnis mit einem Soldaten gehabt hat und ihm auch gesagt hat, dass sie nicht Christin, sondern Jüdin sei. Später haben sich diese 2 gestritten und entzweit, der Soldat ging zu Murer und hat ihm diese ganze Geschichte angezeigt. Murer ließ dann sofort diese Jüdin verhaften und im Gefängnis erschießen." *(Zitiert nach eidesstattlicher Erklärung Franz Engelmann, Wiener Wiesenthal Institut)*

Von Murer gibt es auch dazu keinen Kommentar – einen Herrn von Stock habe er nicht gekannt, das Gebietskommissariat Wilna-Land sei ihn überdies nichts angegangen ...

Aussage steht so gegen Aussage, Staatsanwalt Dr. Schuhmann gelingt es nicht, das Bild vom harmlosen Verwaltungsbeamten, das Murer von sich zeichnet, zu erschüttern. Tatsächlich schildert die Geschichte von Franz Engelmann den „wahren" Murer: einen Mann, der den Kurs des unerbittlichen Judenhassers konsequent verfolgt. Mittlerweile kann der Charakter von Murers „Judenpolitik" auch anhand von Dokumenten aus dem Litauischen Zentralen Staatsarchiv gezeigt werden. Es sind oft nur Details, um die es geht, die aber doch einige Aussagekraft besitzen. So wendet sich im März 1942 der litauische Judenreferent Petras Buragas mit der Anfrage an Murer, ob man nicht Anatol Fried, dem Vorsitzenden des Judenrates, die Genehmigung zur Benützung des Gehsteiges geben könne, da er nach einem Beinbruch Schwierigkeiten beim Gehen auf dem holprigen Straßenpflaster habe – Murer lehnt das Ansinnen prompt ab. *(LCVA, R-634, ap. 3, b. 195, Bl. 110.)*

Todesstrafe für den Schmuggel von Lebensmitteln

„Noch gestern war bei uns strenger Winter. Der Frost hielt sich bei 25 Grad. Heute, am dritten Tag des Frühlings, endete alles wie vor einer magischen Wand. Von den Dächern rinnt der Schnee, schmilzt und löst sich auf. Die Sonne ist angenehm und warm, doch die Gemüter im Ghetto haben vom Frühling eine herbstliche Erscheinung bekommen. (...) Menschen wärmen sich in der schönen Frühlingssonne, und in der Seele ist es herbstlich kalt. Der Frühling des Jahres 1942 im Wilnaer Ghetto bringt statt Hoffnung Mutlosigkeit", schreibt Herman Kruk am 23. März 1942 in sein Tagebuch. *(Zitiert nach Gudrun Schroeter, Worte aus einer zerstörten Welt.)*

Auf seiner Suche nach Schwachstellen in seinem „System" stößt Murer auch auf „nachlässige" Arbeitgeber, die offenbar vielfach nichts dabei finden, dass sich ihre jüdischen Arbeitskräfte für den Heimweg ins Ghetto Lebensmittel in die Taschen stecken. Eine Zeugenaussage belegt, dass sich der Steirer nicht zu schade ist, in manchen Fällen persönlich bei diesen Unternehmen vorzusprechen: Perl Monchajt, geboren 1916 in Wilna, arbeitet als Schneiderin in der Schneiderwerkstatt Arens, einem privaten Unternehmen, das Uniformen für die Wehrmacht fertigt und daneben auch Kleider für die Ehefrauen der deutschen Besatzer näht. Herr Arens, der Chef der Schneiderei, behandelt seine jüdischen Näherinnen aus dem Ghetto wie Menschen – das ist, wie Perl Monchajt nach dem Krieg berichten wird, Franz Murer ein Dorn im Auge. Eines Tages stellt er daher Arens zur Rede und droht ihm: Er werde mit ihm so verfahren wie mit den Juden. Zur Bekräftigung verabreicht er dem verdutzten Schneidermeister noch ein paar Ohrfeigen.

Perl Monchajt hat mit Murer schon zuvor Bekanntschaft gemacht: Er hält sie eines Tages auf der Straße an und kontrolliert ihre Tasche. Als er darin die Innereien von Geflügel entdeckt, leert er den gesamten Inhalt der Tasche auf die Straße, behält sich ihre Kennkarte und schickt sie in Begleitung eines litauischen Polizisten

110

Richtlinien für den Einsatz der jüdischen Polizei.

Vom Grundsatz ausgehend, dass die jüdische Bevölkerung ihre Angelegenheiten selbst zu regeln hat, sind auch die Weisungen und Verfügungen des Gebietskommissars Wilna-Stadt mit Hilfe der jüdischen Polizei durchzuführen. Die litauische Bewachungsmannschaft ist lediglich als Aufsichtsorgan eingesetzt. Als Richtlinien für die jüdische Polizei gebe ich ~~folgendes~~ bekannt:

1. Die jüdische Polizei untersteht der Leitung des Chefs der Judenpolizei, Jakob Genzas.
2. Unter der Leitung des Polizeichefs hat die Judenpolizei für die Ordnung und Sicherheit im Ghetto zu sorgen.
3. Als Hauptaufgabe obliegt ihr, sämtliche Weisungen und Verfügungen des Gebietskommissars Wilna-Stadt restlos durchzuführen. Verantwortlich mir gegenüber ist der von mir bestellte Chef der Judenpolizei und die jeweils für eine Aufgabe eingesetzten Polizisten.
4. Besonders streng müssen folgende Anweisungen eingehalten werden:

   a) Das Ghetto darf nur von Juden, die zu einer Arbeit eingesetzt sind und zur Arbeitsstelle gelangen wollen, verlassen werden.

   b) Wenn nicht eine ausdrückliche Genehmigung des Gebietskommissars vorliegt, können die Arbeitskolonnen nur in der Zeit von 6–9 Uhr das Ghetto verlassen. Die Rückkehr von der Arbeitsstelle muss in der Zeit von 15–2o Uhr erfolgen.

   c) Besuche der Juden vom Arbeiterblock der Kailis in das Ghetto oder umgekehrt sind verboten. Der Ausgang an Sonn- und Feiertagen, soweit es sich nicht um einen Arbeitseinsatz handelt, ist nicht gestattet.

   d) Fremde Juden, die nicht im Ghetto registriert sind, sowie auch andere Personen die dort Unterschlupf finden wollen, dürfen in das Ghetto nicht aufgenommen werden. Dieselben sind in Verwahrung zu nehmen und der Sicherheitspolizei zu melden.

   e) Bestellungen von Dienststellen oder Personen, welche in den Werkstätten des Ghettos durchgeführt werden sollen, sind an meine Genehmigung gebunden. Rechnungen über ausgeführte Arbeiten im Ghetto sind mir vor der Zustellung zu unterbreiten.

   f) Der Einsatz der jüdischen Arbeitskräfte erfolgt bis auf wenige Ausnahmen nur von lo Mann aufwärts. Es dürfen daher die Juden die Strassen der Stadt Wilna nur in Kolonnen von lo Mann aufwärts passieren. Durch Streifendienst der Ghettopolizei ist die Einhaltung dieser Vorschrift zu gewährleisten. Auch einzelne, zu einer Arbeit vermittelten Juden, haben sich bis zur Arbeitsstätte einer Kolonne anzuschliessen.

– 2 –

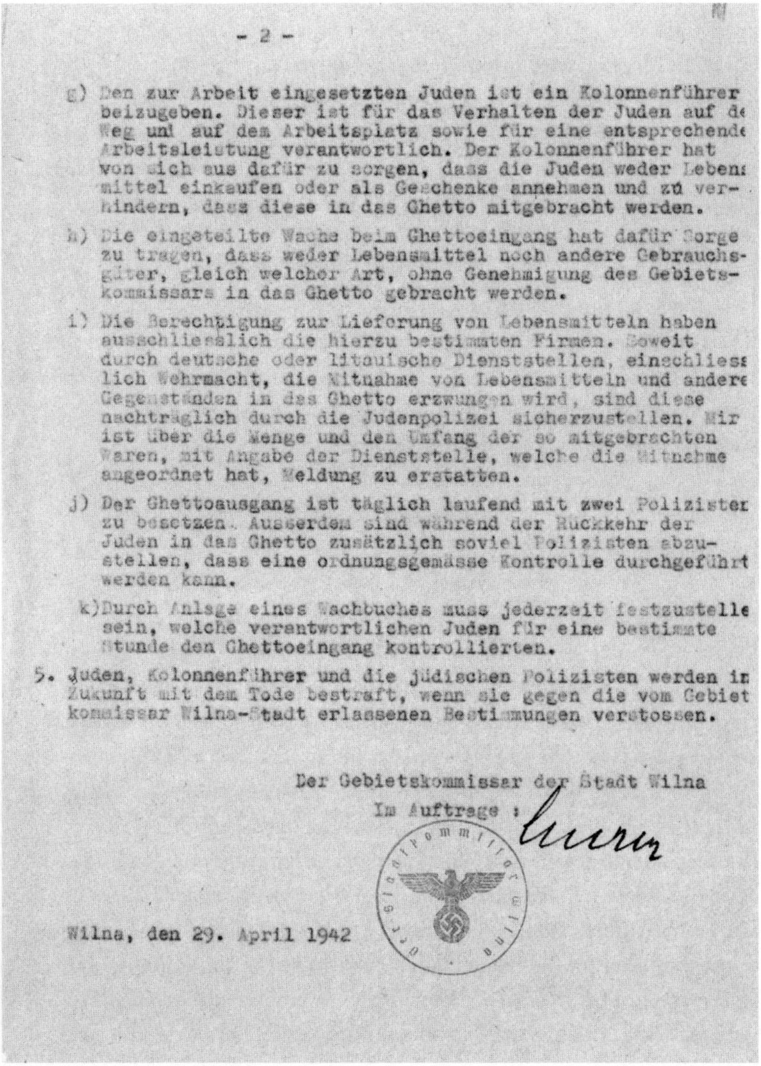

\- 2 -

g) Den zur Arbeit eingesetzten Juden ist ein Kolonnenführer beizugeben. Dieser ist für das Verhalten der Juden auf de Weg und auf dem Arbeitsplatz sowie für eine entsprechende Arbeitsleistung verantwortlich. Der Kolonnenführer hat von sich aus dafür zu sorgen, dass die Juden weder Lebens mittel einkaufen oder als Geschenke annehmen und zu verhindern, dass diese in das Ghetto mitgebracht werden.

h) Die eingeteilte Wache beim Ghettoeingang hat dafür Sorge zu tragen, dass weder Lebensmittel noch andere Gebrauchsgüter, gleich welcher Art, ohne Genehmigung des Gebietskommissars in das Ghetto gebracht werden.

i) Die Berechtigung zur Lieferung von Lebensmitteln haben ausschliesslich die hierzu bestimmten Firmen. Soweit durch deutsche oder litauische Dienststellen, einschliesslich Wehrmacht, die Mitnahme von Lebensmitteln und andere Gegenständen in das Ghetto erzwungen wird, sind diese nachträglich durch die Judenpolizei sicherzustellen. Mir ist über die Menge und den Umfang der so mitgebrachten Waren, mit Angabe der Dienststelle, welche die Mitnahme angeordnet hat, Meldung zu erstatten.

j) Der Ghettoausgang ist täglich laufend mit zwei Polizisten zu besetzen. Ausserdem sind während der Rückkehr der Juden in das Ghetto zusätzlich soviel Polizisten abzustellen, dass eine ordnungsgemässe Kontrolle durchgeführt werden kann.

k) Durch Anlage eines Wachbuches muss jederzeit festzustelle sein, welche verantwortlichen Juden für eine bestimmte Stunde den Ghettoeingang kontrollierten.

5. Juden, Kolonnenführer und die jüdischen Polizisten werden in Zukunft mit dem Tode bestraft, wenn sie gegen die vom Gebiet kommissar Wilna-Stadt erlassenen Bestimmungen verstossen.

Der Gebietskommissar der Stadt Wilna
Im Auftrage :

Wilna, den 29. April 1942

Unmissverständlich Punkt 5: Wer gegen die Bestimmungen des Gebietskommissariats verstößt, wird „in Zukunft mit dem Tode bestraft“ (LCVA R-643-3-300, Bl. 110/111) – ein Schock für das Ghetto.

zu Polizeichef Jakob Gens. Für ihr Vergehen wird Perl Monchajt, deren Schwester Monia unter jenen Frauen ist, die im Haus der Torwache von Meir Levas nackt ausgepeitscht werden, mit zwei Wochen Arrest bestraft, ihr Arbeitgeber Arens erhält einen scharfen Verweis: Sollte noch einmal ein jüdischer Arbeitnehmer Lebensmittel aus seinem Betrieb mit ins Ghetto nehmen, werde er in ein KZ geschickt.

Der Aussage von Perl Monchajt verdanken wir auch den Hinweis auf einige Lieblingswendungen Murers: „Die Juden nannte er immer ‚Mistbande'" und an die Ghettoinsassen hätte er sich immer wieder mit der Feststellung gewandt: „So viele von euch sind noch da!"

Um diese „Missstände" abzustellen, beschließen Hingst und Murer Anfang April 1942 die Herausgabe eines „Merkblatts" für „den Einsatz jüdischer Arbeitskräfte", das die „Richtlinien" für die Unternehmen, die Juden aus dem Ghetto beschäftigen, festlegen soll. Gleich in Punkt 1 der mit 7. April 1942 datierten und von Murer „im Auftrag" unterzeichneten Anordnung, die den Vermerk „Vertraulich!" trägt, wird noch einmal die Zuständigkeit des Gebietskommissariats betont: „Das Ghetto steht unter Aufsicht des Gebietskommissars der Stadt Wilna. Dieser ist allein weisungsberechtigt und für alle Fragen, die das Ghetto betreffen, zuständig." Zuständig für die Zuteilung von jüdischen Arbeitskräften sei daher allein das Sozialamt des Gebietskommissars, eine Zuweisung erfolge nur mehr bei einer Anforderung von mindestens 10 Arbeitern, der Einsatz von „einzelnen Juden" sei verboten und nur mehr in Ausnahmefällen gestattet. In Punkt 7 wird der Weg vom Ghetto zur Arbeitsstätte geregelt: „Die zu einer Arbeit vermittelten Juden haben geschlossen unter Aufsicht des Arbeitgebers und des jüdischen Kolonnenführers die Arbeitsstätte aufzusuchen und zurückzukehren. Die Arbeitsstätte darf während der Beschäftigungszeit einschließlich Mittagspause von den Juden nicht verlassen werden. Einzelne auf der Straße ohne Genehmigung des Gebietskommissars herumlaufende Juden machen sich strafbar und werden verhaftet."

Die Tendenz dieser „Richtlinien“ – den Arbeitgeber stärker in die Verantwortung zu nehmen – findet in Punkt 9 ihre Zuspitzung: „Der Arbeitgeber hat dafür Sorge zu tragen, dass die bei ihm arbeitenden Juden keine Geschäfte betreiben, und zu verhindern, dass sie Lebensmittel, Holz und anderes mehr einkaufen und in das Ghetto mitnehmen. Die Mitnahme von Bedarfsgütern, insbesondere von bewirtschafteten Artikeln, ist strengstens untersagt.“ Die neuen Lohntarife legt Punkt 10 fest: Männer vom 16. Lebensjahr aufwärts bekommen RM 0,15 netto pro Arbeitsstunde, Frauen vom 16. Lebensjahr aufwärts RM 0,12 und Jugendliche unter 16 Jahren RM 0,10 pro Arbeitsstunde. Im Vergleich zu den ab 10. Oktober 1941 geltenden Tarifen bedeutet das eine Lohnerhöhung von RM 0,05 für die Männer, von RM 0,04 für die Frauen und von RM 0,05 für Jugendliche. Nicht übersehen darf dabei werden, dass sich das Gebietskommissariat damit auch eine Erhöhung seiner Einkünfte aus der jüdischen Sklavenarbeit genehmigt – noch immer gilt die Bestimmung, dass „private Zivildienststellen, Truste, Genossenschaften usw., mit Ausnahme der deutschen Dienststellen und der Stadtverwaltung“ außer den „oben angeführten Lohnsätzen an die Juden denselben Betrag an die Kasse des Gebietskommissars Wilna-Stadt“ abführen müssen. Die jüdischen Arbeitskräfte werden damit für die Unternehmer massiv teurer, über die Erhöhung, die ab 1. Februar 1942 gilt, informiert Murer den „Judenreferenten“ Petras Buragas bereits in einem Schreiben vom 28. Januar 1942. *(LCVA R-643, ap. 3, b. 300, Bl. 80)*

Im Punkt 11 folgt die Rechtfertigung für die Behandlung der Juden als Arbeitssklaven – die unversöhnlichen, von Hass diktierten Formulierungen klingen sehr nach Franz Murer: „Der Jude ist unser Feind und der Alleinschuldige am Kriege. Es gibt daher auch keinen Unterschied zwischen Juden und Juden, sie sind alle gleich. Der Einsatz zu einer Arbeit ist Zwangsarbeit, daher ist auch der außerdienstliche Verkehr mit den Juden sowie jede Privatunterhaltung und Geschäftemacherei strengstens verboten. Wer mit Juden privaten Umgang pflegt, muss entsprechend als Jude behandelt werden. Wie die Reichsdeutschen, so unterliegt auch die einheimische Bevölkerung den hierfür erlassenen Strafbestimmungen bei Verstößen gegen diese grundsätzliche Einstellung den Juden gegenüber." In seiner autobiografischen Skizze deutet Murer an, dass die Passage tatsächlich von ihm stammt, rechtfertigt sich aber mit dem Hinweis auf die „damalige Zeit", außerdem habe er den Juden mit der warmen Mittagssuppe, eine Bestimmung, die nach wie vor gilt, Gutes getan: „Man muß sich in die damalige Zeit hineinversetzen, in welcher die Juden als Feind von Adolf Hitler zu betrachten waren, so kam dies auch bei dem Aufruf zum Ausdruck, andererseits war es auch ein Wagnis, entgegen vorhandener Bestimmungen, Juden solche Rechte einzuräumen."

In Punkt 12 wird schließlich „Bedarfsstellen und Arbeitgebern", die sich nicht an diese Bestimmungen halten, gedroht, sie „von einer weiteren Zuteilung jüdischer Arbeitskräfte" auszuschließen. *(LCVA, R-643, ap. 3, b. 300, Bl. 102 ap)*

Am 29. April 1942 folgen die „Richtlinien für den Einsatz der jüdischen Polizei" – Anordnungen, die den Druck auf die „Judenpolizei" weiter drastisch erhöhen sollen und zugleich den Einfluss des Gebietskommissariats im Ghetto absichern. Als Chef der Truppe wird Jakob Gens bestätigt, besonderes Augenmerk gilt wieder den Arbeiterkolonnen: Von nun an dürfen nur mehr Kolonnen von zehn Mann aufwärts durch die Stadt marschieren, ein „Kolonnenführer" ist für das „Verhalten der Juden auf dem Weg" und auch für ihre Arbeitsleistung verantwortlich, zudem soll er darauf achten, dass keine Lebensmittel eingekauft oder als „Geschenke" angenommen werden. Nach wie vor dürfen Lebensmittel nur von den „hierzu bestimmten Firmen" ins Ghetto geliefert werden. Interessant dazu die ergänzende Anordnung im Punkt 4/i: „Soweit durch deutsche oder litauische Dienststellen, einschließlich Wehrmacht, die Mitnahme von Lebensmitteln und anderen Gegenständen in das Ghetto erzwungen wird, sind diese nachträglich durch die Judenpolizei sicherzustellen. Mir ist über die Menge und den Umfang der so mitgebrachten Waren, mit Angabe der Dienststelle, welche die Mitnahme angeordnet hat, Meldung zu erstatten" – Hingst und

Murer sind offenbar entschlossen, eine Aushöhlung ihrer Kompetenzen um jeden Preis zu verhindern, wenn notwendig auch mit Hilfe der „Judenpolizei". So wollen sie auch, wie im Punkt 4/e, über alle Bestellungen, die von diversen Dienststellen in den Ghettowerkstätten gemacht werden, genau Bescheid wissen, ja sogar die betreffenden Rechnungen sind vor der Zustellung dem Gebietskommissar vorzulegen. Eine Anordnung, die auf die Verhinderung diverser fragwürdiger „Geschäfte" zwischen NS-Dienststellen und Ghettowerkstätten abzielt und bei den Parteigenossen nicht unbedingt auf großen Beifall stößt. Im Ghetto, so soll deutlich werden, besitzt das Gebietskommissariat die Verwaltungshoheit, Dienststellen wie die Sicherheitspolizei werden wenn notwendig beigezogen, so etwa in dem Fall, dass nicht im Ghetto registrierte „fremde Juden" angehalten und „in Verwahrung" genommen werden.

Dann folgt, wie Murer und Hingst glauben, der schwerste Schlag gegen den Schmuggel – es gibt dafür nur mehr eine drakonische Strafe: die Todesstrafe. Im fünften und letzten Punkt der von Murer „im Auftrage" unterschriebenen Anordnung heißt es: „Juden, Kolonnenführer und die jüdischen Polizisten werden in Zukunft mit dem Tode bestraft, wenn sie gegen die vom Gebietskommissar Wilna-Stadt erlassenen Bestimmungen verstoßen."

Die unverhohlene Drohung mit der Todesstrafe für Schmuggel löst im Ghetto einen Schock aus. Murer, so weiß man, meint es ernst. Herman Kruk, der als Mitarbeiter im Einsatzstab Rosenberg noch gewisse Vorteile genießt, vermerkt in seinem Tagebuch: „Der Hunger winkt uns zu. Nach der gestrigen Verordnung Murers an Gens, dass das Hereinschmuggeln von Lebensmitteln unter Todesstrafe gestellt wird, hat das Ghetto einen schweren Tag erlebt. Der Hunger schaute in die Stuben und alle sorgten sich, wie es weitergehen wird. Jeder hat sich auf seine Art den Hungertod, der den Einwohnern des Ghettos droht, ausgemalt."

Die Preise für Brot und Kartoffeln steigen an, im Ghetto wächst wieder der Hunger, Mangelkrankheiten breiten sich aus – Franz

Murer bleibt ungerührt, verstärkt nur die Strenge der Razzien am Ghettotor. Am 20. Mai 1942 stellt Herman Kruk fest: „Der Hunger zieht immer größere Kreise. Man hat schon fast das Gefühl von Schande, satter zu sein als andere.“ *(Zitiert nach Gudrun Schroeter, Worte aus einer zerstörten Welt.)*

Im Frühjahr 1942 sieht sich Franz Murer mit einem merkwürdigen Phänomen konfrontiert: Wie aus der Zahl der ausgegebenen Lebensmittelkarten ersichtlich, wächst offenbar die Bevölkerung im Ghetto, obwohl es keine Zugänge von außen gibt. Beträgt die Zahl im Februar noch 14.476 Karten, so sind es im März bereits 15.580 und im April 18.500 – tatsächlich versucht der Judenrat, Personen, die bis jetzt versteckt im Untergrund gelebt haben, in den Arbeitsprozess und in die Versorgung einzubinden. Die „Zurückkehrenden“ seien, so der Judenrat in seinem Monatsbericht für den März 1942, „meistens jung, gesund, zum größten Teil Facharbeiter, welche auf Anforderung sofort in die Arbeiten verschickt werden“ könnten. *(LCVA R-643, ap. 3, b. 195, Bl. 95)* Murer interpretiert den erhöhten Bedarf an Lebensmittelkarten jedoch auf seine Weise: Die Juden, so schreibt er am 20. Mai 1942 an Petras Buragas, würden sich durch die Angabe erhöhter Zahlen zusätzliche Nahrungsmittel verschaffen wollen *(LCVA R-643, ap. 3, b. 194, Bl. 57)* – eine Meinung, die zeigt, dass er die Vorgänge im Ghetto nicht zur Gänze durchschaut. Solange der Arbeitseinsatz der Ghettoinsassen passt, kann er sich allerdings mit dem gesteigerten Bedarf an Lebensmitteln abfinden – der Judenrat ist wiederum bemüht, die Motivation zur Arbeit hochzuhalten, und appelliert immer wieder an die Arbeitsmoral: „Das nicht Hingehen zur Arbeit führt zu sehr traurigen Resultaten und zur Unzufriedenheit seitens der Macht. Denkt daran, die Arbeit bedeutet die Frage des Lebens oder des Todes für unser Ghetto. Und unser Schicksal hängt nur davon ab, wie wir unsere Arbeitspflicht erfüllen werden.“ *(LCVA R-1421, ap. 1, b. 104, bl. 62, zitiert nach Joachim Tauber, Arbeit als Hoffnung)*

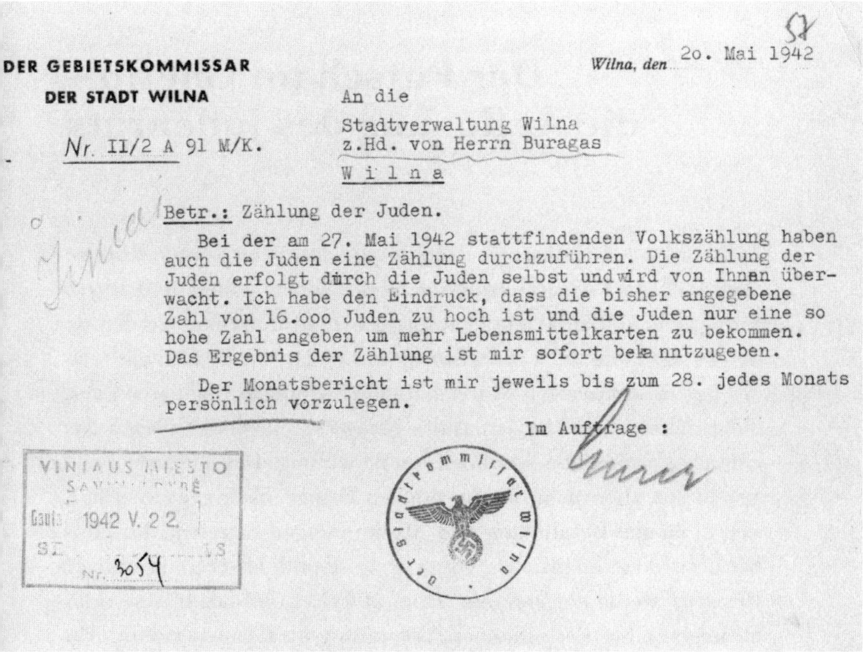
57

DER GEBIETSKOMMISSAR
DER STADT WILNA

Wilna, den 20. Mai 1942

Nr. II/2 A 91 M/K.

An die
Stadtverwaltung Wilna
z.Hd. von Herrn Buragas
W i l n a

Betr.: Zählung der Juden.

Bei der am 27. Mai 1942 stattfindenden Volkszählung haben auch die Juden eine Zählung durchzuführen. Die Zählung der Juden erfolgt durch die Juden selbst und wird von Ihnen überwacht. Ich habe den Eindruck, dass die bisher angegebene Zahl von 16.000 Juden zu hoch ist und die Juden nur eine so hohe Zahl angeben um mehr Lebensmittelkarten zu bekommen. Das Ergebnis der Zählung ist mir sofort bekanntzugeben.

Der Monatsbericht ist mir jeweils bis zum 28. jedes Monats persönlich vorzulegen.

Im Auftrage :
Murer

Der Stadtkommissar Wilna

VILNIAUS MIESTO
1942 V. 22.
Nr. 3054

Murer ist misstrauisch: Er hält die von Buragas übermittelte Zahl von 16.000 Ghettobewohnern für zu hoch (LCVA R-643-3-195, Bl. 57).

Der Putsch im Ghetto – die Auflösung des Judenrats

Für den 11. Juli 1942 ist im Büro des Judenrats eine „große Runde" angesetzt. Als Gebietskommissar Hingst, Franz Murer und Petras Buragas im Gebäude an der Rudnickastraße eintreffen, werden sie bereits von Gens, seinem Stellvertreter Dessler und den Mitgliedern des Judenrats erwartet. Murer hat eine Stellungnahme vorbereitet, die er nun vorliest. In Zeiten des Krieges, so beginnt er, seien Arbeitsangelegenheiten von höchster Bedeutung. Der Judenrat habe sich diesen aber nicht mit der nötigen Dringlichkeit gewidmet und sich in langen Beratungen und Abstimmungen verzettelt. Im Hinblick auf diese ineffiziente Vorgangsweise und das Fehlen positiver Resultate werde der Judenrat daher aufgelöst und Jakob Gens zum alleinigen Chef der jüdischen Verwaltung im Ghetto ernannt. Zu Gens' beiden Assistenten ernenne er Anatol Fried, der für administrative Angelegenheiten zuständig sei, und Salek Dessler, der die Verantwortung für polizeiliche Belange übernehmen werde.

In den Richtlinien für Gens heißt es:

1. Für das Ghetto verantwortlich sind der Chef der jüdischen Polizei, Gens, und seine Polizisten.

2. Die Polizei hat für Ordnung im Ghetto zu sorgen, sie muss die Anordnungen des Gebietskommissars ausführen und dafür sorgen, dass die Arbeiter in Kolonnen zu den Arbeitsplätzen ausrücken.

3. Die Torwache muss verhindern, dass Nahrungsmittel ins Ghetto gebracht werden.

4. Sollten diese Anordnungen nicht befolgt werden, droht dem Polizeichef die Todesstrafe.

Von Murer protegiert: Jakob Gens steigt im Juli 1942 zum alleinigen Chef der jüdischen Verwaltung im Ghetto auf.

Wie Grigorij Schur berichtet, löst die Bekanntmachung dieser Anordnungen unter den Ghettobewohnern „großen Tumult" aus – man hat Angst, dass diese Maßnahme bereits der Auftakt zur Liquidierung des Ghettos sein könnte.

Für Gens, nun *the absolute Ghetto ruler* (Yitzhak Arad), gelten einige Privilegien: Er kann das Ghetto verlassen und betreten, wann immer er will, und darf so wie die jüdischen Polizisten eine Pistole tragen. Seine Tochter Ada, obwohl Halbjüdin, muss nicht im Ghetto wohnen und auch die entwürdigende Verpflichtung zum Tragen des gelben Fleckens vorne und hinten fällt weg – Jakob Gens trägt nur einen weiß-blauen Armstreifen mit dem Davidstern.

Jakob Gens ist auf eine Zusammenarbeit mit Franz Murer angewiesen. Er sei, so Leonard Tushnet, immer ein Mann mit „edlen Idealen" gewesen. Dem späteren Urteil des Ghettoüberlebenden Mendel Balberyszski zufolge habe er ohne Zweifel das Ghetto retten wollen: „Ich bin überzeugt, dass er am Beginn seiner Karriere die besten Absichten hatte, zu retten, was zu retten möglich war. Ich glaube, dass er sogar meinte, die verbleibenden Bewohner des Ghettos retten zu können, wenn er Juden an ihre deutschen Mörder übergab. Meiner Meinung nach glaubte Gens daran, dass er am Ende der neue Moses sein würde, der eines Tages die Juden aus dem Ghetto führen würde. Wenn dafür Opfer notwendig waren, so musste das akzeptiert werden. Aber das Ghetto musste gerettet werden. Und um das Ghetto zu retten, so sein Denken, hatten die Juden für die Deutschen zu arbeiten, um diesen Prozess in die Länge zu ziehen und Zeit zu gewinnen. Ich sage, dass

dies sein Denken war, weil Gens nicht der Einzige war, der so dachte."
(Zitiert nach Mendel Balberyszski, Stronger than Iron, Übersetzung: J. S.)

Die Deutschen, so merkt Mendel Balberyszski mit Recht an, tun alles, um die „Illusion, dass Überleben möglich ist", entsprechend zu fördern. Gens, den die Ghettoinsassen auch manchmal mit etwas Augenzwinkern „König Jakob den Ersten" nennen, glaubt, dass die „Drecksarbeit" mit den *czystkas,* den „Reinigungen" des Jahres 1941, vorbei ist und die Überlebenden eine Chance auf Zukunft hätten – wie sich herausstellen wird, ein grausamer Irrtum: Am Abend des 14. Septembers 1943, wenige Tage vor der „Liquidierung" des Wilnaer Ghettos, wird Jakob Gens zur Gestapo-Dienststelle befohlen. Obwohl man ihn gewarnt und zur Flucht gedrängt hat, folgt er diesem Befehl, seine Flucht, so meint er, würden Tausende Juden mit ihrem Leben bezahlen. Man wirft ihm vor, mit der FPO, den jüdischen Partisanen, in Kontakt zu stehen und diese mit Geld zu versorgen – das Todesurteil. Gestapochef SS-Obersturmführer Rolf Neugebauer feuert angeblich selbst die tödlichen Schüsse auf Jakob Gens ab. Seine Frau Elvyra, eine Litauerin, und Tochter Ada entkommen den Deutschen und überleben den Krieg.

Ada Ustjanauskas, geborene Gens, Jahrgang 1926, gibt 2008 Ina Navazelskis, einer Mitarbeiterin des *United States Holocaust Memorial Museum* ein Interview, in dem sie auch davon erzählt, wie ihr Vater über Franz Murer gedacht hat. So habe er den Eindruck gehabt, dass Murer ein Drogenabhängiger *(a drug addict)* gewesen sei – an manchen Tagen habe man mit ihm wie mit einem normalen Menschen sprechen können, an anderen Tagen wiederum habe er sich wie ein Berserker aufgeführt, man habe nicht mit ihm sprechen können (im Original: *there were days when he went berserk, you couldn't talk to him*). Seiner Meinung nach seien Entzugserscheinungen, also das Fehlen von Drogen, der Grund dafür gewesen, dass er so inhuman gewesen sei. Es sei, so die Meinung ihres Vaters, unmöglich, dass sich ein und dieselbe Person einmal so benimmt und ein anderes Mal wieder so.

Als Ina Navazelskis daraufhin das Stichwort „unberechenbar" *(erra-*

Die Kolonialherren geben sich leutselig: Minister Alfred Rosenberg (Mitte) und Generalkommissar Adrian von Renteln im Gespräch mit litauischer Landbevölkerung im Mai 1942.

tic) gibt, bringt die Tochter von Jakob Gens ein Beispiel: „Er konnte in einen Raum kommen und mit *Auf!* und *Nieder!* beginnen, mit *Auf die Knie, Auf!, Nieder!* Er ließ die Arbeiter auf und nieder springen, ohne dass es dafür einen Grund gegeben hätte. So hat Papa den Verdacht geschöpft, dass er unter dem Einfluss von Drogen stehen müsse, denn er habe Murer auch mit anderen verglichen. Niemand verhielt sich aber so wie Murer, niemand. Seine Bestialität war einzigartig. Und er sagte, gut, eines Tages wird er dafür bezahlen müssen." *(USHMM Archives, RG-50.030*0527, Übersetzung: J. S.)*

Ada Ustjanauskas, die auf der Suche nach den Wilnaer Nazi-Mördern, nach Weiss, Murer und Neugebauer, auch zwei Tage lang den Prozess gegen die Hauptkriegsverbrecher in Nürnberg verfolgt hat und in Wien Simon Wiesenthal – allerdings vergeblich – um Unterstützung bittet, kennt die Nachkriegsgeschichte Murers. Sechs Jahre in einem sowjetischen Gulag seien, so findet sie, nicht viel gewesen und dass er dann von den österreichischen Behörden entlastet worden sei, sei überhaupt seltsam *(strange)*, wo man ja immer annehme, dass sich die Österreicher etwas weiter weg von Hitler befinden würden.

Obwohl Ada Gens außerhalb des Ghettos wohnt, erlebt auch sie den Terror Murers am Ghettotor mit. Es sind drei Worte, die sie und ihre Mutter sich zurufen, wenn Gefahr droht: *Murer koło brami!* – „Murer beim Tor!" Sie hätten sich dann immer getrennt, ihre Mama sei in die eine Richtung gegangen, sie in die andere. Und sie sieht, wie die jüdischen Arbeiter die Lebensmittel auf die Straße werfen, um bei der Kontrolle nicht gefasst zu werden. Sie selbst habe die Arbeiter davor gewarnt, mit dem Essen zum Tor zu gehen, solange die Luft nicht rein sei.

Ihr Vater, so erzählt Ada Ustjanauskas, habe sie immer wieder ins Ghetto mitgenommen und ihr alle Einrichtungen gezeigt, außerdem habe sie sich dort mit einer Gruppe junger Leute getroffen, die sie noch aus Kaunas gekannt habe. Einmal sei sie dabei in eine gefährliche Lage geraten: Als plötzlich einmal Murer im Ghetto auftauchte, um Wohnungen zu kontrollieren, habe sie ihr Vater gerade noch durch die nächste Tür schieben können, dort sei sie dann mit zumindest 30 weiteren Frauen in einem Raum gewesen – hätte Murer sie entdeckt, so hätte ihm ihr Vater erklären müssen, warum keine dieser Frauen arbeite, sie selbst habe ja auch keinen gelben Schein gehabt. Zum Glück habe Murer diesen Raum nicht betreten. *That was a very, very narrow escape.*

Juden ist es verboten, mit Nichtjuden zu sprechen – auch das ein Nazi-Gebot, dessen Einhaltung Franz Murer mit Argusaugen überwacht. Die Ghettoüberlebende Tova Rajzman, später in Netanja, Israel, wohnhaft, erzählt dazu beim Prozess in Graz ein Erlebnis aus dem August 1942, das stark an das von Jakob Gens gebrauchte Bild vom „Berserker" erinnert und das sie nie vergessen wird. Sie ist damals 22 Jahre alt und so wie ihre Schwester Chaja Besitzerin eines gelben Scheins, der es ihr erlaubt zu arbeiten – im Winter schaufeln die jungen Frauen Schnee am Flugplatz, im Sommer helfen sie auf den Feldern: „Wir waren 40 bis 50 Leute und befanden uns auf dem Weg zur Arbeit,

65

den 24. J u n i 1942

An den
Herrn Gebietskommissar der Stadt
W i l n a

Betr.: Volkszaehlung im Ghetto.

Nach Ergebnissen der allgemeinen Volkszaehlung war am 29. Mai 1942 folgende Gesamtzahl von Juden in Wilna vorhanden:

Im Ghetto:	6669	Maenner
	7822	Frauen
Insges.	14491	Personen
In der Pelzwerkfabrik "Kailis" (I.u.II.Block)	457	Maenner
	556	Frauen
Insges.	1013	Personen

Daraus ergibt sich die Gesamtzahl von Juden im Wilnaer Ghetto einschliesslich der Pelzwerkfabrik:

15.278 Personen.

In dieser Zahl sind nicht die Juden einbegriffen, die in den Torfmooren und in Pabradė beschaeftigt sind. Die genaue Zahl dieser Juden koennte nur vom Sozialamt angegeben werden.-

P. Buragas
Referent f.Judenangelegenheiten

„Folgende Gesamtzahl von Juden": Petras Buragas gibt das Ergebnis der „allgemeinen Volkszählung" vom 29. Mai 1942 bekannt (LCVA R-643-3-195, Bl. 45).

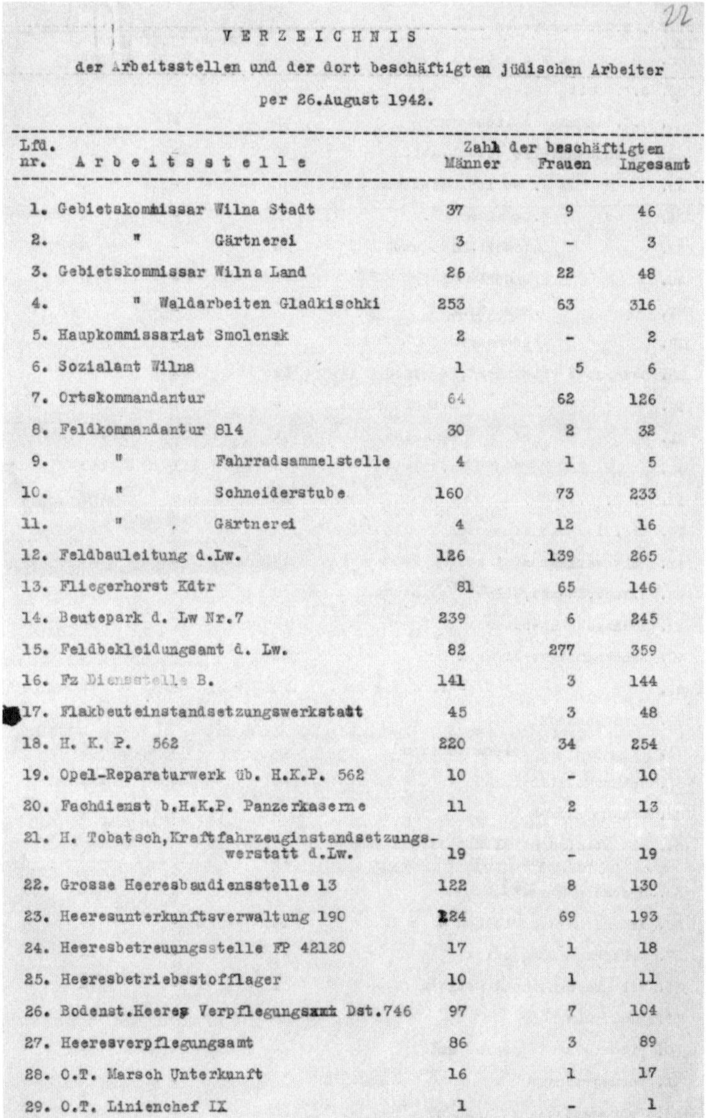

22

V E R Z E I C H N I S

der Arbeitsstellen und der dort beschäftigten jüdischen Arbeiter

per 26.August 1942.

Lfd. nr.	A r b e i t s s t e l l e	Zahl der beschäftigten Männer	Frauen	Ingesamt
1.	Gebietskommissar Wilna Stadt	37	9	46
2.	" Gärtnerei	3	-	3
3.	Gebietskommissar Wilna Land	26	22	48
4.	" Waldarbeiten Gladkischki	253	63	316
5.	Haupkommissariat Smolensk	2	-	2
6.	Sozialamt Wilna	1	5	6
7.	Ortskommandantur	64	62	126
8.	Feldkommandantur 814	30	2	32
9.	" Fahrradsammelstelle	4	1	5
10.	" Schneiderstube	160	73	233
11.	" Gärtnerei	4	12	16
12.	Feldbauleitung d.Lw.	126	139	265
13.	Fliegerhorst Kdtr	81	65	146
14.	Beutepark d. Lw Nr.7	239	6	245
15.	Feldbekleidungsamt d. Lw.	82	277	359
16.	Fz Dienststelle B.	141	3	144
17.	Flakbeuteinstandsetzungswerkstatt	45	3	48
18.	H. K. P. 562	220	34	254
19.	Opel-Reparaturwerk üb. H.K.P. 562	10	-	10
20.	Fachdienst b.H.K.P. Panzerkaserne	11	2	13
21.	H. Tobatsch, Kraftfahrzeuginstandsetzungswerstatt d.Lw.	19	-	19
22.	Grosse Heeresbaudienssstelle 13	122	8	130
23.	Heeresunterkunftsverwaltung 190	124	69	193
24.	Heeresbetreuungsstelle FP 42120	17	1	18
25.	Heeresbetriebsstofflager	10	1	11
26.	Bodenst.Heeres Verpflegungsamt Dst.746	97	7	104
27.	Heeresverpflegungsamt	86	3	89
28.	O.T. Marsch Unterkunft	16	1	17
29.	O.T. Linienchef IX	1	-	1

Vom Heeresverpflegungsamt bis zur Schneiderstelle der Feldkommandantur, vom Beutepark der Luftwaffe Nr. 7 bis zur Heeresunterkunftsverwaltung: Die Wehrmacht setzt auf jüdische Arbeitskräfte (LCVA R-643-3-195, Bl. 22).

als uns ein Auto vorfuhr, dem Murer entstieg. Murer schrie: ‚Stehenbleiben!' und rief den Kolonnenführer zu sich. Er hat ihn geschlagen. Der Kolonnenführer hieß Abramowicz. Murer fragte ihn, was diese Jüdin mit der Polin gesprochen hätte, denn eine jüdische Frau, die ich nicht kannte, war aus der Gruppe getreten und hatte mit einer Polin gesprochen. Abramowicz sagte zu Murer, die Frau habe um Brot und Holz gebeten. Murer sagte zu Abramowicz, daß er ihm diese Frau herführen solle. Die Frau bat Murer, er möge ihr das Brot für ihre Kinder lassen. Murer wurde sehr wild und sagte zu ihr: ‚Komm nur zu mir, ich werde dir schon Brot geben für deine Kinder!' Unmittelbar darauf schoß er auf die Frau, worauf diese niederfiel. Murer war sehr zornig und ging zur Gruppe und sagte, daß für den Fall, daß das noch einmal vorkomme, alle von uns erschossen würden. Hierauf schoß er in die Gruppe und hat dabei drei Frauen und einen Mann erschossen. Die Namen: Chaja Pilowska, Chaja, die meine Schwester war, Eva Luna, Chaja Brujda, der Mann ist mir nicht bekannt gewesen und die Frau, die Murer zuerst erschossen hat, kannte ich auch nicht. Ich kann nicht angeben, wie oft Murer geschossen hat. Die Toten wurden auf seinen Befehl von den Leuten der Arbeitskolonne vom Weg weggeräumt. Nachdem die Leichen weggeschleppt waren, befahl uns Murer, uns auf unsere Plätze zu begeben und zur Arbeit zu marschieren. Der Ort dieses Gemetzels war in Marilnik bei dem russischen Friedhof, der ungefähr 15 Gehminuten vom Ghetto entfernt liegt und zum Gebiet Wilna-Stadt gehörte. Die Leute, auf die Murer geschossen hat, waren meiner Meinung nach tot." *(Zitiert nach Gerichtsakt Franz Murer, Steiermärkisches Landesarchiv.)*

Die Leiche ihrer Schwester habe sie später nicht mehr gesehen, was Murer betrifft, so habe sie einmal wegen des Besitzes von Kartoffeln von ihm Prügel bekommen, er sei ihr daher gut bekannt gewesen. Unterstützung erhält Tova Rajzman durch die Aussage des Zeugen Chaim Sztejn, der sich, wie sie dem Gericht bestätigt, damals ebenfalls in der Arbeitskolonne befand. Sztejn, nunmehr 63 und wie Rajzman im israelischen Netanja wohnhaft, erzählt seine Version vom mörderischen Auftritt Murers: „Wir gingen einmal zur Arbeit am Flugplatz und waren eben beim russischen Friedhof, als uns ein

Auto vorfuhr, dem Murer entstieg und uns befahl stehenzubleiben. Dieser Vorfall war im Sommer 1942. Es ist unmöglich, daß es 1943 war, denn zu diesem Zeitpunkt war ich schon im HKP *(= Heereskraftfahrzeugpark, Anm. J. S.).* Murer befahl uns also stehenzubleiben und ging zum Kolonnenführer Abramowicz, den er fragte, was eine jüdische Frau, die aus der Kolonne getreten war, mit einer Polin gesprochen hätte. Er fragte die Frau: ‚Was hast du gesprochen?' Sie erklärte ihm, dass sie die Polin um Brot für ihre Kinder gebeten habe. Hierauf nannte er sie ein Schwein und schoß sie nieder. Worauf sie umfiel. Murer war sehr wild und schrie: ‚Ihr Juden seid ja Spekulanten und wollt nicht arbeiten, sondern nur handeln!' Und weiter: ‚Mit dieser Pistole werden alle erschossen.' Ich stürzte, um nicht getroffen zu werden, zu Boden. Drei Frauen und ein Mann wurden von den Schüssen des Murer getroffen und waren tot. Es handelte sich dabei um Chaja Pilowska, Eva Luna, Chaja Brujda. Der Name des getroffenen Mannes ist mir nicht bekannt. Hierauf befahl Murer dem Kolonnenführer, Leute zu bestimmen, die die Leichen von der Straße wegräumen sollten. Uns aber befahl er, zur Arbeit zu gehen, daher weiß ich auch nicht, was weiter geschah."
(Zitiert nach Gerichtsakt Franz Murer, Steiermärkisches Landesarchiv.)

Auch Chaim Sztejn, der vor dem Krieg ein Warenhaus besessen hat und dann in die Landwirtschaft wechselte, kennt Murer gut – hat ihm doch dieser bei einer Kontrolle am Ghettotor einmal einige Zähne ausgeschlagen. Eine Verwechslung sei daher nicht möglich. Murers Verantwortung zu diesem Tatvorwurf, der als „Faktum 12" Bestandteil der Anklage ist: „Ich kenne diesen Vorfall nicht und bestreite, diese Tat begangen zu haben."

Was die Geschworenen misstrauisch macht: Sowohl Tova Rajzman als auch Chaim Sztejn haben in ihren ursprünglichen Aussagen den Sommer 1943 als Tatzeitpunkt angegeben – ein Widerspruch, der nun von der Verteidigung geschickt herausgestrichen wird, um die Glaubwürdigkeit der beiden Zeugen zu erschüttern. Die Geschworenen folgen dieser Taktik von Karl Böck nur allzu gern, ihr eindeutiger Spruch zum „Faktum 12": 8 Neinstimmen.

Der mem is in mokem!

Es ist der 5. September 1942. Seit einem Jahr besteht nun das Ghetto von Wilna. Im nahen Generalgouvernement sind der „Aktion Reinhardt“ seit dem Frühjahr Hunderttausende Menschen zum Opfer gefallen. Aufmerksame Beobachter im Ghetto wie Herman Kruk, der einst in der polnischen Hauptstadt gelebt hat, wissen über das Morden Bescheid, auch über die täglichen Todeszüge aus Warschau – „Alles um uns herum ist voller Blut“, notiert er am 29. Oktober 1942 in seinem Tagebuch. Die bange Frage ist allgegenwärtig: Was wird mit uns geschehen? „Wir sitzen und warten“, vermerkt er am 15. September 1942.

Für Franz Murer ist, wie Grigorij Schur vermutet, der „Geburtstag“ des Ghettos Anlass, die Bewohner mit neuen Schikanen zu quälen – der „allmächtige Herr Murer“, „Gebieter über Leben und Schicksal der Juden“, taucht wieder einmal in der Nähe des Ghettotors auf, da er in Zivil ist, wird er zunächst von den Umstehenden nicht beachtet. Als er beim Tor ankommt, befiehlt er, alle Männer und Frauen, die von ihren Arbeitsplätzen zurückkommen, zu durchsuchen. Alle, bei denen auch nur die kleinsten Mengen von Brot oder anderen Lebensmitteln gefunden werden, werden auf Befehl Murers verprügelt: „Die Schuldigen wurden in einen leeren Raum unweit des Ghettotors oder in das Wachhaus der jüdischen Polizei gebracht, ausgezogen und geschlagen. Die Frauen kamen mit verweinten Gesichtern aus diesen Folterkammern heraus und zupften sich ihre Kleider zurecht; die Männer hielten ihre noch heruntergelassenen Hosen fest, sie schwiegen und bissen in ohnmächtiger Wut die Zähne zusammen.“ Beim Prügeln wie immer am fleißigsten: der Chef der Torwache, Meir Levas, sein Gehilfe, der Polizist Schmilgowskij, assistiert ihm kräftig. „Neben ihnen stand Murer, er leitete die Züchtigung und ergötzte sich am Anblick der geschändeten, beleidigten und erniedrigten Menschen." *(Zitiert nach Grigorij Schur, Die Juden von Wilna.)*

Ungefähr 150 „unglückliche und hilflose Menschen", so meint Grigorij Schur, werden an diesem Tag „auf niederträchtigste Weise bestraft". Jakob Gens reagiert auf Murers Prügelorgie mit einer Bekanntmachung, in der er noch einmal verkündet, was jeder längst weiß: Das Mitbringen von Lebensmitteln ins Ghetto ist strengstens verboten. Die Folge ist, dass sich viele Arbeiter und Arbeiterinnen in den nächsten Tagen an dieses Verbot halten, dadurch wächst aber wieder der Hunger im Ghetto. Um dem Verbot Nachdruck zu verleihen, setzt Murer zwei Tage später neuerlich eine „Strafaktion"an, dieses Mal werden nur ungefähr 30 Leute verprügelt – „all jene, die sich nicht beherrschen konnten und trotz des Verbots Brot mit sich führten". (Grigorij Schur)

Einige Tage später, am 12. September, begehen die Menschen im Ghetto das Neujahrsfest. Die Arbeiterkolonnen kehren an diesem Tag schon um drei Uhr in das Ghetto zurück, dann gehen die Männer zum Beten, die Frauen sitzen „still und trauernd zuhause", in den „gedrängten und dunklen Wohnungen" herrschen „Trostlosigkeit und Verdruss". (Grigorij Schur)

Abraham Sutzkever zufolge lässt in dieser Situation die nichtjüdische Bevölkerung Wilnas die Juden nicht ganz im Stich und warnt die heimkehrenden Arbeiter schon „zehn Straßen früher", wenn Murer am Tor kontrolliert – und ein Jude würde es dann gleich dem nächsten weitersagen: „‚Der mem is in mokem!' Das hieß: ‚Murer ist im Ghetto!' Dann stahl sich die ganze Kolonne in eine Gasse und wartete ab, bis der Teufel wieder die Gasse verlassen hatte." Murer aber, so Sutzkever, habe sich nur schwer „überlisten" lassen: „Er verstand, dass die Kolonnen seinetwegen umkehrten. Er wartete also bis sechs Uhr abends – die Zeit, bis wann es den arbeitenden Juden erlaubt war, sich in der Stadt aufzuhalten. Und dann fuhr er mit seinem Auto durch alle Straßen und suchte Juden, die sich ‚ver-

Entwürdigendes Kontrollritual: Litauische Wachsoldaten untersuchen eine junge Frau auf versteckte Lebensmittel.

sündigten'. Die Strafe war eine doppelte: dafür, daß der Jude nach sechs Uhr noch herumlief, und für das Tragen einer ‚Kompresse'" *(einer Art doppeltes Korsett, siehe dazu auch weiter unten das Kapitel „Iß und trink, denn morgen werden wir sterben" – Anm. J. S.). (Zitiert nach Abraham Sutzkever, Wilner Getto 1941–1944.)*

Wie besessen von seiner Kontrollmanie fordert Murer auch von der Ghettopolizei höchste Aufmerksamkeit. Mascha Rolnikaite, die an diesem Tag selbst nur mit knapper Not zurück in das Ghetto gelangt, berichtet in ihren Aufzeichnungen von einem bezeichnenden Vorfall im Herbst 1942: „Gegen Abend, als die Menschen von der Arbeit zurückkamen, war Murer plötzlich am Tor vorgefahren. Er rannte in den kleinen Laden, wo die am Ghettotor beschlagnahmten Sachen zusammengetragen werden, sah sich kurz an, was und wie viel konfisziert worden war, stürmte wieder zurück, verprügelte ein paar Ghettopolizisten und schrie, sie suchten nicht gründlich genug. Er drohte, sie auch nach Ponar (= Ponary, J. S.) bringen zu lassen. Inzwischen war Gens dazugekommen. Er

Die Mitarbeiter der Ghettoverwaltung bei einem Sportwettkampf. In der ersten Reihe Ghettochef Jakob Gens (6. von links) und Polizeichef Salek Dessler (4. von links). Dessler flieht am 18. September 1943 aus dem Ghetto wird aber gefasst und in Ponary erschossen.

befahl, die schuldigen Polizisten ins Ghettogefängnis zu werfen, und rettete sie damit aus Murers Krallen.“ *(Zitiert nach Mascha Rolnikaite, Ich muss erzählen.)*

Während die beschuldigten Ghettopolizisten ins Gefängnis des Ghettos abgeführt werden, verkündet Murer, dass er eine weitere Missachtung seines Befehls, keine Lebensmittel ins Ghetto zu bringen, nicht dulden werde. Sie, die „verdammten Juden“, hätten dieses Gebot missachtet. Um ihnen eine „Lektion“ zu erteilen, würden daher hundert Spekulanten erschossen – eine Drohung, die er zwar nicht ernst meint, die aber im Ghetto für neuen Schrecken sorgt.

Für zehn Frauen, die in Naj-Wilejke gearbeitet haben und Murer an diesem Abend persönlich in die Hände gefallen sind, wird diese Drohung wahr. Sie seien, so Mascha Rolnikaite, nach Ponary gebracht und erschossen worden. Murer habe da ganz sicher sein wollen: „Der Rangälteste der Wache musste unterschreiben, dass er sie vom Leiter des Ghettogefängnisses übernommen habe und für ihre Ablieferung in Ponar hafte … “ *(Zitiert nach Mascha Rolnikaite, Ich muss erzählen.)*

Schließlich bleibt es nicht bei den Kontrollen am Ghettotor, Murer taucht zum Schrecken der Ghettobewohner plötzlich auch in den Wohnungen auf. Mascha Rolnikaite berichtet: „Letzte Woche kam er unangemeldet und ging in den erstbesten Hof. Mit dem Fuß stieß er die nächstgelegene Tür auf, drang in die Wohnung ein und stürzte sich auf das Lebensmittelregal. Als er dort nur eine Brotrinde fand, ließ er sich zeigen, was im Topf kochte. Nachdem er sich davon überzeugt hatte, dass sich im Topf nur ein paar Graupen mit Wasser befanden, lief er zum Schrank, um zu kontrollieren, ob es dort Kleidungsstücke ohne Davidstern gab. Wütend darüber, nichts gefunden zu haben, drang er in die nächste Wohnung ein, aber auch dort fand er keine verbotenen Lebensmittel.

Vor einigen Tagen begab er sich wieder auf Inspektion. In einer Wohnung bemerkte er zufällig auf dem Fensterbrett einen eingetrockneten Lippenstift. Daraufhin verprügelte er die erstbeste Frau, die ihm in die Hände fiel." *(Zitiert nach Mascha Rolnikaite, Ich muss erzählen.)* Das Auffinden dieses eingetrockneten Lippenstifts ist für Murer Anlass, Jacob Gens noch einmal die Bekanntmachung seines „Befehls" aufzutragen: Frauen dürfen im Ghetto keinen Schmuck tragen und keine Kosmetik benutzen. Angehörige der Ghettopolizei werden ausgeschickt, um in den Wohnungen Regale und Schränke auf Einhaltung dieses Gebots zu kontrollieren.

Mascha Rolnikaite versteckt vor diesen Kontrollen ihre Aufzeichnungen und Gedichte, würden sie gefunden, so weiß sie, würde man die ganze Familie „mitnehmen": „Mama sagt, ich müsse ja nicht alles aufschreiben; nur das Wichtigste auswendig lernen für den Fall, dass das Geschriebene vernichtet werden muss. Sie will wegen meiner Aufzeichnungen nicht unser aller Leben riskieren, wenn Murer weiterhin die Wohnungen durchsucht." *(Zitiert nach Mascha Rolnikaite, Ich muss erzählen.)*

Wie Mascha Rolnikaite wohl richtig vermutet, hängen die Wohnungskontrollen Murers auch damit zusammen, dass, wie von Gens erbeten, das Ghetto etwas erweitert werden soll, um Platz für neue Werkstätten zu schaffen. Häuser in der *Jatkewergass*, in der *Straschungass* und in der *Oschmener Gass* sowie einige Haushälften in der *Dajtschen Gass*, der Deutschen Straße, werden dem Ghetto angeschlossen, in einer dieser sorgfältig abgemauerten Haushälften, in der *Dajtschen Gass* 31, wird nun die Familie Rolnik einquartiert: „In der Mauer gibt es nicht einen Spalt, durch den wir auf den verbotenen Teil des Hofes blicken könnten. Sogar der Balkon wird von einer dicken Wand zerschnitten. Uns bleibt als Hof nur ein gepflastertes Viereck und ein Stückchen Himmel zwischen den hohen Mauern. Wir sind wie eingesperrt in einem großen, ausgetrockneten Brunnen." *(Zitiert nach Mascha Rolnikaite, Ich muss erzählen.)*

Der Fall Kagan

Jakob Kagan, geboren 1923 in Wilna, arbeitet zusammen mit seinem Vater Abraham Isaak Kagan in der Eisenbahndirektion. Als sie an diesem Herbsttag des Jahres 1942 zum Ghetto zurückkehren, werden sie gewarnt: Murer steht am Tor! Der 19-jährige Jakob wirft daraufhin das „Scheitelholz“, das er bei sich trägt, weg; sein Vater hat 1 kg Fleisch am Körper versteckt und glaubt, dass man dieses bei der Kontrolle nicht finden würde.

Am Ghettotor kontrolliert tatsächlich Murer zusammen mit den jüdischen Polizisten der Torwache und nun, angesichts der rigorosen Untersuchungen, erfasst Vater Kagan die Panik: Er glaubt jetzt, dass man das Fleisch doch finden wird, reißt sich los und läuft durch das Tor in das Ghetto. Jakob Kagan erinnert sich in seiner Zeugenaussage an die Szene: „Murer ist ihm gleich nachgelaufen und hat ‚Halt!‘ gerufen, aber zur selben Zeit hat er auch schon geschossen. Ungefähr 6 Meter vor mir ist mein Vater zu Boden gefallen. Ich bin hingelaufen und habe gehofft, meinem Vater helfen zu können. Die jüdische Polizei wollte mich wegtreiben. Ich sagte aber, das sei mein Vater. Wir haben ihn dann in das jüdische Spital gebracht, er hat noch gelebt und gekrächzt. Dr. Sedlis *(recte Dr. E. Sadlis, Mitglied des ersten Judenrats vom Juli 1941, Anm. J. S.)* hat ihn dann übernommen und hat daraufhin niemand zu ihm gelassen. Ich habe 2 Stunden gewartet, dann ist Dr. Sedlis zu mir gekommen und hat gesagt, daß mein Vater tot sei, da die Kugel das Herz gestreift hätte.“ *(Zitiert nach Gerichtsakt Franz Murer, Steiermärkisches Landesarchiv.)*

Beim Grazer Prozess mit dieser Aussage konfrontiert, dem „Faktum 8“ der Anklage, behauptet Murer: „Bei Lebensmittelkontrollen ist niemand erschossen worden. Ich war bei Lebensmittelkontrollen nicht befugt nachzuschießen.“ Jakob Kagan, der nunmehr in Los Angeles lebt, beharrt jedoch auf seiner Aussage, dass der Schütze Murer gewesen sei. Staatsanwalt Dr. Schuhmann ruft dazu noch einen Zeugen in den Zeugenstand, den ebenfalls 1923 in Wilna geborenen Barry Bass, ebenfalls wohnhaft in Los Angeles. Auch er ist an diesem Herbsttag unter jenen Arbeitern, die vor Murer gewarnt werden: „Dann haben alle Leute versucht, sich aller Dinge, die sie bei sich tragen, zu entledigen. Ich habe auch alles weggeworfen. Murer hat alle Leute, die zum Ghetto hergekommen sind, genau durchsucht. Bei mir hat Murer nichts gefunden. Es war nur ein schmaler Durchgang, sodaß man nur einzeln hintereinander durchgehen konnte. Im Ghetto sorgten Leute dafür, daß alle Leute, die hineinkamen, gleich weitergegangen sind. Ich habe dann Schießen hinter mir gehört, habe mich dann umgedreht und 20 Schritte weg war Murer, der einen Revolver gehalten hat. Zwischen mir und Murer ist Kagan der Alte gewesen und ist dann umgefallen. Die Polizei hat dann die Leute gleich verjagt. Der Sohn ist ein Freund von mir. Wir haben an der gleichen Stelle gearbeitet. Er hat mir erzählt, dass sein Vater gestorben ist. Das Wegtragen von der Stelle, an der der Tote gelegen ist, habe ich nicht gesehen. Murer hat damals die Uniform vom Gebietskommissariat gehabt." *(Zitiert nach Gerichtsakt Franz Murer, Steiermärkisches Landesarchiv.)*

Im Gegensatz zu Jakob Kagan erklärt Barry Bass, dass mehrere Schüsse gefallen seien, es bestehe aber kein Zweifel, dass Murer geschossen habe. Verteidiger Karl Böck versucht die Aussage von Barry Bass mit dem Hinweis zu erschüttern, dass er bei einer früheren Aussage in Stockholm diese Tat Murers nicht erwähnt habe, sondern nur den Mord an Ljuba Lewicka. Bass rechtfertigt sich damit, dass er damals nur eine „allgemeine Erklärung" abgegeben habe: „Ich habe beim damaligen Protokoll deswegen den von mir heute geschilderten Mord nicht erwähnt, weil die Leviczka (sic!) eine berühmte Sängerin war, Kagan aber kein berühmter Mann war." Die Geschworenen lassen sich nur teilweise überzeugen – ihre Entscheidung zum „Faktum 8": 4 Jastimmen und 4 Neinstimmen, Murer entkommt knapp einem Schuldspruch in diesem Fall.

Zehn Tage Judenhass

Weihnachten 1942 naht und Franz Murer hat sich etwas Besonderes ausgedacht, eine „hübsche Neuigkeit", wie Helene Holzman es in ihren Aufzeichnungen nennen wird. „Zehn Tage Judenhass" werden proklamiert. Für die richtige Stimmung sorgen überall in der Stadt affichierte „monströse" Hetzplakate, die Kontrollen werden verstärkt, wer Beziehungen zu Juden unterhält und dabei ertappt wird, ist verloren.

Franz Murer selbst geht mit gutem Beispiel voran und kontrolliert wieder persönlich am Eingang zum Ghetto die heimkehrenden Arbeiter.

Das „System der Verknechtung", so schreibt Abraham Sutzkever, sei so raffiniert gewesen wie das „System des Mordens". So verkündet das Gebietskommissariat, dass mit 1. Dezember 1942 der „Tarif für den Arbeitslohn der jüdischen Bevölkerung" erhöht würde – gleichzeitig wird aber auch die Arbeitszeit um täglich zwei Stunden erhöht. Die neuen Tarife der fünf Kategorien, in die die Arbeiter eingeteilt werden: Unqualifizierte Arbeiter, die erste Kategorie, bekommen nun 30 Pfennig für eine Stunde Arbeit bezahlt, „halbqualifizierte", die zweite Kategorie, 34 Pfennig. Ein Facharbeiter in der dritten Kategorie erhält nun am Papier 38 Pfennig, ein Facharbeiter in der vierten Kategorie 44 Pfennig, ein „Brigadier", die fünfte und höchste Kategorie, 50 Pfennig. Tatsächlich aber, so Sutzkever, bekommt keine Kategorie mehr als 15 Pfennig pro Stunde – das übrige behalte der Gebietskommissar: „Die Erhöhung für die Kategorien, so sagt man, war nur ein Mittel, den Gebietskommissar Hingst noch mehr zu bereichern. Und um dem Unternehmer noch mehr zukommen zu lassen, wurde der Arbeitstag um zwei Stunden verlängert." Sutzkever macht folgende Rechnung auf: „Im Durch-

Verstärkte Kontrolle beim Haupteingang Rudnickastraße: Die „Facharbeiter-Ausweise“ werden überprüft.

schnitt verdiente der Gebietskommissar auf Kosten eines jüdischen Arbeiters 25 Pfennig die Stunde. Da in den Unternehmen annähernd 8000 Personen arbeiteten, pflegte Hingst durch das Getto etwa eine halbe Million Mark im Monat einzunehmen.“ Von den 15 Pfennig ziehe man den jüdischen Arbeitern noch verschiedene Steuern ab, sodass sie meist bei ihren „Ausbeutern“ noch „draufzahlen“ müssen. *(Zitiert nach Abraham Sutzkever, Wilner Getto 1941–1944.)*

Knapp vor Weihnachten, am 18. Dezember 1942, verhaftet die Gestapo eine Gruppe von 19 Juden – vier Männer und 15 Frauen –, die auf dem Landgut Dembuwka im Vorort Saltoniskes beschäftigt sind. Der Grund: Sie haben eingenäht in ihren Kleidern mehrere Kilogramm Mehl bei sich. Bereits während der Durchsuchung traktieren die Gestapobeamten ihre Opfer mit brutalen Schlägen, dann treibt man die jüdischen Arbeitssklaven zur litauischen Sicherheitspolizei, von dort werden sie schließlich in das Arresthaus in der Lidskijgasse gebracht. Als der unerbittliche Franz Murer von dem versuchten Mehlschmuggel erfährt, befiehlt er, wie Yitzhak Rudashevsky in seinem Tagebuch vermerkt, die Juden sofort wieder der Gestapo zu übergeben und ins Lukiškes-Gefängnis zu überstellen. Gens und seine Mitarbeiter, die großes Interesse für das Schicksal der Verhafteten zeigen, beginnen daraufhin mit den Deutschen wegen eines Freikaufs der Gefangenen zu verhandeln und diese lassen sich, wie Grigorij Schur berichtet, tatsächlich zu diesem „Geschäft" bewegen: In drei Schüben werden die 19 Verhafteten freigekauft, die letzte Gruppe von neun Menschen am 13. Februar 1943. Verhandelt wird das „Geschäft" zwischen dem Judenrat und dem Gebietskommissariat, Murer muss zwangsläufig darin verwickelt sein. „Doch auch Geld hilft nicht immer", wie Grigorij Schur feststellt, das Los der Gefangenen im Lukiškes-Gefängnis hänge von jedem einzelnen Gestapooffizier ab: „Wenn einer von ihnen bereit ist, den Gefangenen für eine bestimmte Summe freizulassen, ein anderer aber nicht mitmacht, dann muß gewartet werden, bis dieser andere weggeht, beispielsweise in den Urlaub." *(Zitiert nach Grigorij Schur, Die Juden von Wilna.)* Gut möglich, dass Murer für den Freikauf eine günstige Urlaubskonstellation nützt – oder ist er es, der „umgangen" wird?

Montag, 28. Dezember 1942. Es ist ein bitterkalter Wintertag. Franz Murer, der „Schrecken der Juden von Wilna" (Grigorij Schur), am Tor …

Alle, die von der Arbeit zurückkehren, werden gruppenweise ins Wachhaus am Tor geführt und durchsucht, wobei die Suche diesmal nicht versteckten Lebensmitteln gilt, sondern Geld und anderen Wertgegenständen. Murer leitet die Aktion persönlich, mehrere Männer und Frauen müssen sich auf seine Anordnung hin nackt ausziehen und werden dann von den jüdischen Polizisten der Torwache verprügelt, angeführt von ihrem Chef Meir Levas. Grigorij Schur notiert die Details: „Die Frauen wurden gezwungen, sich vor den Augen der deutschen Offiziere und aller Anwesenden auszuziehen. Die Menschen mußten drei Minuten lang nackt stehen bleiben, einige Frauen bekamen von Murer den Befehl, etwas Gymnastik zu treiben. Jene, bei denen man versteckte Waren entdeckte, erhielten je 25 Stockhiebe. Nach der Züchtigung rannten die verprügelten Menschen mit ihren Schuhen in der Hand und ihrer Kleidung unter den Armen die Straße herauf." Die „Prügelaktion" wird von

Beste Stimmung bei den „Gebietern über Leben und Tod ihrer unglücklichen Brüder in Not“ (Grigorij Schur): Die Prügel-Polizisten von der Torwache posieren für den Fotografen, in der Mitte Meir Levas.

„lautem Lachen“ der jüdischen Polizeibüttel begleitet und Franz Murer, so erzählt Grigorij Schur, „findet überhaupt Gefallen daran, nackte Frauen anzuschauen. Manchmal geht dieser Deutsche ins Badehaus, wenn sich dort gerade Frauen waschen, und verbietet ihnen, sich verschämt von ihm abzuwenden.“

„Tüchtig! Genau so muß man eine Judenkontrolle durchführen!“, stellt Murer abschließend lobend fest – inzwischen ist es ein Uhr nachts geworden, das beschlagnahmte Geld, die Uhren und Eheringe hat man, wie Grigorij Schur berichtet, „achtlos auf einen Tisch geworfen, auf einen Haufen, als ob man damit den Juden zeigen wollte, daß es nicht um diese Wertsachen ging, sondern darum, daß die Juden nicht das Recht haben, all das zu besitzen, was alle anderen besitzen“. Levas hat sich besonders ins Zeug gelegt, denn er hat einen Fehler auszubügeln: Vor einigen Tagen hat man ihn erwischt, als er versuchte, eine Fuhre Mehl ins Ghetto zu schmuggeln – er kann von Glück sprechen, dass Murer sich gnädig zeigt und auf seine Verhaftung verzichtet.

Eine jüdische Arbeiterkolonne, geführt von einem litauischen Wachmann, ist zum Abmarsch bereit.

Mit einem nächtlichen Saufgelage feiern die jüdischen Polizisten den „erfolgreichen" Tag: Um sich eine weniger strenge Durchsuchung zu erkaufen, haben ihnen viele jüdische Arbeiter Geld oder andere Wertsachen zugesteckt, die „Strafaktion" ist für sie zum guten Geschäft geworden. Meir Levas hat noch einen anderen Grund zum Feiern: Er wird drei Tage später, am Silvestertag 1942, heiraten – alle wichtigen Leute im Ghetto sind eingeladen, die Trauungszeremonie wird nach traditionellem jüdischem Ritus vollzogen, auch zu essen gibt es offenbar genug: Den „Gästen", so berichtet Grigorij Schur, werden „Tee, leckere Torten und Gebäck gereicht – alles wie in guten friedlichen Zeiten. Die übrigen Bewohner des Ghettos wünschten der Braut heimlich, daß sie möglichst bald zur Witwe würde, und dem Bräutigam, daß sich der Hochzeitsbaldachin für ihn in einen Katafalk verwandeln würde …" *(Zitiert nach Grigorij Schur, Die Juden von Wilna.)*

Inzwischen dringen wiederholt Nachrichten über die Reaktionen der westlichen Alliierten und neutraler Länder wie Schweden auf den Judenmord ins Ghetto – Proteste, Gebete, aber keine unmittelbare Hilfe für jene, deren Ermordung noch bevorsteht. Herman Kruk notiert dazu in seinem Tagebuch: „In einer solchen Lage sind wir. Allein hilflos. Wie die Ochsen zum Schlachten stehen wir schon zwei Jahre mit ausgestrecktem Hals und warten auf das Messer. Der Tod schreckt nicht mehr. Und doch, wie lange kann man so leben …?" *(Zitiert nach Gudrun Schroeter, Worte aus einer zerstörten Welt.)*

Und Grigorij Schur vermerkt zum 1. Jänner 1943: „Die Juden hoffen, daß sie im Neuen Jahr von ihren Qualen erlöst werden. Alle wünschen einander irgendeine Art von Wunder, auf daß sie dem täglich auf sie lauernden Tod doch noch entkommen."

Der Tod der Sängerin Ljuba Lewicka

Murers berühmtestes Opfer: die Sängerin Ljuba Lewicka.

Unter jenen, die in den Vorweihnachtstagen 1942 von Franz Murer angehalten werden, ist auch die Sängerin Ljuba Lewicka. Ihre wunderbare Sopranstimme hat sie im Ghetto zu einer Berühmtheit gemacht.

Ljuba Lewicka (auch *Lyuba Levicka* oder *Ljuba Zublewitzka*, wie sie in den Akten zum Prozess gegen Martin Weiss genannt wird), geboren 1909 in Wilna, absolviert ihre Gesangsausbildung am staatlichen Konservatorium, bereits ihr Konzertdebüt wird zu einem großen Erfolg, der *Kurjer Wilenski* spricht von einem außergewöhnlichen Koloratursopran. Um ihre Stimme weiter zu schulen, geht Ljuba Lewicka nach Wien, wo sie einen internationalen Gesangswettbewerb für sich entscheiden kann. Sie kehrt nach Wilna zurück und wird hier rasch zur Berühmtheit: Auf ihren Konzertprogrammen stehen Arien von Verdi, Puccini, Donizetti und Meyerbeer ebenso wie Lieder von Schubert und Schumann. Am 22. Februar 1940 ist ihre Stimme auf Radio Wilna zu hören, unter anderem mit einem Lied von Franz Lehár. Im großen Saal der Philharmonie von Wilna singt sie im Dezember 1940 Werke von Tschaikowsky, populär wird sie mit ihrer Interpretation jüdischer Volkslieder, die sie in Jiddisch und Hebräisch vorträgt.

Auch Ljuba muss im September 1941 ins Ghetto übersiedeln. Als es erstmals im Ghettotheater auftritt, verzaubert das schlanke Mädchen auf Anhieb das Publikum, manche der Zuhörer haben Tränen in den Augen. Bald ist, wie Zeitzeuge Markas Petuchauskas, Jahrgang 1931, schreibt, das ganze Ghetto in sie verliebt, sie wird zur „Nachtigall des Ghettos". Eines Tages holt sie die Gestapo direkt aus dem Ghettotheater zum Verhör ab – man bezichtigt sie der „Rassenschande" und wirft ihr Unterstützung für den Bolschewismus vor. Angeblich wird sie auch von Murer „sehr sadistisch" verhört, möglicherweise hat sie dieser schon länger im Visier. Ljuba weiß sich jedoch zu verteidigen und bricht in den endlosen Verhören nicht zusammen, schließlich wird sie von der Gestapo entlassen und zurück ins Ghetto gebracht. In seinem Buch *Wilner Getto 1941–1944* berichtet Abraham Sutzkever weitere Details: So sei Ljuba Lewicka während des Massakers im „zweiten Ghetto" eine Woche lang „ununterbrochen in einem Müllkasten, mit Schmutz zugedeckt", gelegen. Sutzkever zufolge ist es Gestapomann Horst Schweinberger (von Sutzkever konsequent „Schweinenberg" genannt), der sie in die „Keller der Gestapo" verschleppte, „sie mit Füßen trat und mit seinem goldenen Dolch in den Leib stach. Durch einen Zufall gelang es ihr, von dort zu fliehen. Sie lag im Gettospital und spie Blut …" *(Zitiert nach Abraham Sutzkever, Wilner Getto 1941–1944.)*

Unerschrocken bereitet sie neue Auftritte vor, obwohl es schwierig ist, die dafür notwendigen Noten ins Ghetto zu schmuggeln. Litauische und polnische Musikerkollegen helfen ihr, vor allem die polnische Sängerin Olena Ogina unterstützt sie nach Kräften. Für den 18. Januar 1942 wird ein Konzert mit Ljuba Lewicka angesetzt, auf Einladung von Abraham Sutzkever und der „Initiativgruppe für jiddische Künstler im Ghetto" trägt sie jiddische Lieder vor – laut Herman Kruk soll sie auch deutsche Lieder eingeübt haben, falls es die deutschen Gäste danach verlangen würde. Weitere Konzerte folgen am 27. Mai 1942 sowie am 23., 29. und 30. August 1942. Als vom Dirigenten Avrom Sliep und der Pianistin Tamara Girszowicz im Ghetto eine Musikschule eingerichtet wird, übernimmt Ljuba den Unterricht in der Klasse für Gesang.

Ljuba Lewicka arbeitet tagsüber in einer Werkstatt, die Oskar Schönbrunner, dem Oberzahlmeister und Leiter der Abteilung IVa bei der Feldkommandantur Wilna, untersteht. Schönbrunner, geboren 1908 im nordbayerischen Weinzierl, Bezirk Griesbach, kennt Murer persönlich, an den er sich einige Male mit der Bitte wendet, ihm doch Juden aus dem Lukiškes-Gefängnis zur Arbeit zur Verfügung zu stellen. Murer, so Schönbrunner in seiner Aussage 1947 im Münchner Büro der Juristischen Abteilung beim Zentralkomitee der befreiten Juden in der US-Zone Deutschlands, habe dies jedes Mal mit dem Hinweis abgelehnt, dass die anhängigen Verfahren gegen diese Leute erst entschieden werden müssten. Eines Tages habe Ljuba Lewicka ihn nach Arbeitsschluss gebeten, doch zirka ein halbes Pfund Erbsen aus seiner Werkküche nach Hause mitnehmen zu dürfen. Schönbrunner hat nichts dagegen, die Sängerin steckt die Erbsen zu sich. Dann sei Folgendes geschehen: „Beim Verlassen der Werkstatt wurde sie von Murer auf der Straße gestellt, sie ging mit ihrer Freundin, die sie begleitete, in ein Haus. Murer ging ihr nach, durchsuchte sie und als er die Erbsen bei ihr fand, ließ er sie in das Gefängnis Lukiszki einliefern. Die Freundin der Lewicka erzählte mir am anderen Morgen den Vorgang in der Weise, dass die L. sich anfangs weigerte, Murer die Erbsen zu zeigen, und nur auf Bedrohung mit der Pistole den Inhalt herzeigte. Meine wiederholten Bemühungen bei Murer, die Lewicka von dem Gefängnis wieder frei zu bekommen, wurden von Murer abgewiesen. Einige Tage später erfuhr ich, dass L. von dem Gefängnis nach Ponary gebracht und dort erschossen wurde." *(Zitiert nach der eidesstattlichen Erklärung von Oskar Schönbrunner, VWI.)*

Schönbrunner, der nach dem Krieg in München lebt und in der Hessstraße 108 gemeldet ist, bekräftigt in seiner Aussage die judenfeindliche Haltung Murers: „Bei einer gelegentlichen Besprechung mit Murer erklärte mir dieser, dass ich überhaupt den Juden gegenüber nicht so tolerant sein solle und mich ihnen gegenüber streng und abweisend verhalten solle." Er habe sich deshalb in der Folge nur mehr an den „SD-Führer" Rolf Neugebauer gewandt, der aber nicht immer entscheiden habe können und „vielfach" vom Gebietskommissariat abhängig gewesen sei.

Moses Feigenberg in seiner Schrift *Wilna unter dem Nazijoch*: „Die Lebensmittel-Beschlagnahmungen führte der Mörder Murer vom Gebietskommissariat aus. Eines Tages, als der erwähnte Murer bei den von der Arbeit in der Stadt Zurückkehrenden eine Kontrolle durchführte, nahm er die berühmte Sängerin Ljuba Zublewicka (Lewicka) fest, bei der er 1 kg Erbsen fand … Die Bemühungen der Ghettovorsteher, sich für Ljuba Lewicka einzusetzen, verliefen erfolglos. In Ponary endete ihr Leben." In einer richterlichen Vernehmung am 13. November 1962 bestätigt Martin Weiss diese Aussage, ebenso am 10. Juni 1963 bei seiner Einvernahme als Zeuge in der Hauptverhandlung gegen Franz Murer. Dieser leugnet wie gewohnt, die Sängerin gekannt, geschweige denn verhaftet zu haben. Er verschweigt auch, dass er bereits vom sowjetischen Militärgericht in Wilna des Mordes an der Sängerin schuldig geprochen worden ist. Zu seinem Glück ist dem Staatsanwalt entgangen, dass der Fall Lewicka auch im Prozess gegen Angehörige des Einsatzkommandos 3 im Jahr 1961 Erwähnung gefunden hat. So sagt die Zeugin Moshe Nodel am 25. Mai 1961 aus: „Ich weiß, daß der Kommandant der jüdischen Polizei, Gens, sich um den Austausch der Ljuba Lewicka gegen einen alten kranken Mann bemühte, um sie auf diese Art zu retten, aber Murer war dagegen" *(EK 3 Verfahren, Bd. 29, Bl. 8.362, zitiert nach Christoph Dieckmann, Deutsche Besatzungspolitik in Litauen.)* – eine Aussage, mit der die Anklage Murers Strategie des konsequenten Leugnens hätte erschüttern können. Sie belegt glaubhaft, dass Murer tatsächlich für den Mord an der Sängerin verantwortlich war: Ljuba Lewicka und sechs weitere Juden werden auf Weisung des Gebietskommissariats am 27. Januar 1943 in Ponary erschossen, unter ihnen der Bundist Monye Stupel und eine Mutter mit zwei Kindern, deren „Verbrechen“ darin bestand, dass sie sich als „Arier“ ausgegeben hatten. Der Brigadier Vitin wird exekutiert, weil er Brandy in das Ghetto geschmuggelt hat.

Über den Tod der Sängerin kursieren bald unterschiedliche Versionen, Mascha Rolnikaite berichtet in ihrem Tagebuch Folgendes: „Man erzählt sich, sie habe im Gefängnis gesungen. Nicht einmal die gemeinen, finsteren Aufseher haben es ihr verboten. Sie hat die ganze Zeit auf Rettung gehofft. Doch die Tage vergingen, die Kräfte schwanden und damit auch die Hoffnung. Aber sie brauchte sich nicht lange im Gefängnis zu quälen – noch nicht einmal zwei Wochen. Sobald sich ein paar solcher angeblicher Verbrecher angesammelt haben, werden sie auf einem offenen Wagen nach Ponary gebracht. Lyuba hat den ganzen Weg gesungen. Auf der Fahrt durch die Straßen schlug sie der Begleitsoldat, um sie am Singen zu hindern. Aber keine Macht der Welt konnte diese plötzlich erstarkte Stimme zum Schweigen bringen. Und wie sie gesungen hat! Ein Lied nach dem anderen, den ganzen Weg. Noch an der offenen Grube sang sie ihr Lieblingslied ‚Zwei weiße Täubchen‘ *(Cwei taibelach – Anm. J. S.)*, doch sie konnte es nicht mehr zu Ende singen …“ *(Zitiert nach Mascha Rolnikaite, Ich muss erzählen.)*

Die tödlichen Schüsse auf Ljuba Lewicka, so Abraham Sutzkever, habe aber in Ponary nicht Martin Weiss abgefeuert, sondern dessen 30-jährige Geliebte Ellen (auch: Helen) Degner, die Weiss zu dieser „Aktion“ mit nach Ponary genommen habe. Ellen Degner, die „Gestapofrau“, sei es gewesen, die persönlich die Ermordung der Sängerin übernommen habe, Weiss und Murer hätten die Tat im Feldstecher beobachtet: „Als sie durch den Drahtzaun gingen, der die Gruben umgab, blieb Ellen stehen und befahl Ljuba, sich nackt auszuziehen. Da die Sängerin es nicht gleich tat, zückte Ellen einen Spieß und drohte, ihr die Augen auszustechen. Dasselbe Mittel pflegte Weiss zu benutzen, und fast immer hat es geholfen. Ljuba zog sich aus, ging nackt in die Grube. Dort lagen Tote mit Kalk übergossen. Von der Seite schauten Weiss und Murer durch ihre Monokel zu. Ellen Degner, die ehemalige Studentin der Hamburger Universität, nahm lachend die Maschinenpistole, und mit einer Serie von Schüssen hat sie Ljuba durchschnitten." Marc Dworzecki, der diesen Mord in seinem Buch *La Victoire du Ghetto* ebenfalls erwähnt, nennt die Gestapoagentin aus Hamburg „Rebner" und erwähnt noch, dass sich Martin Weiss mit Vorliebe schöne junge Menschen zum Erschießen ausgesucht habe.

Yitzhak Rudashevsky notiert am 29. Januar 1943 in seinem Tagebuch: „Das Getto ist heute voll Trauer wegen der Nachricht, dass Lyuba Levitska (sic!) und Stupel, die vor kurzem verhaftet wurden, im Gefängnis erschossen worden sind. Bis jetzt hatte man immer noch geglaubt, sie befreien zu können. Man erzählte, dass Lyuba Levitska für ein Stück Brot vor den Gefängniswärtern sang. Sie sang in den Zellen, bis man ihren Lebensfaden abschnitt. Und so ist dieses Talent vergangen …"

Helene Holzman erzählt in ihren Aufzeichnungen, dass Ljuba Lewicka davon überzeugt gewesen sei, dass sich die „jüdische Verwaltung" erfolgreich für sie einsetzen würde: „Sie sang im Gefängnis ihren Leidensgefährten vor, erfand Lieder, mit denen sie später ihre Befreiung feiern wollten, ermunterte und tröstete die anderen. Aber wie immer haßten die Deutschen an den Juden nichts so sehr als ihr hohes Talent. In der Nacht vom 27. zum 28. Januar 43 wurde sie erschossen." *(Zitiert nach Helene Holzman, „Dies Kind soll leben".)*

Am 4. Februar 1943 gibt es „neue Aufregung" im Ghetto und dieses Mal trifft es den Judenrat selbst. Yitzhak Rudashevsky berichtet in seinem Tagebuch: „Murer hat Fried, den ‚Getto-Präsidenten', aufgesucht und bei ihm 4 kg Süßigkeiten gefunden. Fried wurde von Murer verhaftet. Das ganze Getto ist aufgebracht über den alten (Despoten), der in seinem Arbeitszimmer sitzt wie auf einem Thron mit Süßigkeiten neben sich. Abends wurde Fried heruntergebracht und sofort von seinem Amt entbunden." *(Zitiert nach VEJ, Bd. 7)*

Zwei Wochen später, am 19. Februar 1943, steht der Steirer wieder am Eingang zum Ghetto. Grigorij Schur berichtet: „Franz Murer kontrolliert am Tor Liza Sch., sie hat einige Kilo Kartoffeln bei sich. Er reißt ihr das Kleid vom Leib und verabreicht ihr eigenhändig fünfzehn Hiebe mit einem Gummiknüppel."

Der Mörder mit der Brille: Martin Weiss

„Später werdet ihr auch getötet": SS-Mörder Martin Weiss kennt keine Gnade.

Martin Weiss, geboren am 21. Februar 1903 in Karlsruhe, kommt aus einer angesehenen Handwerkerfamilie. Sein Vater ist Klempnermeister und auch für Sohn Martin – er hat noch sieben Geschwister – ist nach dem Besuch der Bürgerschule eine solide Laufbahn als Spengler und Installateur vorgesehen. Er legt die Gesellenprüfung ab, spezialisiert sich vor allem im Heizungsbau und verbringt seine Freizeit mit Ausflügen beim „Wandervogel". Von 1923 bis 1927 lebt er mit seinem älteren Bruder in Argentinien und Paraguay, nach seiner Rückkehr legt er an der Spengler- und Installationsfachschule in Karlsruhe die Meisterprüfung mit sehr gutem Erfolg ab. 1928 stirbt der Vater, zusammen mit einem Bruder übernimmt Martin Weiss den väterlichen Betrieb und beweist wirtschaftliches Geschick – das Geschäft floriert, der junge Klempnermeister erfreut sich bester Reputation. 1930 heiratet er, 1931 kommt das erste von drei Kindern zur Welt. Angeblich ist es dann seine „Neigung zum Reitsport", die ihn in Kontakt mit den Nazis bringt: 1934 tritt er der Reiter-SS in Karlsruhe bei, der Geist, der hier herrscht, gefällt ihm – 1937 tritt er der NSDAP bei.

Im September 1939 wird Martin Weiss als SS-Angehöriger zur Waffen-SS eingezogen, seine handwerklichen Fähigkeiten ersparen ihm einen Fronteinsatz – er kommt zu einer Werkstattkompanie der SS-Verfügungstruppe. Nach dem Ende des Frankreichfeldzuges wird er im August 1940 aus dem Wehrdienst entlassen und kehrt zurück in seinen Betrieb, doch schon Ende Februar 1941 rufen wieder die Kameraden von der SS: Martin Weiss wird im nordsächsischen Ausbildungslager Düben auf seinen Einsatz im Osten im Rahmen der Einsatzgruppe A vorbereitet und schließlich nach Beginn des „Unternehmens Barbarossa" dem Einsatzkommando 3 in Kowno und von hier dem Teilkommando a in Wilna zugeteilt. Sein Aufgabengebiet im „Judenreferat" der Abteilung IV: Er muss dafür sorgen, dass die Ermordung der jüdischen Männer, Frauen und Kinder im Rahmen der diversen „Aktionen" möglichst problemlos abläuft. Für die Erschießungen steht ihm ein kaserniertes Polizeisonderkommando zur Verfügung, das aus litauischen Freiwilligen besteht. Dieses „Sonderkommando", das eine Stärke von 45 bis 50 Mann besitzt, bewacht auch das Ghetto, Martin Weiss ist daher auch den Bewohnern des Ghettos gut bekannt, sie erblicken in ihm einen der „Herren des Ghettos". Zusammen mit dem erwähnten Baltendeutschen August Hering, einem gelernten Motorenschlosser, befehligt Weiss das litauische Sonderkommando bei den Durchsuchungen des Ghettos – Menschen, die keinen Arbeitsausweis besitzen, Alte und Kranke werden von ihm persönlich zur Exekution bestimmt und auf dem Marsch in den Tod nach Ponary begleitet.

Weiss, so stellt das Landgericht Würzburg 1950 im Prozess gegen ihn fest, ist bei der Erschießung von mindestens 30.000 Menschen anwesend. Er überwacht und kontrolliert alle einzelnen Maßnahmen an den Todesgruben wie die Aufstellung der Posten und die Heranführung der Opfer, er gibt die Befehle zum Schießen und achtet darauf, dass die eintreffenden „Transporte" „restlos" vernichtet werden. Über den Verlauf der Massenerschießungen erstattet er seiner Dienststelle mündlich und schriftlich Bericht, pflichtbewusst nennt er die Zahl der Menschen, die „sonderbehandelt" worden sind.

Längst ist Weiss auch selbst auf den Geschmack des Todes gekommen. Er tötet auch im Ghetto selbst und in den Ghettos in der Umgebung von Wilna. Sieben Einzelmorde werden im Prozess gegen ihn zur Sprache kommen. Der Mann, dem die Zeugen im „normalen bürgerlichen Leben" „Anständigkeit, Fleiß, Hilfsbereitschaft, Gewissenhaftigkeit und Sinn für das Edle und Gute" bescheinigen, habe sich, so das Gericht in den Ausführungen zum Strafausmaß, in „innerer Übereinstimmung mit der massenmörderischen Aufgabe der Einsatzgruppen" befunden. Bei allem, was er tat, habe er eine „abgrundtiefe Gefühllosigkeit" gezeigt, die „zu keiner Gnade und Schonung fähig war". Die Zeugin F., die zusammen mit anderen jüdischen Frauen und Mädchen in der Dienststelle von Weiss zur Zwangsarbeit eingesetzt war, berichtet, dass er oft mit blutverschmierter Uniform aus Ponary zurückgekommen sei und mit zynischem Hohn keinen Hehl aus seiner mörderischen Tätigkeit gemacht habe: „Jetzt habe ich Eure Väter, Eure Mütter oder Eure Schwestern getötet. Euch brauche ich noch zum Schaffen. Aber später werdet ihr auch getötet." *(Zitiert nach Justiz und NS-Verbrechen, Bd. 6, Lfd. Nr. 192)*

Hinrichtungsstätte Ponary: Über eine fahrbare schmale Holztreppe wurden die Opfer in die Todesgrube getrieben.

„Iß und trink, denn morgen werden wir sterben!“

„Wenn ich heute an das Ghetto zurückdenke“, erzählt Jetta Schapiro-Rosenzweig in ihren „Überlebens-Erinnerungen“, „hör ich immer den gleichförmigen Rhythmus, mit dem die Holzschuhe der Arbeitskolonnen auf dem Straßenpflaster klangen, am Morgen, wenn die Menschen zur Arbeit gingen, und am Abend, wenn sie zurückkamen. Noch heute – in der Erinnerung – liegt für mich im Klicken der Holzschuhe die ganze Verzweiflung jener Tage. Es war eine Verzweiflung, die in alle Bereiche unseres Lebens drang, sie drang durch die Poren unserer Haut bis in unsere innersten Gedanken. Nur wenige hofften auf irgendwelche Verbesserungen, keiner glaubte mehr an ein Glück.“ *(Zitiert nach Jetta Schapiro-Rosenzweig, Sag niemals, das ist dein letzter Weg.)* Viele leben daher nach dem Motto: „Iß und trink, denn morgen werden wir sterben!“ Wer sich noch Wein oder Wodka verschaffen kann, ertränkt seine Verzweiflung in Alkohol, auf den Dachböden blüht die Prostitution – „genießen, genießen, alles in sich hineinschlingen, so viel es ging, wann immer es ging, wo es nur möglich war!“. (Jetta Schapiro-Rosenzweig)

Über dieser Welt, daran gibt es keinen Zweifel, lastet wie ein dunkler Schatten Franz Murer. Schoschana Rabinovici fasst ihre Erfahrungen so zusammen: „Murers Name allein weckte im Ghetto Angst und Schrecken. Niemand von uns wagte sich auf die Straße, wenn wir gehört hatten, dass Murer sich im Ghetto befand. Man erzählte Schreckliches über diesen Mann, der verantwortlich war für den Mord an vielen Wilnaer Juden.“ *(Schoschana Rabinovici, Dank meiner Mutter.)*

Es sind Kleinigkeiten, Unachtsamkeiten, die den Menschen im Ghetto zum Verhängnis werden können. Und manchmal braucht man einfach auch etwas Glück, wie Jetta Schapiro-Rosenzweig erzählt. Zusammen mit ihrem Mann Jascha und ihrer kleinen, 1938 geborenen Tochter Tamar lebt sie in einem Zimmer mit der Familie von Esther Schkolnitzki, einer „gutherzigen" jungen Frau, die dafür bekannt ist, dass sie pedantisch auf Sauberkeit achtet, sogar die deutschen Kontrolleure loben diese als vorbildlich.

Die Schapiros sind in Ponary, wo sie ein Haus besessen haben, Zeugen der ersten Judenerschießungen im „Hinrichtungswald" geworden und glauben, im Ghetto sicherer zu sein als außerhalb, das Versteck auf dem Dach eines Wilnaer Nonnenklosters mussten sie aufgeben, da es von der Gestapo beschlagnahmt wurde. Seit dem März 1942 leben sie nun im Ghetto und sind glückliche Besitzer von gelben Scheinen, die ihnen vorerst „ein Anrecht zu leben" sichern. Und bald ist ihnen auch der Name Franz Murer ein Begriff.

Eines Tages bringt Jascha 20 Eier mit nach Hause – in diesen Tagen des Hungers ein wahrer Schatz: „Dauernd schauten wir sie an und waren entzückt; wir bewunderten sie wie die schönsten Blumen." 10 Eier geben die Schapiros an Esther weiter, normalerweise werden diese zusätzlich „organisierten" Lebensmittel dann in ein Versteck beim Fenster gegeben, doch am nächsten Morgen vergisst Jetta, die vor der Arbeit noch ihre Tochter versorgen muss, darauf – und dann erfährt sie, dass ausgerechnet für diesen Tag Franz Murer eine Kontrolle der Zimmer angeordnet hat. Jetta, die noch das Schicksal Ljuba Lewickas vor Augen hat, hofft, dass Esther die Eier vielleicht versteckt haben würde, doch ihre Zimmergenossin widmet sich wie immer dem Putzen und dann der Körperpflege – sie stellt eine Schüssel Wasser bereit, um sich zu waschen. Am Abend erfährt Jetta dann, was passiert ist: „So wie sie halb nackt dastand, kam Murer (Jetta Schapiro-Rosenzweig schreibt „Moirer") mit seiner Begleitung herein. Er schaute sie an und seine Begleiter schauten auch. Dann fragte er sie, warum sie nicht bei der Arbeit sei, und sie antwortete, sie arbeite nachts. Dann haben sich alle umgedreht und haben das Zimmer verlassen. Zum Glück waren sie so geblendet von ihrem Körper, daß sie nichts anderes bemerkten. Esthers schöner Körper hat uns allen das Leben gerettet." *(Zitiert nach Jetta Schapiro-Rosenzweig, Sag niemals, das ist dein letzter Weg.)*

Jetta Schapiro, die im Verpflegungsamt arbeitet und gewisse Privilegien genießt, hat für ihren Mann, der am Bahnhof in Ponary beschäftigt ist und jeden Morgen mit seiner Kolonne hinaus vor die Stadt fährt, eine *kompress* genäht, eine Art doppeltes Korsett, das man unter der Kleidung auf der nackten Haut trägt und in dem man unbemerkt Mehl, eine Flasche Milch oder andere Lebensmittel ins Ghetto schmuggeln kann. So wie die 20 Eier werden alle Dinge mit Esther Schkolnitzki, ihrem Mann Chaim und dem Sohn Bobke geteilt. Eines Tages schöpft der Kontrollposten am Ghettotor jedoch Verdacht – Jascha muss ins Wachzimmer mitkommen und seine Hosen runterlassen: „Da fielen all die Gurken – es waren 60 Stück – auf den Boden. Das war so komisch, daß alle zu lachen anfingen. Ihm aber war das Lachen vergangen. Als sie aber merkten, daß er mein Mann war, ließen sie ihn laufen. Aber die Gurken haben sie beschlagnahmt. Zum Glück bekam er keine Schläge, aber unser ganzes Geld war mit den Gurken dahin."

Nicht immer, vor allem nicht, wenn Franz Murer am Tor steht, verlaufen die Kontrollen so glimpflich. Auch davon weiß Jetta Schapiro-Rosenzweig zu erzählen: „Eines Tages wurde mir befohlen, zur Wachstelle zu kommen. Ich ging mit meinen zwei Helferinnen. Eine davon hieß Asia, sie wurde später bei der Auflösung des Ghettos von Partisanen erhängt. Als wir dort ankamen, trafen wir auf unseren größten Feind, das war Moirer – ‚der Hund' – ein Mann von der Gestapo. Sie kontrollierten nun jeden, der das Ghetto betrat, und jeder, der mehr als 10 Mark bei sich hatte, wurde zur Prügelstrafe verurteilt, und das Geld wurde ihm natürlich abgenommen. Wir mußten uns an lange Tische setzen und das Geld zählen. Aus dem Strafzimmer drangen die Schreie der Ausgepeitschten zu uns herein. Plötzlich brachten sie einen jüngeren Mann herein. Wir alle kannten ihn, er war Arzt. Ich sah, wie sie ihm eine größere Summe Geld aus der Tasche zogen. Mir flimmerte es vor den Augen, mir wurde heiß. Moirer merkte das und durchbohrte mich mit seinem Blick, und ich sagte schnell ohne nachzudenken: ‚Der Mann ist ein Verwandter von mir!' Moirer flog herum und sagte zu Lewas: ‚Dieser Mann wird seine Strafe hier bekommen, nicht in dem anderen

Zimmer.‘ Und mit einem Seitenblick auf mich: ‚Damit auch die verwandte Dame es mit ihren eigenen Augen sehen kann.‘

Sie rissen ihm Jacke und Hose herunter. Die Polizisten hielten ihn fest, während Lewas mit seiner Peitsche auf ihn einschlug. Der Mann begann zu schreien. Seine Schreie waren entsetzlich – und wenn ich auch mit dem Mann nicht verwandt war – meine Kraft reichte nicht aus, dieses Grauen zu ertragen. Ich fiel zu Boden, landete unter dem Tisch und verlor das Bewußtsein. Als ich erwachte, lag ich in Lewas Zimmer. Ich merkte, dass ich vollkommen durchnäßt war, sie mußten einen Eimer Wasser über mich gekippt haben. Lewas stand vor mir, die Peitsche noch in der Hand. Er sagte: ‚Dein Glück, daß Du unter den Tisch gefallen bist! Hätte Moirer dich erwischt, als Du hingefallen bist, hättest Du jetzt zwei Kugeln im Kopf!‘ Moirer war gerade einmal hinausgegangen, und den Moment hatten zwei jüdische Polizisten genutzt, um mich in Lewas Zimmer zu tragen.“ *(Zitiert nach Jetta Schapiro-Rosenzweig, Sag niemals, das ist dein letzter Weg.)*

Jetta Schapiro-Rosenzweig und ihre Tochter Tamar, die gemeinsam „durch die Hölle gehen“, überleben die deutsche Besatzung und kehren nach der Befreiung Wilnas in ihre Heimatstadt zurück, 1948 wandern sie nach Israel aus. Jascha Schapiro stirbt kurz vor Kriegsende in einem deutschen Konzentrationslager.

Der Tag des Jüngsten Gerichts: die Wilna-Kaunas-Aktion

Der 4. April 1943 ist ein Sonntag. Um fünf Uhr nachmittags treffen in Ponary vier Lastwagen mit litauischen Polizisten ein. Sie haben zwei Kisten Wodka mit und werden von deutschen Gestapoleuten begleitet, unter ihnen ist auch Martin Weiss, der SS-Killer mit der Brille. Ein Teil der Litauer ist verkleidet – die Männer tragen Gestapouniformen oder schwarze Mäntel –, der andere Teil steckt, wie Kazimierz Sakowicz in seinem Versteck am Dachboden erkennen kann, in sogenannten „Smetona"-Uniformen aus der Zeit der litauischen Regierung vor 1940: dunkelblauen oder grünen Mänteln und Mützen mit roten Bändern.

Die Bewohner von Ponary sind nervös, ja, haben Angst, sie ahnen, dass hier eine „Aktion" vorbereitet wird. Bereits in den letzten Märztagen hat sich die Gestapo auf dem Bahnhof von Ponary herumgetrieben und die Gleisanlagen inspiziert, einer der Deutschen hat gefragt, wie viele Güterwaggons auf das Nebengleis passen würden. Sakowicz beobachtet, wie die Gestapoleute die seinem Anwesen nächstgelegene Grube inspizieren und dann tiefer ins Gelände vordringen, während sich die Litauer im Dorf umsehen – ihre Versuche, mit den Dorfbewohnern ins Gespräch zu kommen, scheitern: Ponary wird von Polen bewohnt.

Dann schlägt „wie ein Blitz" die Nachricht ein, dass „Juden aus Wilna auf das Nebengleis gebracht und dann erschossen werden sollen". Sakowicz hört, wie im Dunkeln eine Lokomotive am Bahnhof einfährt, die hier abgestellten Güterwaggons ankoppelt und abfährt. Nach einiger Zeit kommt ein Zug aus Wilna an, der nicht weiterfährt, Sakowicz glaubt zu hören, dass er rangiert wird. Die litauischen Polizisten haben inzwischen ein Feuer angezündet, erst nach Mitternacht gehen sie schlafen.

Am nächsten Morgen wacht Kazimierz Sakowicz schon früh auf, es ist bereits hell, als er seinen Beobachtungsposten bezieht: „Gegen 6 Uhr kamen Autos mit Gestapo-Offizieren. 4 Güterwagen wurden entriegelt und man hieß die Juden ohne ihr Gepäck aussteigen. Eine dichte Kette von Litauern und Gestapo-Männern umgab sie. Mit ungefähr je 5–6 Personen in einer Reihe nebeneinander brach man auf. (…) Ein Teil des Menschenzuges wurde an der ersten Grube angehalten. Der andere Teil, die Hälfte der Gruppe, ging weiter. Aus dieser zweiten Hälfte der Kolonne flüchteten wieder einige Waghalsige, als sie eine Stelle mit dichtem Wald erreichten.

Die erste Hälfte der Gruppe, die vor der ersten Grube stand, muss sich ausziehen. Weinen, Stöhnen, Flehen, manche werfen sich den Litauern und den Deutschen zu Füßen. Diese verteilen Fußtritte und erschießen einige der aufdringlichsten (Personen). Unter Schlägen ziehen (die Opfer) sich ca. 10 m von der Grube entfernt aus.

Die Juden, die nur Lumpen anhaben, ziehen sich nicht aus. Man treibt sie in die Grube und die am Rande stehenden Litauer fangen an zu schießen. Dann schleppt ein Mann, der sich bereits halbwegs entkleidete, eine anscheinend ohnmächtige oder vielleicht am Herzanfall verstorbene Frau an den Füßen in die Grube, dem Befehl eines Deutschen gehorchend. Nachdem er die Frau in die Grube gestoßen hat und sich umdreht, schießt ihm ein Litauer aus unmittelbarer Nähe in den Kopf. Man sieht genau, wie der Schädel zerbirst und der Mann wie ein gefällter Baum umstürzt. Gleichzeitig werden die restlichen Juden geschlagen und schon müssen 5 Personen, (darunter) eine Frau und 3 Mädchen, sich an den Rand der Grube hinstellen, mit dem Gesicht zum Abhang. Der Litauer mit dem Revolver schießt von hinten und alle verschwinden in der Grube.“ *(Zitiert nach Margolis, Die geheimen Notizen des K. Sakowicz.)*

Sakowicz, der in seinen Aufzeichnungen diesen 5. April 1943 den „Tag des Jüngsten Gerichts“ nennen wird, beobachtet, wie Gruppe um Gruppe aus den Güterwaggons geholt und getötet wird, insgesamt 2.500 Menschen. Um 11 Uhr vormittags sind die 49 Waggons des Güterzugs leer, eine Lokomotive kommt und zieht sie aus der Station, zurück bleibt ein „riesiger Haufen von Sachen, Kissen, Matratzen, Kinderwagen, irgendwelche Körbe, Koffer, Küchengeschirr, sehr viele Säcke voller Kartoffeln, Brotlaibe, Kleidung“ – die Hinterlassenschaften von Menschen, die man grausam getäuscht hat: Sie glaubten tatsächlich, in das Ghetto von Kaunas „umgesiedelt“ zu werden.

Auf dem Bahnhof Ponary fährt zu Mittag ein neuer Güterzug ein, wieder sind die Waggons, es sind diesmal 34, voll mit jüdischen Opfern, wieder wird Gruppe um Gruppe zu den Gruben geführt und ermordet, nur wenigen gelingt die Flucht. Um vier Uhr nachmittags sind die Waggons leer. Vier Juden, die man noch am Leben gelassen hat, müssen die Kleidung der Opfer aufräumen und anschließend die Leichen in den Gruben mit Kalk und dann mit etwas Erde bestreuen. Als sie damit fertig sind – die Arbeit dauert etwa eine Stunde lang –, gehen sie „von alleine“ in die Grube und werden erschossen.

Nach dem Ende des Massakers bemerkt Sakowicz einen Jungen, etwa 10 bis 12 Jahre alt, der auf sein Haus zukriecht. Der Journalist und seine Frau versorgen den am Bein Verletzten mit Wasser und Brot und geben ihm zur Beruhigung etwas Baldrian. Der Junge, der aus dem Ghetto von Oszmiana (Ašmena) stammt, erzählt, dass seine Mutter ihn am Rande der Grube zur Flucht aufgefordert habe, auch seine Schwester sei dort gestanden. Sie bringen ihn zu einer Nebenstraße, von dort muss er sich alleine durchschlagen – sein weiteres Schicksal bleibt in Dunkel gehüllt.

Bereits am Vormittag des 5. April werden im Ghetto Vermutungen laut, dass die Züge, die nach Kaunas fahren sollten, nur bis Ponary geführt worden seien. Ein weiteres schlimmes Vorzeichen:

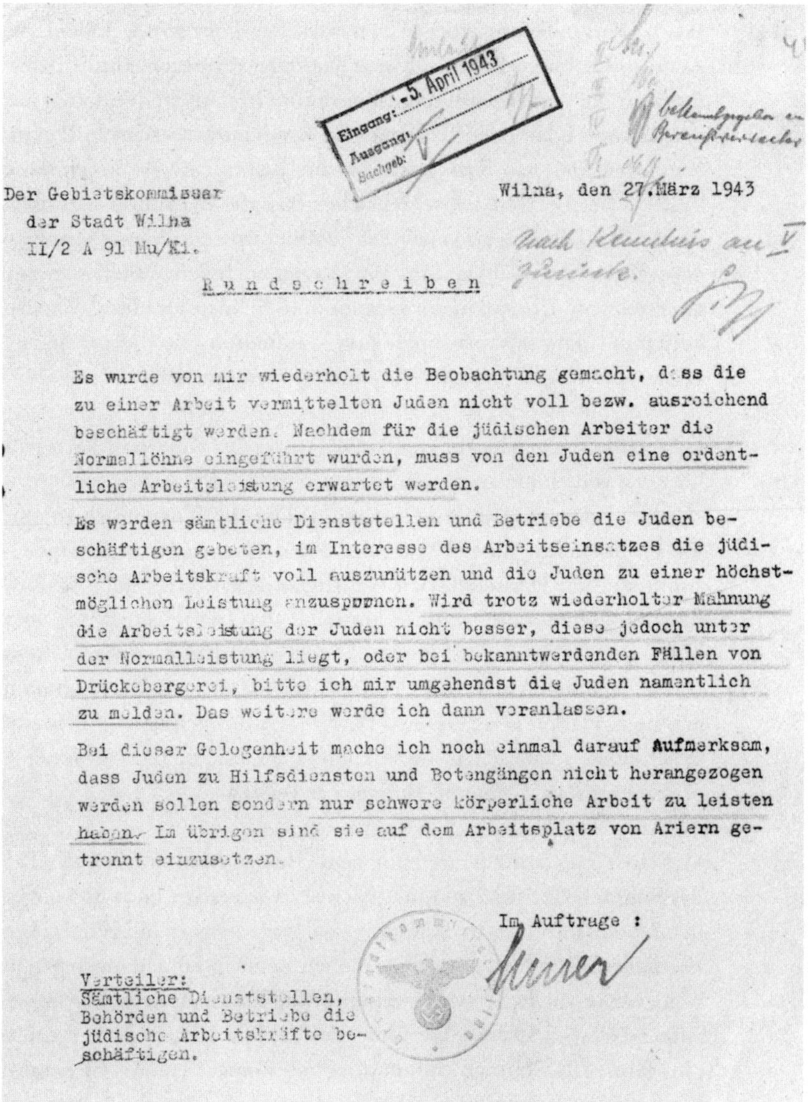

Eingang: -5. April 1943
Ausgang:
Sachgeb.: V

Der Gebietskommissar
der Stadt Wilna
II/2 A 91 Mu/Ki.

Wilna, den 27.März 1943

R u n d s c h r e i b e n

Es wurde von mir wiederholt die Beobachtung gemacht, dass die zu einer Arbeit vermittelten Juden nicht voll bezw. ausreichend beschäftigt werden. Nachdem für die jüdischen Arbeiter die Normallöhne eingeführt wurden, muss von den Juden eine ordentliche Arbeitsleistung erwartet werden.

Es werden sämtliche Dienststellen und Betriebe die Juden beschäftigen gebeten, im Interesse des Arbeitseinsatzes die jüdische Arbeitskraft voll auszunützen und die Juden zu einer höchstmöglichen Leistung anzuspornen. Wird trotz wiederholter Mahnung die Arbeitsleistung der Juden nicht besser, diese jedoch unter der Normalleistung liegt, oder bei bekanntwerdenden Fällen von Drückebergerei, bitte ich mir umgehendst die Juden namentlich zu melden. Das weitere werde ich dann veranlassen.

Bei dieser Gelegenheit mache ich noch einmal darauf Aufmerksam, dass Juden zu Hilfsdiensten und Botengängen nicht herangezogen werden sollen sondern nur schwere körperliche Arbeit zu leisten haben. Im übrigen sind sie auf dem Arbeitsplatz von Ariern getrennt einzusetzen.

Im Auftrage :
Murer

Verteiler:
Sämtliche Dienststellen,
Behörden und Betriebe die
jüdische Arbeitskräfte beschäftigen.

Eine Weisung Murers an alle Betriebe und Dienststellen, die jüdische Arbeitskräfte beschäftigen: Juden sollen „nur schwere körperliche Arbeit" leisten (LCVA R-1550-1-6, Bl. 40).

Jakob Gens habe am Morgen den jüdischen Polizisten befohlen, die Züge sofort zu verlassen, an den Fenstern sei Stacheldraht befestigt worden. Am Nachmittag ist es dann Gewissheit: Die Juden aus den kleinen Ghettos in Ašmena und Švenčionys werden in Ponary ermordet. Herman Kruk vermerkt im Tagebuch: „Wenn ich diese Zeilen schreibe, weiß ich schon sicher, dass die Exekution jetzt noch stattfindet. Die Waggons werden geöffnet und die Menschen waggonweise in den Wald geführt, ein Wagen nach dem anderen, einige laufen davon. Überall in der Gegend sind Schüsse zu hören. Bauern berichten, dass sich bei ihnen Juden aufhalten, die das erzählen." *(Zitiert nach Gudrun Schroeter, Worte aus einer zerstörten Welt.)*

Die Schreckensnachricht aus Ponary stürzt das Ghetto in Verzweiflung, zu sehr hatte man sich in den letzten Monaten schon in Sicherheit gewiegt. Jetzt erkennt man, dass die Nazis noch immer töten wollen. Für Rachel Margolis, deren Vater sie in die Rudnickastraße zu den Habseligkeiten der Ermordeten führt, fällt die Entscheidung zum Widerstand – am nächsten Tag bekommt sie vom Vater das Geld für eine Pistole. „Vielleicht gelingt es dir, dich zu retten", sagt der Vater zu ihr, „dann wirst du unseren Nachkommen erzählen, was du gesehen hast. Was sie mit uns gemacht haben, mit unschuldigen Menschen, diese Ungeheuer. Räche dich an ihnen!" *(Zitiert nach Rachel Margolis, Partisanin in Wilna.)*

Was aber hat Franz Murer mit dem Massenmord an diesem „Tag des Jüngsten Gerichts" zu tun? „Nichts!", wird er vor Gericht in Graz behaupten, mit „diesem Transport" habe er nichts zu tun gehabt. Die Formulierung verrät, dass er auch noch zwanzig Jahre danach genau weiß, wovon die Rede ist. Der Staatsanwalt hat einen Zeugen geladen, Ariel Koslowski, der am Vormittag des 14. Juni 1963 anderes erzählt: „Im Jahre 1943 bin ich während meines Ganges zur Arbeit bei der Straßenbahn fortgelaufen. Ich kam dann nach Osmijanje (Ašmena) und bin kurze Zeit geblieben. Dann ist Gens gekommen mit Murer und sagte, man solle keine Angst haben, man bringt uns ins Ghetto. Wir sollen alle Sachen mitnehmen. Wir fuhren dann von Osmijanje, 50 km von Wilna entfernt, in Richtung Wilna. Bei der Ankunft in

Wilna blieb der Zug stehen. Die jüdischen Polizisten sind mit Gens aus dem Zug gestiegen. Wir sind jedoch nach Ponary gefahren. Ob Murer mitgefahren ist, weiß ich nicht. Ich sah ihn in Ponary mit Weiss stehen. In Ponary mussten dann alle Leute schnell aussteigen. Es ist dann von den Leuten verlangt worden, alle Wertsachen auf den Boden wegzulegen. Alle Männer, Frauen und Kinder sollen sich ausziehen. Eine Frau und ein Kind wollten sich nicht ausziehen. Im Verlauf dieser Angelegenheit hat Weiss auf die Frau geschossen. Die anderen Leute haben zu laufen begonnen. Die Wachmannschaften sowie Murer und Weiss haben auf diese Leute geschossen. Man hat viele Rufe ‚Halt!' gehört. Ich und viele Leute sind hingefallen. Das Feld war mit Leichen übersät. Die Wachmannschaften haben die Leute mit Maschinengewehren niedergeschossen, es waren Deutsche, Litauer und noch viele andere. Die Leute sind dann hingefallen. Ich habe eine Kugel direkt in meinen rechten Fuß bekommen. Ich bin liegengeblieben, die ganze Zeit. Am anderen Tag ist eine jüdische Gruppe gekommen. Sie hat die Toten gesammelt und angezogen. Mit dieser Gruppe bin ich dann mit noch zwei weiteren Juden in das Ghetto gekommen. Ich habe dann im Ghetto unter falschem Namen, ich glaube Koganowicz, einen neuen Arbeitsschein bekommen. Mit diesem Schein bin ich dann nach Estland gekommen." *(Zitiert nach Gerichtsakt Franz Murer, Steiermärkisches Landesarchiv.)* Als Murer in seiner Antwort zu dieser Zeugenaussage behauptet, nie in Ašmena gewesen zu sein und nie in Ponary an Erschießungen teilgenommen zu haben, es müsse sich also um einen Irrtum handeln, gibt Koslowski nach „Vorhalt der Verantwortung des Angeklagten" an: „Ich kenne den Angeklagten sehr gut und ein Irrtum ist ausgeschlossen." Ariel Koslowski weiß auch noch weitere Details zu berichten: Murer sei mit einem schwarzen Ledermantel bekleidet gewesen und direkt neben Gens gestanden. Er habe nicht gesehen, dass Murer eine Waffe bei sich trage, aber: „Als wir zu laufen begonnen haben, hat sich Murer das Maschinengewehr von einem Soldaten ausgeborgt." *(Zitiert nach Gerichtsakt Franz Murer, Steiermärkisches Landesarchiv.)*

Vom Grazer Gericht nicht berücksichtigt wird die bereits am 20. Juli 1947 erfolgte eidesstattliche Erklärung der Ghettoüberlebenden

Anna Goldberg, die an diesem Tag beim Zentralen Komitee der Befreiten Juden in der US-Zone Deutschland in München, Möhlestraße 12 a, erscheint und angibt, dass unter den Opfern im zweiten Zug auch neun von ihren nächsten Verwandten gewesen seien. Der Bericht Anna Goldbergs, die aus dem UNRRA-Lager in Bad Reichenhall angereist ist: „Die 3.500 Mann wurden in Viehwagen verfrachtet, die Waggons wurden versiegelt und in unbekannte Richtung abtransportiert. Trotzdem gelang es doch einigen Personen, von den Waggons zu flüchten, die später erzählt haben (u. a. auch mir persönlich), dass der Transport nach Ponary bei Wilna gebracht wurde, wo alle Leute erschossen wurden. (...) Beim Abtransport dieser eben genannten Personen waren auch Murer und Weiss anwesend und haben alle Verordnungen selbst gegeben." *(Eidesstattliche Erklärung Anna Goldberg, VWI)*

Am Nachmittag des 5. April ist Murer jedenfalls wieder im Ghetto: Um drei Uhr nachmittags, so berichtet Herman Kruk in seinem Tagebuch, besucht er „seine" Werkstätten und tut so, als „sei nichts geschehen": „Und als sei nichts geschehen, fragte er den halbtoten, erschlagenen Gens: ‚Was gibt's Neues?' Und als Gens ihm die Frage stellte, was er denke, was nun mit dem Ghetto geschehen werde, hat er wie immer ruhig und kalt geantwortet – das Wilnaer Ghetto wird nicht angerührt." *(Zitiert nach Gudrun Schroeter, Worte aus einer zerstörten Welt.)*

Wie Kruk noch festhält, können sich einige Ghettoinsassen tatsächlich mit Murers Worten trösten, es bleibt die Frage, wie sehr er in die Wilna-Kaunas-Aktion verstrickt war. Blicken wir auf die Vorgeschichte der „blutigen Tragödie" (Grigorij Schur): Im März 1943 erhält Jakob Gens von der Gestapo den Befehl, in die kleinen Ghettos des Gouvernements Wilna zu fahren und dort die Juden darüber zu informieren, dass sie zunächst in das Ghetto von Wilna gebracht würden und von dort weiter nach Kaunas. Bei dieser „Umsiedlung", so muss Gens ihnen versichern, könnten sie ihren gesamten Besitz mitnehmen und auch entsprechende Essensvorräte. Die Überführung nach Kaunas sei notwendig, da die kleinen

Ghettos zu dicht an der Front liegen würden und man sie nicht dem Vorwurf aussetzen wolle, dass sie mit russischen Partisanen kollaborierten. Gut möglich, dass Gens bei seiner Fahrt in die Ghettos von Murer begleitet wird, immerhin muss er sich ein Bild von der zu erwartenden Zahl an Neuankömmlingen im Ghetto machen, für das er verantwortlich ist.

Zwischen dem 26. März und dem 2. April treffen aus den Ghettos in Švenčionys, Ašmena und Mikališkes insgesamt 1.250 Menschen ein, bepackt mit ihrem gesamten Hab und Gut. Die Mehrzahl von ihnen wird in Synagogen, Schulen und anderen öffentlichen Einrichtungen untergebracht. Gleichzeitig werden weitere 1.459 Personen aus dem Ghetto von Ašmena in Arbeitslager in der Umgebung von Wilna gebracht. Die noch in den Ghettos von Ašmena, Mikališkes und Salos verbliebenen Menschen werden am 3. und 4. April zum Bahnhof in Salos geführt, die restlichen Insassen des Ghettos von Švenčionys müssen am 4. April in der Bahnstation Nowo-Švenčionys in die bereitgestellten Güterwaggons steigen. Wie geplant, überwachen jüdische Polizisten aus Wilna das „Verladen“, die Waggons werden abschließend von ihnen von außen versperrt, Fensteröffnungen mit Stacheldraht verhängt.

Für das Wilnaer Ghetto hat man sich noch eine besonders heimtückische Falle ausgedacht: Ende März hängt man eine Bekanntmachung aus, mit der man Flüchtlinge aus anderen Ghettos sowie all jene, die Verwandte im Ghetto von Kaunas haben, einlädt, sich dem Transport nach Kaunas bei seinem Zwischenstopp in Wilna anzuschließen. Dazu kursieren Gerüchte, dass die Situation im Ghetto von Kaunas deutlich besser sei – immerhin 340 Leute melden sich daraufhin und lassen sich für die Fahrt nach Kaunas vormerken. Sie werden am Abend des 4. April zum Bahnhof von Wilna geführt und in sechs Waggons „verladen“, die an den Zug aus Salos angekoppelt werden, der einige Stunden später in Wilna eintrifft. Jakob Gens und seine Polizisten steigen in den ersten Waggon, der nicht versperrt wird, um den „Transport“ zu begleiten. Vor Mitternacht verlässt der Zug den Bahnhof in Wilna Richtung Kaunas – noch glauben alle an dieses Ziel, auch Gens, der jedoch angeblich nach der Abfahrt des Zuges aus dem Bahnhof von einem polnischen Eisenbahner erfährt, dass Ponary das eigentliche Ziel des Transports ist. Jetzt dämmert es ihm, dass er von den Deutschen einmal mehr getäuscht worden ist.

Als der Todeszug in Ponary anhält, müssen Gens und seine Polizisten ihren Waggon verlassen, litauische Polizei bringt sie zurück ins Ghetto. Die Menschen im Zug wissen indes noch nicht, dass sie in Ponary sind, umstellt von den litauischen Mördern, die nur mehr darauf warten, dass es hell wird – in der Morgendämmerung werden sie mit dem Morden beginnen …

Inzwischen ist der zweite Zug aus Nowo-Švenčionys in Wilna angekommen, er wird begleitet von Salek Dessler, Gens' Stellvertreter. Fünf Waggons mit Arbeitskräften für das Lager Bezdany werden abgekoppelt, der Zug wartet auf einem Nebengleis auf das Zeichen zur Weiterfahrt. Jetzt, in letzter Minute, gelingt es Gens, doch noch Leben zu retten: Zwei weitere Waggons mit Mitgliedern des Judenrats von Švenčionys und ihren Familien werden abgekoppelt, einigen jungen Männern, denen es irgendwie glückt, aus den Waggons zu schlüpfen, hilft er, unerkannt ins Ghetto zu gelangen. Gegen Mittag fährt der Zug dann ab, das Ziel ist Ponary …

Am Morgen des 6. April kommt Martin Weiss ins Ghetto und verlangt nach 25 jüdischen Polizisten, die ihn nach Ponary begleiten sollen, um dort die Toten zu begraben. SD-Chef Neugebauer versichert Gens, dass für die Juden im Ghetto keine Gefahr drohe, dennoch macht sich unter den Ghettoinsassen wieder Angst breit, man glaubt nicht, dass die Polizisten wieder zurückkommen würden. H. Lazar, einer der für diese Aufgabe ausgewählten Polizisten, berichtet in seinen Erinnerungen über diese Fahrt: „Als wir das Ghetto verließen, glaubten wir, dass dies ein Abschied für immer wäre … Knapp vor Ponary hielt der LKW an und wir mussten zu Fuß weitergehen. Wir sahen Bauern, die in ihre Häuser zurückeilten, gebeugt von der Last auf ihren Schultern – sie profitierten von den Habseligkeiten der Ermordeten. Als wir tiefer in den Wald hineingingen, bot sich unseren Augen ein schrecklicher Anblick: Das gesamte Gelände war übersät mit Leichen und Körperteilen … Weiss brachte uns zu einer enorm großen Grube, die bereits voll mit Toten war. Er befahl uns, sie mit Erde zu bedecken … Einer der Polizisten hielt mit der Arbeit ein und sprach das Kaddisch, das Gebet für die Toten … Als wir mit der Arbeit fertig waren, führte uns Weiss zu einem zweiten Grab … Am Ende nahm er uns mit auf eine Tour über das Gelände und gab uns Erklärungen wie ein Führer durch eine Ausstellung: Hier sind die Gräber der Juden, die 1941 gekidnappt und entführt worden sind, hier ist ein zweites Grab mit den Opfern der ‚Großen Provokation', dann ging er weiter zu den Gräbern der ‚Aktion der gelben Scheine' und der ‚Aktion der rosa Scheine' … Dann deutete er auf ein Grab, in dem Priester begraben lagen, und auf ein anderes mit getöteten russischen Kriegsgefangenen. Zum Abschluss der Tour befahl er uns, die verstreut herumliegenden Toten einzusammeln und in eine Grube zu werfen." *(H. Lazar, zitiert nach Yitzhak Arad, Ghetto in Flames, Übersetzung: J. S.)*

Unter den jüdischen Polizisten aus dem Ghetto ist auch Solomon Garbel, in seinem Bericht über die Fahrt nach Ponary bestätigt er die Aussage von H. Lazar. Von der „Besichtigungstour" zu den Massengräbern bleibt ihm ein Satz von Martin Weiss in Erinnerung: „‚Und da hinten', er zeigte in die Ferne, ‚dort ist noch ein freier Platz. Doch nicht mehr lange. Es gibt immer noch zu viele Menschen auf der Welt.'" Garbel erzählt, dass sie zwischen den Leichen noch lebende Menschen gefunden hätten: „Wir wußten nicht, was wir mit ihnen machen sollten." Es gelingt den Polizisten aber, einen kleinen Jungen, der sich zwischen Lumpen versteckt hat, vor Weiss zu verbergen und ins Ghetto zu bringen. *(Zitiert nach Arno Lustiger, Das Schwarzbuch.)*

Die Polizisten sammeln 300 bis 400 Tote ein und begraben sie, erst um 9 Uhr abends sind sie fertig. Wie Yitzhak Arad berichtet, wird die Arbeit der Ghettopolizisten von den Deutschen fotografiert und gefilmt – möglicherweise hat sich dieses Material noch erhalten?

Aus dem Ghetto werden auf Anordnung von Gens Fuhrwerke nach Ponary geschickt, auf welche die Essensvorräte der Ermordeten und diverse andere Besitztümer verladen und ins Ghetto gebracht werden, wo man diese Güter den Wohlfahrtseinrichtungen des Ghettos zum Verteilen übergibt.

Jakob Gens ist es ein Anliegen, die Tragödie des 5. April „nachzubesprechen", und so versammelt er am 10. April 1943 die „Brigadiers", die Offiziere der jüdischen Polizei und wichtige Persönlichkeiten des öffentlichen Lebens zu einem Meeting, bei dem er Details über die „Wilna-Kaunas-Aktion" berichtet. Als SD und Gestapo im März beschlossen hätten, so sagt er, die kleinen Ghettos im Gouvernement Wilna zu „liquidieren" und die Insassen in das Ghetto von Wilna zu überstellen, habe sich Franz Murer quergelegt: Ihm komme kein einziger Jude neu ins Ghetto. Auf seine, Gens', Intervention hin, habe sich Murer allerdings breitschlagen lassen und einer Aufnahme von 1.000 Juden zugestimmt. Die deutschen Behörden in Kaunas hätten sich sogar zu einer Aufnahme von 5.000 Juden bereit erklärt, diese Zustimmung aber im letzten Moment zurückgezogen. Da auch das Gebietskommissariat Wilna eine Erhöhung der „Quote" entschieden abgelehnt habe, habe der SD eine neue Lösung gefunden – Ponary.

Wenige Tage nach dem Massaker, am 9. April, so bezeugt das Tagebuch von Herman Kruk, taucht Murer wieder im Ghetto auf. Die Menschen erschrecken bei seinem Anblick, beginnen zu laufen – „M. bemerkte es und war zufrieden". Der Steirer begibt sich in die Schneiderwerkstatt, wo er eine kleine Rede hält, ihr Ton ist ungewöhnlich mild: Sie sollen, erklärt er den Arbeitern, ehrlich arbeiten, er gehe jetzt einmal auf Urlaub. Der Kommentar von Herman Kruk: „Die Arbeiter glaubten, dass die Zeit des Messias gekommen ist. M. sprach mit ihnen wie mit Menschen" – ein Indiz dafür, dass Murer mit seiner bisherigen Haltung gebrochen hat? Gab dafür die Wilna-Kaunas-Aktion möglicherweise den Anstoß?

Franz Murer, so scheint es, braucht eine „Auszeit" – er fährt nach Hause zu Frau und Kindern in Gaishorn. Am 25. April 1943 notiert Zelig Hirsh Kalmanovitch in seinem Tagebuch: „Aber der Herr“ – und damit meint er Murer – „ist für einen Monat verreist – in die Ferien gefahren. Fast jeden Tag ist er in die Häuser gekommen und hat nach verbotenen Lebensmitteln gesucht. Etliche Male richteten sich alle auf neue Durchsuchungen ein (unter den Ärzten kursierte das Gerücht, das Krankenhaus solle geschlossen werden). Wenn jemand mit Lebensmitteln erwischt wird, verhaften sie gleich die ganze Familie. Es gab Hinrichtungen. Nach dem großen Mord wurden Einzelne freigelassen. Die Bestie hatte sich genug am Blut berauscht.“ *(Zitiert nach VEJ, Bd. 7)*

Am 1. Mai 1943 ist Franz Murer von seinem Urlaub wieder zurück in Wilna. Am 17. Mai, so Kruks Tagebuch, verteilt er in „glänzender Stimmung“ Zigaretten und fragt, wie es mit der Gesundheit gehe, am 25. Mai steht er noch einmal am Ghettotor und kontrolliert. Eine neue Verordnung ist in Kraft getreten: Wer in die Stadt geht, darf keinen Mantel tragen, um das Schmuggeln zu erschweren. Da es noch relativ kalt ist, eine Schikane, die bei den Ghettoinsassen auf Unmut stößt.

Kriegsoffizier und Fronteinsatz

Im Frühjahr 1943 besucht General Walter von Unruh, Hitlers „Sonderbeauftragter für die Überprüfung des zweckmäßigen Kriegseinsatzes", die Dienststelle des Gebietskommissariats Wilna-Stadt. „General Heldenklau", wie der preußische Adelige in der Wehrmacht spöttisch genannt wird, soll in der Etappe Personal für die Front rekrutieren – in Wilna hat er Glück: Glaubt man Murers Darstellung, so teilt er dem Sonderbeauftragten „gleich beim Besuch unsrer Dienststelle" mit, dass er „zu haben" wäre. Am 1. Juli 1943 verlässt Franz Murer Wilna und rückt zu seiner Einheit ein, zuvor bekommt er jedoch noch Besuch: Jakob Gens überreicht ihm zum Abschied ein handgeschnitztes Schachbrett und macht ihm, so erinnert sich Murer in seiner autobiografischen Skizze, noch ein fragwürdiges Kompliment: Die Juden würden an ihm, Murer, die „größte Stütze" verlieren. Wie immer Gens das auch meint – Murer wird diesen Satz nicht vergessen. „Daran muß ja wohl etwas wahr gewesen sein", vermerkt er in seinen Aufzeichnungen.

Herman Kruk notiert im Tagebuch: „1. Juli: Gestern kam auch das Ende für M. Er wird an die Front versetzt. – 2. Juli: M. ist weg und das Ghetto soll die Hände zum Himmel heben. Er ist derjenige, der uns erniedrigte, gepeitscht und beleidigt hat. Aber an seiner Stelle kommt ein neuer …"

Und als Mascha Rolnikaite vom „Weggang" Murers erfährt, schreibt sie in ihren Aufzeichnungen: „F. Murer wird versetzt. Alle wünschen ihm, daß er auf seinem Weg zum neuen Einsatzort ein schreckliches Ende nimmt. Wer ihn ersetzen wird, weiß keiner." Einige Tage später, inzwischen ist bereits Bruno Kittel, Murers Nachfolger, in Wilna eingetroffen, ergänzt sie: „Vor seiner Abreise aus

Wilna kam Murer noch einmal ins Ghetto. Wir fürchteten, er werde seinen Abschied mit weiteren Opfern ‚krönen'. Zum Glück ist nichts dergleichen geschehen. Man weiß noch nicht einmal, warum er gekommen ist. Vielleicht, um sich ein letztes Geschenk abzuholen?"
(Zitiert nach Mascha Rolnikaite, Ich muss erzählen.)

Es bleibt die Frage, was Murer tatsächlich veranlasst, den Posten an der Seite von Gebietskommissar Hans Christian Hingst aufzugeben. Andeutungen Murers lassen vermuten, dass die Beziehung zu Hingst nicht mehr die allerbeste wahr: „Es bleibt noch zu erwähnen, daß ich zunächst vollstes Vertrauen zu den Dienststellen genossen habe, auch meine Briefe kamen ungehindert an. Nach einem Jahr wurden meine Briefe jedoch fallweise geöffnet und zensuriert. Da dies ja im Aufgabenbereich der Gestapo lag, muß ich annehmen, daß ich überwachungsbedürftig wurde. Aus welchem Grund, konnte ich nicht wissen." Zweifelt die Gestapo an seiner Linientreue?

Murers erste Station bei der Truppe ist die Leichte Flak-Ersatz-Abteilung 92 in Wien-Kagran, von der er sich noch im Juli 1943 zur „besonderen Verwendung" meldet – er will, wie er später in seiner autobiografischen Skizze anführt, zu den Fallschirmjägern, doch vorerst muss er warten: Ab dem 3. August 1943 ist Murer der 6. Batterie der Leichten Flak-Abteilung 837 zugeteilt, neuer Dienstort ist ab Herbst 1943 Pilsen im „Protektorat", die Aufgabe: „Verteidigung kriegs- und lebenswichtiger Anlagen im Heimatkriegsgebiet". Murer verschweigt diese böhmische Episode in seinen autobiografischen Aufzeichnungen, scheint sich aber als Soldat bewährt zu haben – am 1. November 1943 wird er zum Unteroffizier der Reserve befördert. Für den ehrgeizigen Steirer ist dies aber zu wenig. Er, der als Beruf noch immer „Führeranwärter" nennt, strebt jetzt eine Karriere als Offizier an. Seine Vorgesetzten sind damit durchaus einverstanden und so kann er vom 20. Januar 1944 bis zum 13. März 1944 einen „Vorauswahllehrgang" zum „Kriegsoffizier" absolvieren. Die Beurteilung durch den kommandierenden Major fällt überaus positiv aus: „Wertvoller, zielbewußter Charakter, sehr strebsam, dienstfreudig und frisch, gut erzogen, geistig sehr rege mit treffsicherem Urteil, genügendes Allgemeinwissen. Groß und kräftig, gut gewachsen, hart und widerstandsfähig, sportlich geschult. Als Ausbilder stramm und sicher, Eigeninitiative, klare Kommandosprache, als Lehrer überzeugend und geschickt." *(Zitiert nach Bundesarchiv Freiburg im Breisgau, Akt Franz Murer.)*

Dem Lehrgang folgt die Versetzung zum Fallschirm-Artillerie-Regiment 4 der 4. Fallschirmjägerdivision und eine Einschulung an der 10,5-cm-Kanone in Straßburg, dann kann Murer wieder an seinem Karriereziel Offizier weiterarbeiten: Inzwischen hat er am 14. April 1944 eine „Erklärung" unterschrieben, in der es heißt: „Ich bin bereit, die Offizierslaufbahn mit begrenzter Dienstzeit einzuschlagen." Im dafür notwendigen „Nachweis der außerdienstlichen Eignung und arischen Blutreinheit" gibt er als Beruf „Ordensjunker Gutsverwalter" an. Unteroffizier Murer wird am 19. Juni 1944 von der Leichten Flak-Abteilung 837 zur Hauptuntersuchungsstelle der Fallschirmtruppe in Gardelegen versetzt und erhält anschließend die Erlaubnis zum Besuch des 20. Lehrgangs für Kriegsoffiziernachwuchs in der Luftkriegsschule 9, die aus Tschenstochau in den mainfränkischen Ort Werneck verlegt worden ist. Einquartiert wird die Schule im barocken Schloss Werneck, das eine dunkle Vergangenheit hat: 1940 wurden etwa 800 Patienten der hier befindlichen psychiatrischen Klinik in die Tötungsanstalten der Aktion T 4 „evakuiert" und dort ermordet.

Die Ausbildung in Werneck dauert zweieinhalb Monate, vom 14. August bis zum 28. Oktober 1944, am Programm stehen vor allem theoretischer Unterricht und Sport, an fliegendem Gerät stehen in Werneck nur Segelflugzeuge zur Verfügung. Generalmajor der Flieger Fritz Reinshagen (1897–1979), der Kommandeur der Ausbildungsstätte, ist von den militärischen Leistungen Murers angetan, in seiner Beurteilung vom 28. Oktober 1944 schreibt er: „M. hat gute Kenntnisse auf allen Gebieten des praktischen Dienstes. Er arbeitet sehr an sich. Im Gefechtsdienst geschickt, kritischen Lagen gegenüber zeigt er sich entschlossen und lässt taktisches Verständnis erkennen. Er verspricht ein guter Offizier zu werden."

Luftkriegsschule (K.O.N.) 9

TSCHENSTOCHAU
W e r n e c k

Werneck
Tschenstochau, den 28. Oktober 1944

Geheim!

Der Fhr. Murer Franz geb. am 24.1.1912
(Dienstgrad, Name, Vorname)

3./I./Fallschirm-Artillerie-Regiment 4
(Truppenteil nicht abgekürzt)

hat an dem 20. Lehrgang für Kriegsoffiziersnachwuchs

vom 14. August bis 28. Oktober 44 teilgenommen.

Beurteilung

1. **Persönlichkeitswert und charakterliche Eignung:**

Offen und ehrlich, zurückhaltend. Muss mehr aus sich herausgehen. Interessiert, mit ernster Lebens – und Pflichtauffassung. Er ist fleissig und diensteifrig. Im Verkehr mit Vorgesetzten taktvoll. Im Kameradenkreis beliebt.

2. **Geistige Veranlagung:**

Gut veranlagt. Verfügt über eine schnelle Auffassungsgabe. Seine Ausdrucksweise ist klar, seine Gedanken folgerichtig. Er hat Lehr - befähigung.

3. **Körperliche Veranlagung:**

Grosse, schlanke Erscheinung. Ausdauernd und gewandt.

„Ernste Lebens- und Pflichtauffassung“: Murer, so das Fazit der Beurteilung, „verspricht ein guter Offizier zu werden“ (BA-MA Freiburg).

Reinshagen, der eine Übernahme als Kriegsoffizier vorschlägt und eine Verwendung Murers als Zugsführer empfiehlt, vermerkt über dessen „Persönlichkeitswert und charakterliche Eignung": „Offen und ehrlich, zurückhaltend. Muss mehr aus sich herausgehen. Er ist fleißig und diensteifrig. Im Verkehr mit Vorgesetzten taktvoll. Im Kameradenkreis beliebt." Was die „geistige Veranlagung" betreffe, so sei der Kandidat „gut veranlagt". Er verfüge über eine „schnelle Auffassungsgabe", seine Ausdrucksweise sei „klar", „seine Gedanken folgerichtig" – Reinshagen attestiert Murer „Lehrbefähigung", er sei zudem „ausdauernd und gewandt" und „sprungtauglich", er entschließt sich schließlich dazu, den Steirer für eine Beförderung zum Leutnant vorzuschlagen – der Antrag wird genehmigt, das Obekommando der Luftwaffe hat bereits am 11. Oktober seine Zustimmung gegeben. Franz Murer wird mit Wirkung vom 31. Oktober 1944 zum Leutnant und damit zum „Kriegsoffizier" befördert.

Nach der Rückkehr zur Truppe wird es für Murer ernst: Es folgt der Fronteinsatz in Italien mit dem Fallschirm-Artillerieregiment Nr. 4. Die von Generalmajor Heinrich Trettner (1907–2006) befehligte Einheit – Trettner bringt es nach dem Krieg immerhin zum Generalinspekteur der Bundeswehr – wird ab Ende Januar 1944 im Raum Anzio eingesetzt und soll das Vordringen der Alliierten im Rahmen der *Operation Shingle* Richtung Rom verhindern, erleidet aber nach dem Beginn der entscheidenden alliierten Offensive am 22. Mai 1944 schwere Verluste. Als Rom am 4. Juni 1944 von den Alliierten eingenommen wird, ist die 4. Fallschirmjägerdivision die letzte deutsche Einheit, die die Stadt verlässt. Im Juni und Juli 1944 steht man im Raum Florenz, Anfang 1945 im Adriaabschnitt. Nach schweren Rückzugskämpfen im April 1945 gerät die Division am 3. Mai zwischen Trient und dem Comer See in Gefangenschaft. Für Leutnant Franz Murer ist der Krieg in der Ortschaft Percione zu Ende, er wird von den Briten in ein britisches Kriegsgefangenenlager bei Tarent überstellt und dort bis Ende September 1945 festgehalten.

Demobilisierung

Am 2. Oktober 1945 setzt Leutnant Murer a. D. auch formal den Schlusspunkt hinter seine soldatische Karriere: In Kapfenberg wird er mit der Entlassungsnummer 178.485 aus dem Personalstand der ehemaligen Wehrmacht entlassen, das Demobilisierungsamt Gröbming bestätigt am 5. Oktober 1945 diesen Vorgang *(LYA, K-1-58, 11713-3, Bl. 231-1).*

Unterkunft findet er am Hof von Schwiegervater Josef Möslberger, noch am gleichen Tag, so vermeldet seine Arbeitskarte, beginnt er hier zu arbeiten, „Mithilfe" notiert der Beamte über die Art von Murers Tätigkeit in dem Dokument, das sich heute im Gerichtsakt Murers im Litauischen Spezialarchiv befindet. *(LYA, K-1-58, 11713-3, Bl. 232-7)* Der Heimkehrer fühlt sich bei seiner Familie offenbar sicher, den Ratschlag von Bekannten, sich vielleicht besser doch in die amerikanische Zone abzusetzen, schlägt er in den Wind …

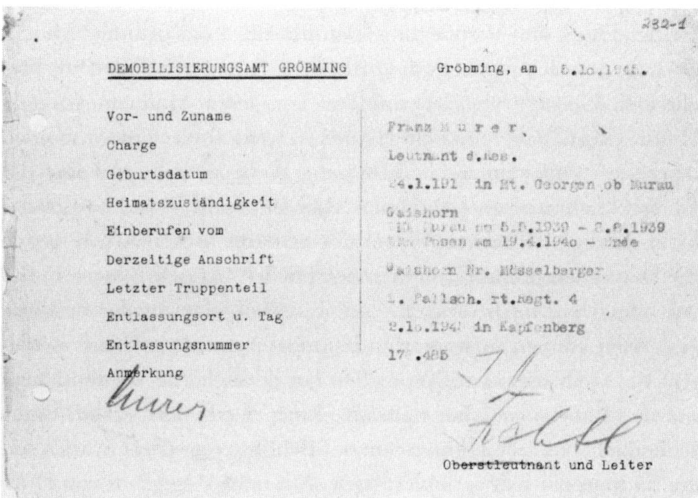

232-1

DEMOBILISIERUNGSAMT GRÖBMING — Gröbming, am 5.10.1945.

Vor- und Zuname	Franz M u r e r,
Charge	Leutnant d.Res.
Geburtsdatum	24.1.191[illegible] in St. Georgen ob Murau
Heimatszuständigkeit	Gaishorn
Einberufen vom	[illegible] am 5.[illegible].1939 – [illegible].8.1939 [illegible] Posen am 19.4.1940 – Ende
Derzeitige Anschrift	Gaishorn Nr. Mösselberger
Letzter Truppenteil	[illegible] Fallsch. [illegible] 4
Entlassungsort u. Tag	2.10.194[illegible] in Kapfenberg
Entlassungsnummer	17[illegible].485
Anmerkung	

Murer

Oberstleutnant und Leiter

Das Demobilisierungsamt Gröbming bestätigt am 2. Oktober 1945 die Entlassung aus der Wehrmacht (LYA K-1-58-11713, Bl. 232-1).

Die Entdeckung

September 1946. Im DP-Lager Admont, dem größten Auffanglager der UNRRA für Verschleppte in der britischen Besatzungszone Österreichs, bereiten sich die frommen Juden, meist Menschen aus Polen und den baltischen Ländern, auf Jom Kippur, den Versöhnungstag, vor. Über 2.000 *displaced persons* leben hier, manche haben in der Umgebung des Lagers, das im August 1945 eingerichtet worden ist, sogar Arbeit gefunden, andere versuchen es mit Diebstählen, dabei kommt es immer wieder zu Auseinandersetzungen mit den örtlichen Gendarmen. Höhepunkt dieses Konflikts ist ein Überfall von 50 jüdischen Lagerinsassen auf den Gendarmerieposten Admont am 9. September 1946.

Für Kleidung und Verpflegung sorgt im Alltag das britische Militär, doch für Jom Kippur sieht das orthodoxe Ritual neben den entsprechenden Gebeten etwas Besonderes vor: Jeder Mann muss einen Hahn opfern, jede Frau eine Henne, so wiederholt man symbolisch Abrahams Opfer im Alten Testament. Woher jedoch im Lager das Geflügel nehmen? Zwei Männer, Mair Blitz und Moses Kussowitzki, ehemalige Partisanen, die an der Seite der Roten Armee gegen die Deutschen gekämpft haben, beschließen bei den Bauern in der Nachbarschaft nachzufragen – als Tauschobjekte für das begehrte Federvieh können sie immerhin Konserven und Schokolade anbieten. Blitz und Kussowitzki sprechen nur jiddisch, die Verständigung mit den Bauern ist daher mühsam. Einer der Bauern erklärt ihnen schließlich, dass alle Hühner von der Behörde registriert worden seien, da man die Eier rationiert habe. Mit dem Weggeben von Hühnern würde er sich strafbar machen. Dann hat er für die beiden enttäuschten Männer doch noch einen Tipp: Sie könnten es noch bei „dem dort oben" versuchen, der habe einen großen Hof und

„Baruchim haba'im" („Gesegnet seien die Kommenden") steht über dem Tor zum jüdischen DP-Lager in Admont.

mindestens 2.000 Hühner. Allerdings könnte es sein, dass er sie hinauswirft, da er die Juden hasse. Er soll außerdem ein „großer Nazi" gewesen sein – das Stichwort für Blitz und Kussowitzki, die sofort an Adolf Eichmann denken und nicht lange zögern: Sie begeben sich in Admont zum britischen Militärposten, lassen sich einen Grenzübertrittsschein für die Einreise in die US-Besatzungszone ausstellen und fahren nach Linz. Hier treffen sie ihren Bekannten Mischa Lewin, der im Krieg eine Gruppe jüdischer Partisanen geführt hat. Lewin weiß Rat: Das sei ein Fall für Simon Wiesenthal, der in Linz eine Art Informationszentrum eröffnet habe, man müsse ihn sofort über den Verdacht, Eichmann gefunden zu haben, informieren. Noch in der Nacht machen sich die drei Männer auf zu Wiesenthals Wohnung und trommeln ihn aus dem Schlaf. Wiesenthal, der zu diesem Zeitpunkt für verschiedene amerikanische Dienststellen, unter anderen auch den Geheimdienst und den militärischen Abwehrdienst CIC, „Naziangelegenheiten" bearbeitet, hat seine Zweifel, was Eichmann betrifft, erklärt sich aber bereit, der Sache nachzugehen.

Gemeinsam mit Mischa Lewin, Blitz und Kussowitzki fährt er nach Gaishorn, im Gendarmerieposten versuchen die vier Näheres über den mysteriösen Bauern oben am Berg zu erfahren. In seinem Buch *Doch die Mörder leben* hat Simon Wiesenthal die Szene beschrieben: „Im Vorraum saßen zwei alte Bauern in kurzer Lederhose und vertrieben sich die Zeit mit einem Schwätzchen. Es war sehr gemütlich. Der Kommandant des Postens war ein alter Mann mit einem langen, weißen Bart – wahrscheinlich ein Überbleibsel aus der guten alten Habsburger-Zeit. Wir fragten nach dem Hof oben auf dem Berg. Er stand auf und blickte auf den Plan des Ortes, der an der Wand hing. ‚Das muß Gaishorn 66 sein. Er gehört Murer. Während des Krieges war er in Polen und Rußland. Er ist sehr beliebt im ganzen Ort.' Ich war wie vor dem Kopf geschlagen. ‚Murer? *Franz* Murer?'

‚Ja', sagte der Alte. ‚Kennen Sie ihn?'

Ich brachte es fertig, den Kopf zu schütteln. Schnell gingen wir hinaus. Keiner sprach ein Wort. Wir alle hatten von Murer gehört." *(Zitiert nach Simon Wiesenthal, Doch die Mörder leben.)*

Wiesenthal, der bereits Zeugenaussagen gegen Murer gesammelt hat, entscheidet sich für ein umsichtiges Vorgehen: Er will zunächst weiter Material zusammentragen und so fährt er mit seinen drei Begleitern ins zwölf Kilometer entfernte Lager Admont, wo sich, wie er weiß, auch Überlebende aus Wilna aufhalten. Per Lautsprecher werden alle Lagerinsassen, die etwas über Franz Murer wissen, zu ihm gebeten – es melden sich schließlich sieben Zeugen: „Meine Mitteilung, Franz Murer lebe auf einem Hof nur wenige Kilometer von hier entfernt, versetzte einige in höchste Erregung. Eine Frau brach zusammen; sie hatte gesehen, wie Murer vor ihren Augen zwei Menschen umbrachte. Ein Mann, dessen Mutter von Murer ermordet worden war, wurde so von der Erinnerung an das Schreckliche überwältigt, daß man ihn hinausführen mußte. Alle redeten zur gleichen Zeit auf mich ein. Ich bat sie, sich zu beruhigen. Jeder werde Gelegenheit zum Sprechen bekommen." *(Zitiert nach Simon Wiesenthal, Doch die Mörder leben.)*

Die Qualität der Zeugenaussagen ist unterschiedlich, manche sind jedoch „sehr genau – und fürchterlich". Der Tenor: Murer sei ein „übler Sadist" gewesen, von „seinen Martern" habe man sich allerdings durch Schmuck, „Silberzeug" und „Kunstwerke" loskaufen können, den „Tribut" habe er auf seinen Hof in Österreich geschickt. Einer der Zeugen will beobachtet haben, wie Murer im Ghetto die Sprengung zweier Häuser befiehlt, in denen sich noch Frauen befunden hätten. Als man ihn darauf aufmerksam machte, hätte er nur gemeint: „Macht nichts!" Murer, so einer der Zeugen, habe eines Tages auch selbst Bewohner des Ghettos zusammentreiben und sie nach Ponary zum Erschießen bringen lassen. Unvergesslich bleibt Wiesenthal die Aussage eines weiteren Zeugen, der vom Mord an dem 17-jährigen Daniel Brodi erzählt: Der Junge ist zum Erschießen in Ponary „selektioniert" worden, will sich aber unbemerkt zur Gruppe seines Vaters schleichen, die für ein Arbeitskommando vorgesehen ist. Murer bemerkt ihn jedoch, packt ihn am Hals und schlägt ihn zusammen – dann zieht er seine Pistole und erschießt den auf dem Boden liegenden Jungen vor den Augen seines Vaters. (Siehe dazu auch S. 244 ff.)

Spürt Franz Murer zufällig auf seinem Bauernhof in Gaishorn auf und sammelt Zeugenaussagen gegen ihn: Simon Wiesenthal.

Wiesenthal nimmt vier eidesstattliche Erklärungen zu Protokoll, lässt die Unterschriften beglaubigen und kehrt mit Mischa Lewin zum Gendarmerieposten in Gaishorn zurück: „Ohne eine Wort überreichte ich die Aufzeichnungen dem alten Kommandanten. Er machte einen völlig entgeisterten Eindruck, als er sie durchlas. Einmal blickte er hilflos auf die Madonna an der Wand. Dann befahl er zwei Gendarmen, auf den Berg zu gehen und Murer festzunehmen, und benachrichtigte den Posten der britischen Militärpolizei." *(Zitiert nach Simon Wiesenthal, Doch die Mörder leben.)*

Mischa Lewin und Simon Wiesenthal begleiten die beiden Gendarmen zum Hof Murers. Unterwegs erfahren sie von den beiden Gesetzeshütern, dass Murer auf dem Hof mit seiner Frau und zwei Söhnen lebe, außerdem gebe es da noch mehrere Knechte und Mägde. „Es war schön hier oben bei den Bäumen und Blumen", erinnert sich Wiesenthal später an diesen Tag, „glücklich und friedlich schien alles."

Schließlich erreicht man den Hof. Die erfahrenen Gendarmen raten zur Vorsicht: Lewin und Wiesenthal warten daher in sicherer Entfernung, die beiden Gendarmen gehen in das Haus – und stellen überrascht fest, dass Murer offenbar gerade dabei ist zu fliehen. Zwei gepackte Koffer stehen an der Tür, Hut und Mantel liegen griffbereit, jemand hat ihn offenbar gewarnt, Wiesenthal verdächtigt die beiden Bauern vom Gendarmerieposten. Murer, so schreibt er später in *Doch die Mörder leben,* habe sich „unverschämt" aufgeführt: „Was das für ein verdammter Unsinn sein solle, ihn zu belästigen."

Doch die Gendarmen lassen sich nicht einschüchtern, Murer, der von Wiesenthal den Lesern als „kräftiger Bergbauer mit einem länglichen Gesicht, einer langen Nase, vorspringendem Kinn und rötlichen Haaren" vorgestellt wird, muss ihnen nach Gaishorn folgen und wird der britischen Militärpolizei übergeben, die ihn in einem Jeep in das Bezirksgericht nach Liezen bringt, in der Folge wird er in das Landesgericht nach Graz überstellt. Wiesenthal begibt sich noch einmal in das DP-Lager in Admont und schreibt hier einen zusammenfassenden Bericht über den „Fall Murer", die eidesstattlichen Erklärungen der Zeugen legt er bei. Im Lager ist die Empörung groß. Niemand kann verstehen, dass ein Mann wie Murer in allernächster Nähe der britischen Besatzungsmacht so sorglos hatte leben können.

Am nächsten Morgen sucht Wiesenthal den Posten der britischen Militärpolizei in Admont auf, der in einem alten zweistöckigen Haus mit schmiedeeisernen Balkonen untergebracht ist. Ein *Colonel* empfängt ihn freundlich, Wiesenthal übergibt ihm seinen Bericht, doch der gute Mann will etwas anderes von ihm wissen und wird zusehends unfreundlicher: Warum er den Dienstweg nicht eingehalten habe und zur österreichischen Gendarmerie gegangen sei und nicht zur Militärpolizei ihrer Majestät? Ob er schon einmal in der britischen Zone gewesen sei und die Verhaftung anderer Personen angestiftet habe? Der Colonel ist bestens vorbereitet, hat eine ganze Liste von Fragen vor sich liegen und kommt dann zur Frage, die die Briten in diesem Herbst 1946 wesentlich mehr interessiert als das Schicksal von Nazi-Kriegsverbrechern: Was er über die illegalen Transporte von Juden über Italien nach Palästina wisse?

Vergeblich pocht Wiesenthal darauf, über Murer sprechen zu wollen – das Gespräch verwandelt sich gleichsam in ein Verhör, der Colonel will schließlich auch von ihm wissen, wer der Chef der jüdischen Extremistenorganisation „Irgun Zwai Leumi“ in Österreich sei, die eben in Mallnitz einen britischen Militärzug zum Entgleisen gebracht hat; bei dem Anschlag ist ein britischer Soldat ums Leben gekommen. Wiesenthal lehnt eine Antwort ab und wird daraufhin auf dem Posten festgehalten. Als sich seine „Verhaftung“ herumspricht und sich vor dem Gebäude Hunderte von Menschen aus dem DP-Lager versammeln und mit „Wir wollen Wiesenthal!“-Rufen seine Freilassung fordern, bringen die Briten auf einem der Balkone zwei Maschinengewehre in Stellung.

Die Männer vor dem Haus, unter ihnen auch Blitz und Kussowitzki, im Partisanenkrieg gestählte Kämpfer, lassen sich jedoch nicht einschüchtern, die Lage droht zu eskalieren. Nach einigem Hin und Her und Rücksprache mit einem Major Ramsey in Graz, dem Vorgesetzten des Colonels, lässt man Wiesenthal schließlich gehen, vor dem Haus erhebt sich ein „ungeheures Triumphgeschrei“, Wiesenthal wird auf den Schultern zurück ins Lager getragen, wo man Murers Festnahme ausgiebig feiert. „In dieser Nacht“, so erinnert sich Wiesenthal in *Doch die Mörder leben,* „war ich beinahe zufrieden.“

Wenn Simon Wiesenthal die Entdeckung Murers für sich und seine Freunde reklamiert, so ist das nicht ganz richtig. Murer ist zu diesem Zeitpunkt – im Herbst 1946 – den Briten bereits bekannt und das ist das Verdienst eines Mannes namens Zielinski. Murer nennt diesen mysteriösen Murer-Jäger in seiner autobiografischen Skizze einen „Ausländer", der nach Gaishorn „umgesiedelt" sei. Zielinski hat eine Liste mit Kriegsverbrechern erstellt, auf der Murer als „Gebietskommissar in der Ukraine" figuriert – für die Briten ausreichender Grund, um ihn am 27. Juni 1946 auf seinem Hof aufzusuchen und „im Beisein eines Ortsgendarmen" zu verhaften. Murer, der gerade beim Heueinbringen auf der Wiese ist, wird in den Gemeindearrest gebracht, gleichzeitig wird auf seinem Hof eine Hausdurchsuchung durchgeführt, es wird, wie er in seiner autobiografischen Notiz schreibt, „Haus und Hube auf den Kopf gestellt und nach Waffen, Schmuck, Gold und Goldgegenständen gesucht. Gefunden konnte nichts werden, weil ich nirgendwo und zu keiner Zeit im Besitze solcher Wertgegenstände war."

In den Vernehmungen erklärt Murer, dass er „nur" Adjutant des Gebietskommissars in Wilna gewesen sei, legt sein Soldbuch vor und wird nach 14 Tagen Haft entlassen. Doch der Mann namens Zielinski, angeblich ein Rumänienflüchtling, lässt nicht locker: Er zeigt Murer ein zweites Mal an, dieses Mal bei „einer höheren Dienststelle in Leoben", angeblich mit dem Hinweis, dass es sich bei Murer um einen „Gauleiter" handle. Murer wird neuerlich festgenommen, einen Tag lang vernommen und darf dann wieder nach Hause gehen – es gibt zu wenige Informationen über ihn. Murer selbst hofft, wie er später schreibt, dass er mit dieser „Registrierung" alles „überstanden" habe, eine „Fehlrechnung", wie sich bald herausstellen soll. Denn jetzt kommt tatsächlich Simon Wiesenthal ins Spiel, der, wie Murer später vermutet, von Zielinski über das „Judenlager" in Admont kontaktiert wird.

Die Nachrichten, die er in den folgenden Wochen aus Graz erhält, sorgen jedoch für Beunruhigung. Murer erklärt immer wieder, dass er von nichts wisse und es sich um eine Verwechslung handeln müsse – die Briten, so das Gerücht, würden bereits zu seiner Entlassung neigen. Wiesenthal interveniert daraufhin beim Stab des Internationalen Militärgerichtshofes in Nürnberg und erreicht immerhin, dass die Briten offiziell aufgefordert werden, Murer weiter festzuhalten, man benötige ihn eventuell auch als Zeugen. Gleichzeitig versucht Wiesenthal weiter Belastungsmaterial gegen Murer aufzutreiben: Er schickt ein Rundschreiben an alle Verschlepptenlager in Österreich und Deutschland, in dem er nach Zeugen fragt, die bereit seien, gegen Murer auszusagen. Zahlreiche Personen melden sich in Juni und Juli 1947 und geben eidesstattliche Erklärungen ab, einige aus dem Lager Bindermichl kommen zu ihm in sein Linzer Büro und machen hier ihre Aussage – alles spricht „sehr stark gegen Murer". Der Tenor der eidsstattlichen Erklärungen: Franz Murer sei der Schrecken des Ghettos in Wilna gewesen, ein Sadist, ein „Bluthund", verantwortlich für Demütigungen und Misshandlungen, für Morde und Massenerschießungen in Ponary. Bezeichnend für diese Aussagen ist, dass die Zeugen übereinstimmend in Murer den „Hauptanführer in der Vernichtung des Wilner Judentums" *(M. Krenski Chenen, VWI)* sehen, den „alleinstehenden Herrscher über das Leben und Sterben von allen Wilner Juden" *(H. Zwilling Chaim, VWI)*. Sie kennen zwar nicht immer seinen Vornamen und seine genaue Funktion, wissen aber erschreckende Details zu erzählen. So meldet sich am 22. Juli 1947 im Büro des Jüdischen Komitees in Heidenheim/Brenz der Ghettoüberlebende Weiner Rybin und erzählt folgenden Vorfall: „Ich selbst habe gesehen während einer Aktion im Ghetto, als Murer vom Judenrat 2.000 Juden verlangte, welche später erschossen wurden, dass ein älterer Jude sich vor Murer entschuldigt hatte, er könne an dem Tage zur Arbeit nicht gehen, denn er habe sich den Fuß verletzt. Murer zog seinen Revolver und erschoss eigenhändig den Juden. Ich habe diesen Vorfall durch ein Fenster im Hof beobachtet." Weiner Rybin weiß auch zu berichten, dass Murer, dem er den Vornamen „Johann" gibt, in der „jüdischen Judenrattischlerei" Möbel bestellte, die er später „nach Deutschland" seiner Frau schicken wollte: „Ich habe gesehen, wie man die Möbel auf ein Lastauto geladen hat. Beim Hinaustragen der Möbel beschädigte einer der Arbeiter unwillkürlich einen Schrank, indem er mit dem Schrank an die Wand stieß. Dieser Arbeiter wurde von Murer an Ort und Stelle erschossen." Dass Murer sich in den Ghettowerkstätten Möbel bauen ließ, bestätigt auch Mascha Rolnikaite – er habe, so vermerkt sie in ihrem Tagebuch, als Armlehnen für die Stühle Löwenköpfe verlangt. Und er habe sich ein Modell von Wilna bauen lassen, „so groß wie der Saal des Judenrats“: „Viele Menschen mühen sich daran ab. Wenn es dem ‚Löwen‘ (= Murer) gefällt, kann man damit vielleicht eine kleine Erleichterung erwirken.“

Fragwürdig erscheinen allerdings manche Aussagen, die sich nicht auf persönliche Augenzeugenschaft stützen und zur Übertreibung und Legendenbildung neigen. So behauptet Weiner Rybin, dass Murer all jene Arbeiter, bei denen am Ghettotor Fett, Butter oder Fleisch gefunden worden sei, sofort habe erschießen lassen. Er habe auch die „Hinrichtungen der Juden im Walde Ponary“ geleitet und mehrmals vom Judenrat „einige tausend Leute“ verlangt, die dann später dort erschossen worden seien – die Vermutung liegt nahe, dass Murer von Weiner Rybin in diesem Punkt mit dem Polizeioberwachtmeister und SA-Oberscharführer Horst Schweinberger verwechselt worden ist.

Auch die Ermordung der alten Leute aus dem „Kurort“ Pospieškis im Sommer 1942 sei auf Befehl von Murer erfolgt: „Die Sache war allgemein bekannt und ich weiß es aus Erzählungen.“ Seine Aussage fasst Weiner Rybin dann in den Sätzen zusammen: „Murer war im Ghetto so gefürchtet, dass, wenn man ihn in den Ghettostraßen erblickte, viel Panik unter den Ghettobewohnern entstand, und die, welche sich damals in den Straßen befanden, versuchten sich so schnell wie möglich zu verbergen, denn man wusste, dass jeder Besuch Murers im Ghetto Menschenopfer kostet.

Meiner Ansicht nach ist Murer Johann *(sic!)* einer der größten Kriegsverbrecher.“ *(Eidesstattliche Erklärung, VWI)*

Murer sei ein „Zyniker“ gewesen, sagt die Zeugin Doba Romerowska, geboren 1913 in Wilna, die ihre eidesstattliche Erklärung am 3. März 1947 im Jewish Center des DP-Camps in Landsberg am Lech abgibt. Ihre Eltern, zwei Brüder, eine Schwester und viele Verwandte seien Opfer des Massenmörders Murer geworden, auch sie beschuldigt Murer, der Drahtzieher bei der Tötung der alten Leute von Pospieskis gewesen zu sein.

Von gleich zwei Morden berichtet der Zeuge Apt Wolf, der sich am 5. Juni 1947 in Linz-Bindermichl zu einer Aussage bereit erklärt. Demnach sei er Augenzeuge gewesen, wie Murer den Kolonnenfüher seiner Gruppe erschossen habe. Grund dafür sei gewesen, dass einige Frauen auf dem Weg zur Arbeit aus der Kolonne „herausgegangen" seien; andere Arbeiter seien von Murer bis zur Bewusstlosigkeit geschlagen worden. Einige Zeit danach habe er dann gesehen, wie Murer ein jüdisches Mädchen erschossen habe, das kein „Judenabzeichen" auf seiner Kleidung trug. Apt Wolf ist allerdings in einigen Irrtümern verfangen: Er nennt Murer „Gebietskommissar von Wilna" und „Befehlshaber über die Wilner Gestapo", die „Ausrottungsaktionen" gegen die Juden von Wilna hätten mit ihm begonnen. *(Eidesstattliche Erklärung Apt Wolf, VWI)*

Der Zeuge Hirsch Katz, geboren 1926 in Wilna, erzählt am 21. Oktober 1947 im Büro des Zentralen Komitees der Befreiten Juden in München Details über die Aktion der gelben Scheine: „Bei dieser Aktion war ich selbst zugegen und sollte auch nach Ponary. Ich hatte jedoch Gelegenheit mich zu verstecken und entkam so dem sicheren Tode. Ich hatte mich so versteckt, dass ich sehen konnte, wie Murer die Menschen mit seinem Gummiknüppel zu Boden schlug und sie nachher selbst erschoss. Nachdem die Armen erschossen waren, kamen für diese wieder neue Menschen ins Ghetto." Auch persönliche Bereicherung sei Murer nicht fremd gewesen: „Im Sommer 1942 ging Murer persönlich ins Ghetto und kontrollierte die Menschen nach Geld, Schmuck und Verpflegung. Bei denjenigen Menschen, wo er etwas fand, hat er sie tüchtig mit dem Gummiknüppel geschlagen und sie darauf verhaftet. Geld und Schmucksachen nahm Murer zu sich. Solche Fälle waren des öfteren." *(Eidesstattliche Erklärung Hirsch Katz, VWI)*

Am 20. Juli 1947 erscheint im Büro der Rechtsabteilung des DP-Camps in Landsberg am Lech die 1917 in Wilna geborene Mina

Rucko. Sie habe, so ihre Aussage, im Ghetto ihre Eltern und drei Schwestern verloren – für die Ermordung ihrer Angehörigen am 23. Dezember 1941 sei „Johann“ Murer verantwortlich gewesen, „ohne seinen Befehl“ hätte ihm Ghetto nichts gegen die Juden „verordnet“ werden können. Er habe das Ghetto geschaffen und er sei der „Massenmörder“ von „zirka 200.000 Juden von Wilner Ghetto und Kreis“ gewesen. In der Badeanstalt habe er die nackten Frauen mit einer Peitsche geschlagen, ihre Kameradin, ein Mädchen namens Zimermann, nunmehr verheiratete Lachowicka, damals gerade 15 Jahre alt, habe auf Befehl Murers 10 Schläge mit der Peitsche auf den nackten Körper bekommen, da man bei ihr 200,- RM gefunden habe: „Zimermann hatte viele schwarze Zeichen auf ihrem Körper und während zwei Wochen konnte sie nicht sitzen vor Schmerzen.“ *(Eidesstattliche Erklärung Mina Rucko, VWI)*

„Murer“, so erklärt der 1906 in Wilna geborene Samuel Krizianski am 20. Juli in Landsberg am Lech, „ging von Zeit zu Zeit in die Badeanstalt, wo die Frauen sich badeten, und schlug sadistisch die nackten Frauen.“ Krizianski arbeitete im Ghetto als Schornsteinfeger und besaß deshalb einen Passierschein für die Stadt, immer wieder habe er daher beobachten können, wie Murer zurückkehrende Arbeiter der Gestapo übergeben habe und diese nach Ponary „zur Vernichtung“ gebracht worden seien. Alles, was mit den Juden im Ghetto geschehen sei, sei auf Befehl Murers geschehen, er „schlug mörderlich die Juden mit einer Peitsche bis zum Tode“. *(Eidesstattliche Erklärung Samuel Krizianski, VWI)*

Aus Ritzing in Wolfsberg in Kärnten meldet sich der Ghettoüberlebende Abraham Wapnik. Auch er schildert Murer als „Schrecken des Ghettos“ und „maßlosen Sadisten“, der 70.000 Menschen auf dem Gewissen habe. So sei es ihm im Winter ein besonderes Vergnügen gewesen, die jüdischen Arbeiter, die Lebensmittel schmuggelten, auf folgende Weise zu bestrafen: Sie mussten sich auf den Bauch legen und ihr Gesicht im Schnee versenken. Wer es wagte, sein Gesicht aus dem Schnee zu heben, musste damit rechnen, dass ihm Murer auf den Kopf stieg. *(Eidesstattliche Erklärung Abraham Wapnik, VWI)*

Manche Berichte sind, wie Simon Wiesenthal später in *Doch die Mörder leben* zugestehen muss, „so unbestimmt, daß man sie vor Gericht nicht verwenden“ kann, andere hingegen „sehr genau und fürchterlich“. So behauptet ein Zeuge auch, dass Murer „selbst die Bewohner einer Straße im Ghetto von Wilna zusammentreiben und auf Lastwagen in den nahegelegenen Wald von Ponary“ habe fahren lassen. Im Januar 1942, so ein anderer Zeuge, habe Murer ein katholisches Nonnenkloster in Wilna und ein Mustergut, das von den Nonnen geleitet wurde, beschlagnahmen lassen, die Nonnen und einige Mönche seien später in Ponary erschossen worden.

Diese eidesstattlichen Erklärungen bieten wichtige Hinweise, können aber nur der Ausgangspunkt für weitere umfangreiche und genaue Ermittlungen sein. Wiesenthal leitet das gesamte Beweismaterial an das Landesgericht in Graz weiter, wo nun ein Ermittlungsverfahren gegen Murer eröffnet wird. Die Entschlossenheit, mit der diese Untersuchungen betrieben werden, ist offenbar nicht allzu groß, man weiß mit Murer, der auf keiner Kriegsverbrecherliste steht, wenig anzufangen – daran ändern auch die von Wiesenthal gesammelten Zeugenaussagen wenig. In dieser Situation haben die britischen Militärbehörden einen Vorschlag, der auch beim Grazer Gericht auf erleichterte Zustimmung stößt: „Um aus der Affäre wieder herauszukommen“ und weil der „Wirbel“ um seine Person so groß gewesen sei, so behauptet Murer später in seiner autobiografischen Skizze, habe man ihn dann „den Russen offeriert“.

Da er auch auf keiner russischen Kriegsverbrecherliste steht, zeigen sich die Sowjets, wie Murer meint, anfangs „desinteressiert“, ein Major Bayand, der Verbindungsmann zwischen dem sowjetischen Hochkommissar Wladimir W. Kurassow und den Briten, ein „Wiener Jude in englischen Diensten“, wie Murer polemisch anmerkt, kann dann die Auslieferung doch fixieren. Elisabeth Murer bemüht sich inzwischen verzweifelt, ihren Mann freizubekommen, Interventionen bei Major Ramsey von der *Royal Military Police* in Graz sind nicht ganz erfolglos – der Brite lässt angeblich durchblicken, dass man im Falle einer Flucht Murers nichts unternehmen würde, auch die österreichischen Behörden würden sich „stillschweigend“ mit seinem Verschwinden abfinden. Doch nun ist es Murer selbst, der angeblich eine Flucht ablehnt: „Ich lehnte aber ab, weil ich mich in keiner Weise schuldig fühlte. Damals war es wohl noch so, daß bei einer Auslieferung an Rußland mit keiner Rückkehr zu rechnen war. Die Vernunft hätte mir damals zur Flucht geraten, was ja sicherlich von mir überlegt wurde. Mir aber war so zu Mute, als würde mich eine nicht sichtbare Kraft in dieses Abenteuer schieben, ich hatte einfach das Gefühl, diesen Weg nach Rußland gehen zu müssen“, schreibt er in seiner autobiografischen Skizze. Versetzt man sich in die Lage des damals 36-Jährigen, so sind Zweifel an dieser Behauptung angebracht: Ist er tatsächlich bereit, für dieses seltsame „Gefühl“ seine Frau und seine Kinder, die ihren Vater dringend benötigen, im Stich zu lassen? Auf das freie Leben am Hubenbauernhof zu verzichten? Oder ist diese Geschichte später für das Gericht in Graz aufbereitet worden? In ihrer Zeugenaussage bekräftigt Elisabeth Murer diese Version und bestätigt, dass die Briten eine Flucht begünstigen wollten: „Ich habe dies (den Vorschlag zur Flucht – J. S.) auch meinem Mann vorgetragen, dieser aber hat einen Fluchtgedanken abgelehnt und gesagt, daß er nichts verbrochen habe und sich jederzeit verantworten könne. Major Ramsey sagte zu mir, daß mein Mann flüchten könne. Ich antwortete, daß ich nicht wüßte, wie das zu machen sei. Ich bin dann zu meinem Mann gegangen und habe ihm aber nicht gesagt, daß er am nächsten Tag ausgeliefert werde, weil ich das nicht über das Herz brachte. Ich bin dann nochmals zu Major Ramsey gegangen und dieser hat mir gesagt, daß am nächsten Tag seine Soldaten nicht auf meinen flüchtenden Mann schießen würden.“ *(Zitiert nach Gerichtsakt Franz Murer, Steiermärkisches Landesarchiv.)*

Der „nächste Tag“ ist ein Wintermorgen Anfang Februar 1948, die britische Militärpolizei übernimmt die Überstellung Murers auf den Semmering. Noch einmal, so Murer später, laden ihn die Briten, wie seiner Frau angekündigt, gleichsam zur Flucht ein: „Im Mürztal, wo der Wald rechts und links zur Straße reichte, fragten mich die Engländer, ob ich austreten wolle. Auch hier verneinte ich dieses Angebot.“

An der Zonengrenze am Semmering wird Murer den sowjetischen Behörden übergeben, für eine pompöse Inszenierung ist gesorgt: „Sechs oder sieben Offiziere, alle mächtig mit Orden geschmückt", sind zum Empfang des illustren Kriegsverbrechers aus der Steiermark angetreten. Um wen es sich da wirklich handelt, wissen die Sowjets zu diesem Zeitpunkt wohl selbst nicht, auch sie sind auf Pressemeldungen angewiesen – ihnen zufolge soll es immerhin ein SS-Obergruppenführer sein, der da der sowjetischen Gerechtigkeit zugeführt werden soll. Murer selbst hat in diesem Augenblick, wie er in seiner autobiografischen Skizze erzählt, das Gefühl, „als würde mir eine schwere Last abfallen. Ich war erleichtert, während ich vorher immer bedrückt war."

Vor dem Militärtribunal in Wilna

Die Sowjets eskortieren Murer vom Semmering in das gefürchtete NKWD-Gefängnis in der Villa Nicoladoni in Baden, Schimmergasse 17, hier wird er das erste Mal einvernommen. Anschließend überstellt man ihn in ein Sammelgefängnis in Wiener Neustadt, am 26. März 1948, es ist Karfreitag, setzt man den Steirer in einen Viehwaggon nach Osten – über Lemberg geht es nach Wilna ins NKWD-Gefängnis am heutigen Gediminas-Prospekt, zurück an jenen Ort, an dem einst Gestapo und SD ihr Unwesen trieben. „Das Gefängnis selbst war auszuhalten, leider war die Verpflegung gerade so viel, daß man am Leben blieb. Jedoch ging mein Körpergewicht rapide herunter, dazu kam, daß die Einvernahmen nur nachts waren, meistens von 10 Uhr abends bis 4 Uhr früh und tagsüber durften wir nicht einmal sitzend schlafen, so ging's auch an die Nerven, fast bis zum Zusammenbruch."

Die nächtlichen Verhöre dauern vom 29. Mai bis zum 23. Juni 1948, gleichzeitig versucht der Ermittler, ein Herr Gomirow, Zeugen zu finden, die Belastendes über Murer zu berichten wissen, das Resultat ist allerdings bescheiden. Immer wieder befragt man den Steirer zu den Erschießungen, er streitet konsequent jede Verwicklung in den Massenmord ab, legt aber Wert darauf, dass er der „Verwalter" des Ghettos gewesen sei. Dem Untersuchungsbeamten gelingt es, sich von den Aufgaben Murers im Gebietskommissariat ein einigermaßen genaues Bild zu machen.

Die Verhandlung vor dem Kriegsgericht Litauen wird für den 25. September 1948 im Gebäude des Obersten Gerichts der Litauischen SSR angesetzt, den Vorsitz führt ein Oberstleutnant der Justiz

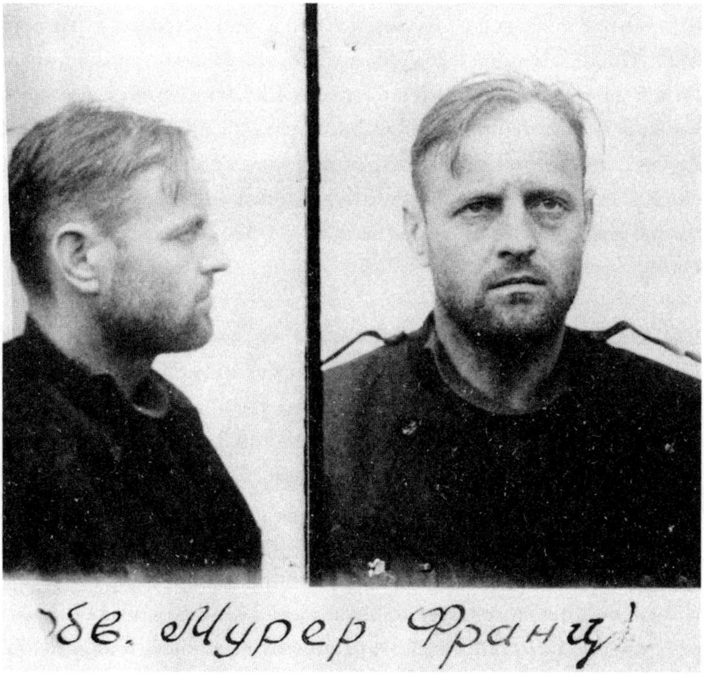

Im Gewahrsam der Sowjets: Foto des Untersuchungshäftlings Franz Murer.

Jeschow, Beisitzer sind ein Kapitän Kutscher und ein Oberstleutnant Schabanow, die Staatsanwaltschaft vertritt ein Oberstleutnant Woronzichin. Das Gericht hat einige Zeugen vorgeladen, unter ihnen den 1917 in Wilna geborenen Szlomo Kovarsky und Alexander Rindziunski. Kovarsky, der dem jüdischen Widerstand angehört hat und 1943 aus dem Ghetto geflohen ist, hat wie viele andere die Kontrollen am Ghettotor erlebt: „Wenn wir zurückkamen, stand Herr Murer beim Eingang und befahl seinen Mitarbeitern, alle zu durchsuchen. Wenn jemand mit Brot erwischt wurde, wurde er in einem Raum eingeschlossen, ausgezogen und brutal geschlagen." Gehört hat Kovarsky auch von der Ermordung Ljuba Lewickas und Monye Stupels, die er allerdings in den Sommer 1942 (tatsächlich Januar 1943) verlegt. Murer habe die beiden festnehmen und ins Gefängnis bringen lassen, von wo sie nach Ponary zum Erschießen gebracht worden seien. Er bezeichnet Murer als den „Gründer" und „Machthabenden" des Ghettos, der die Insassen ständig unter Druck gesetzt habe. Ein detaillierteres Bild von Murers „Wirken" weiß Alexander Rindziunski zu berichten, vor allem auch, was das Zusammenspiel mit dem Judenrat und Jakob Gens betrifft. Und er wirft dem angeklagten Österreicher einen zweiten Mord vor: Murer habe im Herbst 1941 auch ein junges Mädchen namens Guita Perlov erschossen.

Das Militärtribunal fackelt nicht lange: Es spricht den „Faschisten Franz Murer" nach dem „ersten Erlass des Präsidiums des Obersten Sowjets der UdSSR vom 19. April 1943", dem sogenannten „Ukaz 43", schuldig, wobei der Steirer Glück hat: Das ursprünglich dafür vorgesehene Strafausmaß – die Todesstrafe – ist mit 26. Mai 1947 in 25 Jahre Zwangsarbeitslager umgewandelt worden. In der Urteilsbegründung legt man Wert darauf, dass die Verbrechen Murers auf dem Gebiet der UdSSR stattgefunden und sich gegen Bürger der Sowjetunion gerichtet haben: „Als die deutschen Nazis über Vilnius, der Hauptstadt von Litauen, herrschten, haben sie die Menschen massiv gefoltert. Der Hauptveranlasser dieser Taten in Vilnius war der Nazi Franz Murer. (...) Im September 1941 gründete Murer das Ghetto von Vilnius, unter seiner Führung wurden hier ca. 40.000 sowjetische Juden untergebracht. Er selbst hat dort gefoltert, bestraft und gedemütigt, wenn jemand die Nazi-Regeln und die Gesetze des Ghettos brach. Murer hat 5.000 Juden in das Speziallager Ponary gebracht und erschossen.

Vor Gericht haben die Zeugen Kovarsko (sic!), Rindziunski, Kalchko und andere ausgesagt, dass Murer die Staatsbürgerinnen Frau Lewicka und Frau Perlov erschossen hat.

Als Leiter des Ghettos bearbeitete und entwickelte Murer selbst die Regeln und Unterlagen – die seine Unterschrift trugen – zur Diskriminierung jüdischer Sowjetbürger. Er ließ die Juden in unmöglichen Lebenssituationen arbeiten."

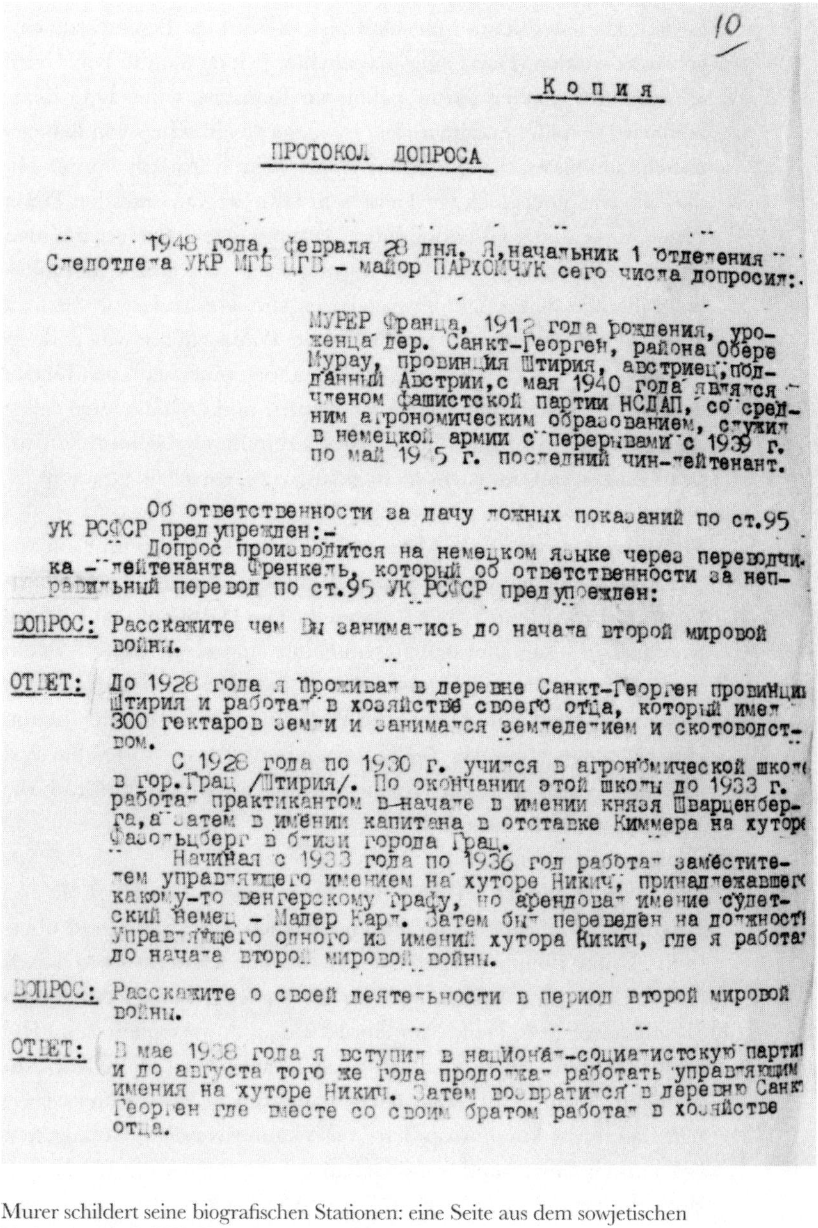

10

Копия

ПРОТОКОЛ ДОПРОСА

1948 года, февраля 28 дня. Я, начальник 1 отделения Следотдела УКР МГБ ЦГВ – майор ПАРХОМЧУК сего числа допросил:

МУРЕР Франца, 1912 года рождения, уроженца дер. Санкт-Георген, района Обере Мурау, провинция Штирия, австриец, подданный Австрии, с мая 1940 года являлся членом фашистской партии НСДАП, со средним агрономическим образованием, служил в немецкой армии с перерывами с 1939 г. по май 1945 г. последний чин-лейтенант.

Об ответственности за дачу ложных показаний по ст.95 УК РСФСР предупрежден:-

Допрос производится на немецком языке через переводчика – лейтенанта Френкель, который об ответственности за неправильный перевод по ст.95 УК РСФСР предупрежден:

ВОПРОС: Расскажите чем Вы занимались до начала второй мировой войны.

ОТВЕТ: До 1928 года я проживал в деревне Санкт-Георген провинции Штирия и работал в хозяйстве своего отца, который имел 300 гектаров земли и занимался земледелием и скотоводством.

С 1928 года по 1930 г. учился в агрономической школе в гор. Грац /Штирия/. По окончании этой школы до 1933 г. работал практикантом в начале в имении князя Шварценберга, а затем в имении капитана в отставке Киммера на хуторе Фазольцберг вблизи города Грац.

Начиная с 1933 года по 1936 год работал заместителем управляющего имением на хуторе Никич, принадлежавшего какому-то венгерскому графу, но арендовал имение судетский немец – Майер Карл. Затем был переведен на должность управляющего одного из имений хутора Никич, где я работал до начала второй мировой войны.

ВОПРОС: Расскажите о своей деятельности в период второй мировой войны.

ОТВЕТ: В мае 1938 года я вступил в национал-социалистскую партию и до августа того же года продолжал работать управляющим имения на хуторе Никич. Затем возвратился в деревню Санкт Георген где вместе со своим братом работал в хозяйстве отца.

Murer schildert seine biografischen Stationen: eine Seite aus dem sowjetischen Verhörprotokoll (LYA K-1-58-11713-3, Bl. 10).

Gegen das Urteil kann innerhalb von 72 Stunden Beschwerde eingebracht werden, Franz Murer verzichtet jedoch darauf. Das Urteil selbst nimmt er offenbar nie richtig zur Kenntnis, seiner Frau Elisabeth wird er später erzählen, dass er wegen des „Entzugs von Lebensmitteln zugunsten der deutschen Wehrmacht“ verurteilt worden sei, dies wiederholt er auch vor Gericht in Graz, ergänzt um den Punkt „Teilnahme an der Ghettobildung“. Was die Erschießung der beiden Frauen betreffe, so sei er „der Wahrheit nach“, wie er in seiner autobiografischen Skizze schreibt, „deretwegen nicht im Urteil“ bestraft worden. Nun hebt aber das Urteil von Wilna ganz etwas anderes hervor: Murer, so sagt es, war der „Hauptveranlasser“ des Terrors im Ghetto, er habe die Regeln geschaffen und er habe auch selbst „gefoltert, bestraft, gedemütigt“. Dieses zutreffende Gesamtbild wird beim Prozess in Graz nicht mehr richtig zum Vorschein gebracht.

Murer bleibt noch einige Monate in Wilna in Haft, erst im Frühjahr 1949 kommt er mit einem Sammeltransport im sibirischen Workuta an und wird dem Lager 8 zugeteilt. Die Häftlinge von Lager 8 werden unter Tag zum Abbau von Kohle eingesetzt. Lager 8 ist ein sogenanntes „Schweigelager“ – wie er in seiner autobiografischen Notiz vermerkt, habe er hier die Hoffnung auf Entlassung „schon einmal“ aufgegeben. Die Bedingungen in den Arbeitsbrigaden sind hart: Im Winter sinkt die Temperatur bis auf minus 55 Grad, die Verpflegung ist kümmerlich.

Kurz vor Weihnachten 1950 wird er aus dem Lager geholt und zusammen mit sieben anderen Gefangenen nach Stalingrad überstellt. Unter diesen Mitgefangenen ist auch General Otto Lasch (1893–1971), der Verteidiger von Königsberg, den Hitler wegen „Feigheit vor dem Feind“ im April 1945 in Abwesenheit zum Tod verurteilt hatte. Auch er hat 25 Jahre Zwangsarbeit ausgefasst. Am Heiligen Abend – der Zug nach Stalingrad ist noch unterwegs – hält Lasch eine kurze Ansprache, von einem russischen Gefangenen bekommen Murer und seine Gefährten einen Sack mit trockenem Brot übergeben: „Er war für uns der Weihnachtsmann, weil er uns mit Trockenbrot beschenkte.“

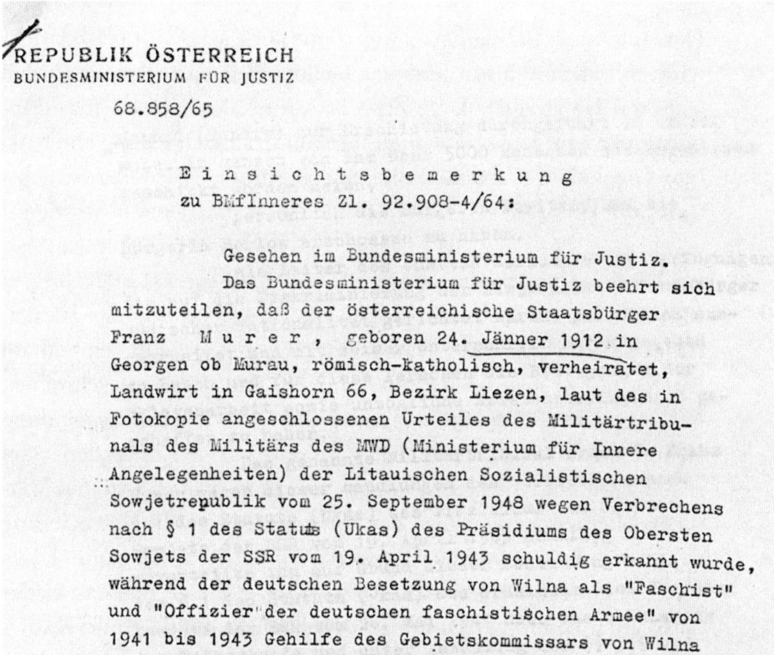

REPUBLIK ÖSTERREICH
BUNDESMINISTERIUM FÜR JUSTIZ

68.858/65

E i n s i c h t s b e m e r k u n g
zu BMfInneres Zl. 92.908-4/64:

Gesehen im Bundesministerium für Justiz.

Das Bundesministerium für Justiz beehrt sich mitzuteilen, daß der österreichische Staatsbürger Franz M u r e r , geboren 24. Jänner 1912 in Georgen ob Murau, römisch-katholisch, verheiratet, Landwirt in Gaishorn 66, Bezirk Liezen, laut des in Fotokopie angeschlossenen Urteiles des Militärtribunals des Militärs des MWD (Ministerium für Innere Angelegenheiten) der Litauischen Sozialistischen Sowjetrepublik vom 25. September 1948 wegen Verbrechens nach § 1 des Statuts (Ukas) des Präsidiums des Obersten Sowjets der SSR vom 19. April 1943 schuldig erkannt wurde, während der deutschen Besetzung von Wilna als "Faschist" und "Offizier der deutschen faschistischen Armee" von 1941 bis 1943 Gehilfe des Gebietskommissars von Wilna gewesen zu sein, persönlich und direkt die Wegnahme von Lebensmitteln zwangsweise bei den litauischen Bauern durchgeführt zu haben, um mit ihnen die faschistische Armee zu versorgen,

unter dem Deckmantel der sogenannten Kontributionen die Beraubung der Einwohner der Stadt Wilna durchgeführt zu haben,

vom September 1941 an in Wilna das Ghetto organisiert zu haben, wo unter seiner Leitung über 40.000 sowjetische Staatsbürger jüdischer Nationalität eingepfercht waren,

die im Ghetto eingewiesenen Leute persönlich verhöhnt, geschlagen und für die Nichteinhaltung des von ihm festgesetzten Regimes bestraft zu haben,

persönlich die Auswahl und das Abschicken der sowjetischen Staatsbürger in das besondere Lager im Dorf

Der Wortlaut des sowjetischen Urteils ist den österreichischen Behörden lange Zeit nicht bekannt, so kann Murer immer wieder behaupten, von den Sowjets nur wegen Hinterziehung von Lebensmitteln für die Wehrmacht verurteilt worden zu sein. „Einsichtsbemerkung" des Bundesministeriums für Justiz mit Übersetzung des Urteils (Österreichisches Staatsarchiv, Archiv der Republik).

Der Aufenthalt in Stalingrad währt nur kurz, schon im Januar 1951 wird er zusammen mit anderen Gefangenen nach Asbest an den östlichen Hängen des Ural, etwa 80 km nordöstlich von Jekaterinburg, gebracht. 1885 hatte man hier mit der Erschließung einer Asbest-Lagerstätte begonnen, die 1889 gegründete Siedlung Kudelka war 1933 zur Stadt erhoben und in „Asbest" umbenannt worden.

Im Vergleich zu Workuta bringt Asbest deutliche Erleichterungen: Murer bekommt für seine Arbeit – er wird beim Bau der zweiten Asbestfabrik eingesetzt – ein kleines Entgelt bezahlt, einmal im Monat darf er jetzt nach Hause an seine Frau Elisabeth schreiben, mit der er durch Vermittlung seines Bruders wieder in Verbindung steht. Und ein besonderes Privileg: Er darf Pakete empfangen – von seiner Frau und von seinen Geschwistern, aber auch von den Veitscher Magnesitwerken und der österreichischen Bundesregierung sowie vom Evangelischen Hilfswerk in München. Die zahlreichen Paketsendungen sorgen dafür, dass Murer einigermaßen wieder zu Kräften kommt, zusammen mit seinem Mithäftling und Kameraden Sepp Amon veranstaltet er jeden Abend einen „gedeckten Tisch", zu dem Mithäftlinge geladen sind, die keine Lebensmittelsendungen erhalten.

Nach dem Tod Stalins am 5. März 1953 wächst unter den Häftlingen in Asbest die Hoffnung, dass es vielleicht doch eine Rückkehr in die Heimat geben könnte. Wie Otto Lasch in seinen Erinnerungen berichtet, werden immer wieder „Kameraden ohne ersichtlichen Grund zu Vernehmungen geholt", aus der „Art, wie diese Vernehmungen durchgeführt wurden, konnte man durchaus schließen, daß die Betreffenden nach Hause geschickt werden würden. Niemand kann sich vorstellen, in welche Spannung wir versetzt wurden, als sich immer offener zeigte, daß jetzt Transporte in die Heimat gehen würden." *(Zitiert nach Otto Lasch, Zuckerbrot und Peitsche.)* Franz Murer muss allerdings noch warten, erst nach der legendären Moskaureise von Bundeskanzler Julius Raab, Außenminister Leopold Figl und Staatssekretär Bruno Kreisky im April 1955, die den Durchbruch zum Staatsvertrag bringt, kommt neue Hoffnung auf eine Heimreise auf. Tatsächlich werden die österreichischen Häftlinge aus Asbest abgezogen, wie Murer in seiner autobiografischen Skizze berichtet, geht es zunächst nicht nach Hause, sondern in ein Gefängnis in Swerdlowsk: „Mittlerweile wurden aus mehreren Richtungen ca. 82 Mann zusammengezogen und sollten wir zunächst einen Zettel unterschreiben, ich weiß nicht, was daraufstand, aber auf alle Fälle unterschrieb ich im sicheren Gefühl, es geht nach Hause." Letzte Station für Murer und die anderen Heimkehrer ist ein „Nobelgefängnis" in Moskau, am 4. August 1955 öffnen sich die Zellentüren, es geht zum Weißrussischen Bahnhof.

Die Rückkehr 1955

5. August 1955. Auf dem Bahnhof Wiener Neustadt wird ein Expresszug aus Moskau erwartet. Ein Zug mit Schlafwagen, Speisewagen und Salonwagen, dennoch kein normaler Reisezug: An Bord befinden sich Fahrgäste, die von den sowjetischen Behörden als „Geheimtransport" deklariert worden sind – österreichische Kriegsgefangene, die nun in ihre Heimat zurückgebracht werden. Nach ihrer Ankunft wird die „österreichische Delegation", wie die Reisenden in die Freiheit genannt werden, in die Wiener Neustädter Gendarmeriekaserne geleitet, hier gibt es für jeden Heimkehrer Verpflegung und 50,- Schilling „Reisegeld" für eine allfällige Weiterfahrt. Franz Murer braucht diese Hilfe nicht, er hat zuvor schon telefonisch seine Abholung organisiert. Seine Frau Elisabeth und die älteste Tochter Arngund haben sich den Wagen des Hausarztes Dr. Petretto in Leoben geliehen und sind mit diesem nach Wiener Neustadt gekommen, nach der Begrüßung geht es gemeinsam zurück nach Gaishorn. Hier will man pünktlich eintreffen, denn die braven Gaishorner haben alles für den triumphalen Empfang ihres heimkehrenden Sohnes vorbereitet: Die Musikkapelle spielt zünftig auf, die Schulkinder sind angetreten und helles Fackellicht verwandelt den Ort in ein sommerliches Festgelände. Der Jubel und die Freude über die Rückkehr des schon verloren Geglaubten sind groß – an Kriegsverbrechen denkt jetzt niemand mehr,

mit einer Ausnahme: Die Staatsanwaltschaft in Graz hat durch die Rückkehr Murers ein Dilemma: Wie soll man sich jetzt verhalten? Immerhin hatte man 1947 wegen diverser Mordanschuldigungen, begangen in Wilna, die Voruntersuchung eingeleitet. Soll man diese weiterverfolgen? Da auch kein Druck aus der Öffentlichkeit kommt, ist nach einigen Monaten ein Beschluss gefasst: Man entschließt sich, nichts zu tun. Mit „Rücksicht auf die von russischen Gerichten über Franz Murer verhängte Strafe, die allerdings nur teilweise verbüßt worden ist", sieht die Staatsanwaltschaft am 15. Dezember 1955 von einer Verfolgung der „bis dahin bekannten Morde des Franz Murer" ab, am 21. Dezember wird das Verfahren eingestellt.

Zehn Jahre nach seiner Heimkehr aus dem Krieg scheint Franz Murer die Vergangenheit endgültig hinter sich lassen zu können. Er stürzt sich in die Arbeit auf dem Hof in Gaishorn, Schwiegervater Josef Möslberger ist inzwischen verstorben, ansonsten ist die Familie vollzählig. Mit Politik will er nichts mehr zu tun haben, doch dann sucht der Onkel seiner Frau einen geeigneten Mann für die sogenannten „Dorfämter": einen Obmann für die Waldgenossenschaft und einen Vertreter der Gegend im Bauernbund. Murer übernimmt diese Funktionen, „ohne es wirklich zu wollen", wie er später in seiner autobiografischen Skizze schreibt, für ihn seien es einfach „bäuerliche Standesvertretungen" gewesen.

Zwei Jahre später ist Franz Murer bereits Funktionär der Bezirksbauernkammer in Liezen, der Landwirt aus Gaishorn gilt als überaus umgänglich und durchsetzungsfähig, als ein Mann, der die Sympathien seiner Standeskollegen genießt und dem man auch größere Aufgaben zutraut: Am 27. Dezember 1957 wird Murer als Nachfolger von Josef Resch zum Obmann der Bezirkbauernkammer Liezen gewählt.

Grete Karner, ehemalige Gemeindebäuerin aus Aich, erzählt: Murer, den sie immer als „eleganten Mann" empfunden habe, habe sich von der übrigen Bauernschaft deutlich abgehoben. Hans Resch, der

Enkel von Josef Resch, dem Vorgänger von Franz Murer als Obmann der Bezirksbauernkammer, meint, dass Franz Murer durchaus ein „vornehmer Vertreter der Bauern" gewesen sei.

Das Erntedankfest, so will es der Brauch im Bezirk Liezen, wird jedes Jahr in einem anderen Ort gefeiert. Im Oktober 1960 ist Ramsau am Dachstein an der Reihe. Für die Festrede hat man Franz Murer gewonnen – im Publikum soll auch Simon Wiesenthal gewesen sein ...

Der Skandalprozess

Zu Beginn der 1960er-Jahre scheint der honorige Kammerobmann Franz Murer mit der Vergangenheit endgültig abgeschlossen zu haben. Er besitzt das uneingeschränkte Vertrauen seiner politischen Freunde und der Bauern der Region. Noch immer umgibt ihn offenbar ein Hauch von jener Entschlossenheit und „Zackigkeit", die er sich als Ordensjunker einst angeeignet hat. Er ist wie erwähnt ein gern gesehener Redner bei diversen Festveranstaltungen und zeichnet verdiente Bauern aus, niemand, so scheint es, will da nochmals in den alten Zeiten graben.

Doch da ist noch Simon Wiesenthal in Wien, der eigentlich der Meinung ist, dass Murer noch immer im sibirischen Gulag sitzt oder gar schon tot ist. Auf den Listen der zurückgeführten Kriegsverbrecher, die er sich genau durchgesehen hat, hat der Name Murer gefehlt. Es ist ein Telefongespräch im Sommer 1960, das alles ändert: „Nach Eichmanns Gefangennahme im Mai 1960 benötigte ich einige Unterlagen über Murer, um meine Akten zu vervollständigen. Ich rief den Gendarmerieposten in Gaishorn an und bat um ein paar Einzelheiten hinsichtlich Murers Verhaftung im Jahre 1947. Der dortige Beamte sagte, er wisse gar nichts von dem Fall, und schlug mir vor, etwas später noch einmal anzurufen. Er wolle inzwischen Murer befragen.

‚Wie bitte? Murer ist also gar nicht tot?'

‚Aber nein. Er ist vor vier Jahren zurückgekommen, und seitdem lebt er hier auf seinem Hof.'

Ich bedankte mich und legte den Hörer auf. Ich mußte tief Luft holen. Murer war frei.“ *(Zitiert nach Simon Wiesenthal, Doch die Mörder leben.)*

Die Auskunft aus Gaishorn lässt Wiesenthal keine Ruhe. Er ruft im Justizministerium an und erkundigt sich, warum Murer auf der Liste der aus der Sowjetunion zurückgeführten Kriegverbrecher fehle. Die Antwort nach Augenblicken „großer Verlegenheit“: „Murers Name sei ‚versehentlich‘ ausgelassen worden – es handele sich um einen bürokratischen Fehler.“ Zu dieser Darstellung Wiesenthals ist zu sagen, dass die österreichische Seite von sowjetischer Seite keine Namenslisten zu den Heimkehrertransporten erhielt. Das österreichische Innenminsterium aber registrierte in Kooperation etwa mit dem Roten Kreuz ab 1947 die Heimkehrer, wenn sie am Bahnhof in Wiener Neustadt ankamen – diese Listen sind auch heute noch vorhanden und verfügbar. Aus dem Eintrag in der Kartei des Boltzmann-Instituts für Kriegsfolgen-Forschung geht eindeutig hervor, dass Franz Murer von sowjetischer Seite als „in Österreich verhafteter und verurteilter Zivilist“, das heißt, als „Zivilverurteilter“ geführt wurde, er war kein Kriegsgefangener, ein Status, der den im Zuge von Kampfhandlungen gefangen genommenen Militärangehörigen zukam.

Wiesenthal alarmiert die Jüdische Kultusgemeinde, man beschließt offensiv in der Sache Murer vorzugehen. Am 2. Februar 1961 beruft der Bundesverband der jüdischen Kultusgemeinden unter dem Titel „Die Mörder sind unter uns“ eine vielbeachtete Pressekonferenz ein, auf der neben anderen Fällen auch der Fall Franz Murer zur Sprache gebracht wird – der Druck auf die österreichischen Justizbehörden wächst weiter. Der Vorwurf in einem Kommentar im *Kurier* vom 3. Februar 1961: Das Justizministerium rechtfertige faktisch die Straflosigkeit des „Judenmörders“ Murer, indem es verschweige, dass Murer nicht als Amnestierter aus der Sowjetunion zurückgekehrt sei, sondern als Strafgefangener übergeben wurde. Man hätte ihn also nach seiner Rückkehr in Untersuchungshaft nehmen und ein Verfahren gegen ihn eröffnen müssen – das verhindert 1955 wie oben erwähnt die Staatsanwaltschaft. Franz Murer reagiert auf diese Angriffe, indem er am 7. Februar 1961 die Obmannschaft der Bezirksbauernkammer Liezen zurücklegt, allerdings mit der Einschränkung, dass dies nur so lange gelte, bis die Haltlosigkeit der Anschuldigungen erwiesen sei.

Inzwischen hat sich die gesetzliche Grundlage deutlich zum Nachteil der Justizbehörden geändert, entscheidend dafür das Bundesverfassungsgesetz vom 14. März 1957, BGBl. 82, mit dem man die ehemaligen Nazis endgültig zurück in die Gesellschaft holen will. Die Bestimmungen des Nationalsozialistengesetzes, BGBl. 1947/25, werden damit geändert oder überhaupt aufgehoben: So gibt es von nun an keine Registrierungspflicht mehr und für die Verfolgung von NS-Tätern legt der Artikel III nunmehr fest, dass das Kriegsverbrechergesetz (KVG) 1947 aufgehoben ist, in Satz 2 wird dazu ergänzend bestimmt: „Insoweit eine nach diesem Gesetz mit Strafe bedroht gewesene Handlung auch unter eine andere strafgesetzliche Vorschrift fällt, ist sie danach zu verfolgen." Das bedeutet in der Praxis: NS-Täter können nicht mehr aufgrund ihrer Zugehörigkeit zu einem Mordapparat verurteilt werden, es müssen ihnen konkrete persönlich begangene Verbrechen nachgewiesen werden können – zum Beispiel Mord. Die Ausübung einer Funktion kann nicht mehr mit Strafe belegt werden, eine Bestimmung, die auch für die Ermittlungen gegen Murer entscheidende Bedeutung gewinnt: Die Staatsanwaltschaft konzentriert sich auf konkrete Strafhandlungen Murers, vernachlässigt dabei aber etwas den Blick auf den gesamten „Vernichtungsapparat", dem Murer zuarbeitet, und seine Funktionen. Das hat den Nachteil, dass die ihm angelasteten Einzeltaten ohne „Kontext" erscheinen und die diesbezüglichen Zeugenaussagen von der Verteidigung relativ leicht erschüttert werden können.

Im Mai 1961 sieht sich die Justiz schließlich zum Handeln gezwungen: Gegen Franz Murer wird Haftbefehl erlassen, am 10. Mai 1961 wird er in Gaishorn verhaftet. Die Folge ist beinahe ein „Bauernaufstand" im Paltental: Als die Autokolonne der Staatspolizei im Ort vorfährt, verbreitet sich das Gerücht, israelische Agenten seien angekommen, um Murer nach dem Muster von Adolf Eichmann nach Israel zu entführen. Aufgebrachte Landwirte versammeln sich, marschieren zum Gendarmeriegebäude in Gaishorn und verlangen die Freilassung Murers, auch vor der Bezirksbauernkammer in Liezen kommt es zu wütenden Protesten. Eine Delegation wird nach Wien geschickt, um im Justizministerium die Freilassung Murers zu fordern. Die Staatsgewalt lässt sich jedoch nicht irritieren – Murer wird ins Untersuchungsgefängnis nach Graz gebracht, es beginnen umfangreiche Ermittlungen der Staatsanwaltschaft Graz, die von Dr. Schuhmann geleitet werden. Die Aufgabe ist nicht einfach: Schuhmann muss „neue Fakten" sammeln, denn gegen eine Wiederaufnahme des alten Verfahrens wird von Murers Anwalt Einspruch erhoben, dem das Oberlandesgericht Graz am 4. Juli 1961 auch stattgibt. Die Möglichkeit „neuer Fakten" wird zwar von der Grazer *Süd-Ost-Tagespost,* die sich vehement für den allseits beliebten Bauer einsetzt, bezweifelt, Dr. Schuhmann aber zeigt, was möglich ist: Obwohl die zeitgeschichtliche Forschung noch keineswegs ein genaues Bild von der Situation in Wilna zeichnen kann, gelingt es ihm auf Reisen in die zuständigen Archive – etwa nach Ludwigsburg –, sich einigermaßen umfassend zu informieren, es fehlt aber weitgehend Material aus den litauischen Archiven über die konkrete Tätigkeit des Gebietskommissariats.

Während Murer in Untersuchungshaft sitzt, versuchen seine Freunde für ihn zu intervenieren, unter ihnen etwa Josef Wallner, der Obmann des Österreichischen Bauernbundes und Präsident der Landwirtschaftskammer, der bei Justizminister Christian Broda vorstellig wird. Broda verspricht eine „rasche Erledigung", ist aber pikiert darüber, dass ein Brief Wallners vom 14. Juni 1962 an den „Lieben Freund Murer" den Weg in die Öffentlichkeit gefunden hat. *(Broda-Archiv, Mappe III, ÖNB)* Wallner bleibt hartnäckig: Sogar während eines Abendessens mit der dänischen Königsfamilie spricht er angeblich Broda auf den Fall Murer an.

Auch Theodor Piffl-Perčević, später Unterrichtsminister, und der Nationalratsabgeordnete Alfred Haberl setzen sich für Murer ein

(Broda-Archiv, Mappe III, ÖNB) – der offenbar dennoch enttäuscht ist und sich mehr Unterstützung von Seiten der Partei erwartet.

Die Wogen gehen vor allem in der Steiermark hoch. So weiß die Bäuerin Grete Karner, damals Obfrau der Landjugend, von einer heftigen Auseinandersetzung des 20-jährigen Gerulf Murer mit Landeshauptmann Josef Krainer 1962 in Gröbming zu berichten: Der Vater müsse sofort freigelassen werden. Zu Weihnachten 1961 fällt Grete Karner, wie sie erzählt, die Aufgabe zu, einen Brief an Murer ins Gefängnis nach Graz zu schreiben. Und Gattin Elisabeth Murer setzt alles in Bewegung, um ihren Mann vor einer Verurteilung zu retten – sie bittet zahlreiche bekannte Politiker und Funktionäre, sich für eine Beschleunigung des Verfahrens einzusetzen.

Am 10. Juni 1963 beginnt am Landesgericht für Strafsachen Graz der Prozess gegen Franz Murer. Das Interesse der Medien ist gewaltig, das Verfahren gegen den Bauer aus Gaishorn wird zur Standortbestimmung der österreichischen Justiz im Umgang mit den NS-Verbrechen. Den Vorsitz über das Verfahren hat man OLGR Dr. Egon Peyer anvertraut, eine Entscheidung, die – wie sich später zeigen wird – fragwürdig ist. Beisitzer sind die Richter OLGR Dr. Ernst Pammer und Hofrat OLGR Dr. Gragger. Öffentlicher Ankläger ist Staatsanwalt Dr. Schuhmann, Verteidiger Dr. Karl Böck von der Wiener Rechtsanwaltskanzlei Gürtler. Das Verfahren ist ein Geschworenenprozess, auf der Geschworenenbank nehmen acht Geschworene und zwei Ersatzgeschworene Platz.

Die 43 Seiten umfassende Anklageschrift zum Verfahren mit der Geschäftszahl 4 Vr 1811/62 listet 15 einzelne Mordfälle auf, Franz Murer habe „hiedurch das Verbrechen des gemeinen Mordes nach den §§ 134, 135 Ziffer 4 StG. begangen und sei hiefür gemäß § 136 StG. zu bestrafen“. In der „Begründung“ geht die Anklageschrift ausführlich auf die Situation im Baltikum nach dem Beginn des Krieges gegen die Sowjetunion ein, insbesondere auf die Rolle der Gebietskommissariate. Sie hebt richtigerweise hervor, dass die Zivilverwaltung für die Errichtung der jüdischen Ghettos zuständig war, und gibt dann einen Überblick zur Geschichte des Ghettos in Wilna und über die im Juli 1941 einsetzenden Vernichtungsaktionen. Dann geht sie auf die Tätigkeit des Angeklagten als Adjutant und rechte Hand des Gebietskommissars ein. Durch „zahlreiche Grausamkeiten“ und „noch im einzelnen zu schildernde Bluttaten, die der Beschuldigte an Juden begangen hat“, habe er sich den Ruf eines „Herrn des Ghettos“ erworben. Gegenstand der Anklage seien allerdings nicht die von ihm verübten zahlreichen Grausamkeiten, sondern die „Tötungshandlungen“ des Beschuldigten, die dann im Detail angeführt werden – von Faktum 1, der Erschießung einer unbekannten jüdischen Handschuhnäherin, bis Faktum 15, der Erschießung des jüdischen Ordnungspolizisten Shimon Gordon.

Gleich vorweg stellt die Anklageschrift fest, dass sich die „entscheidende Beweisführung bezüglich der dem Beschuldigten Franz Murer angelasteten Tathandlungen“ nicht auf dessen Verantwortung selbst stützen könne, da er auf das „entschiedenste“ bestreite, „während seines Aufenthaltes in Wilna auch nur einen Menschen jemals mißhandelt oder gar getötet zu haben. Er habe dort nie einen Schuß abgegeben, sondern sich als Referent im Gebietskommissariat nur mit Verwaltungsaufgaben befaßt.“ Demgegenüber werde der Beschuldigte jedoch durch „sämtliche jüdische Zeugen auf das schwerste belastet“. Es sei ausgeschlossen, so resümiert die Anklageschrift, dass „der Beschuldigte, wie er in seiner Verantwortung behauptet, von einer so großen Anzahl in aller Welt verstreut lebender Menschen zu Unrecht belastet wird“.

Zur Verhandlung sind 37 Zeugen aus Österreich, Deutschland, den USA und Israel geladen.

Franz Murer wird aus der Untersuchungshaft vorgeführt, er hat für den Prozess einen Steireranzug gewählt, wirkt blass und verbittert. Der Prozess beginnt mit einer Befragung über seine persönlichen Verhältnisse, dann schildert er seine Tätigkeit in Wilna – bereits jetzt zeigt sich, dass Murer, wie in der Anklageschrift schon angedeutet, eine Strategie des konsequenten Ableugnens verfolgen wird.

Nach über zweijähriger Untersuchungshaft beginnt am 10. Juni 1963 der Prozess gegen Franz Murer.

Als man ihm eine Fotokopie der von ihm unterschriebenen „Richtlinien über den Einsatz von jüdischen Arbeitskräften" vorlegt, gibt er dazu an: „Ich kann mich nicht erinnern, dieses Schriftstück unterschrieben zu haben." Er wisse auch nicht, wann es in Wilna zu ersten Tötungshandlungen gekommen und wer dafür verantwortlich sei. In Wilna sei er von den Sowjets wegen Entzuges von Lebensmitteln zugunsten der deutschen Wehrmacht und wegen „Teilnahme an der Ghettobildung" verurteilt worden.

Als erster Belastungszeuge im Beweisverfahren tritt der 59-jährige Israel Szelubski, geboren in Wilna, nunmehr Gaststättenbesitzer in München, auf. Er berichtet, dass sein Sohn, der im Heereskraftfahrzeugpark (HKP) gearbeitet habe, von Murer mit einem Kilo Kartoffeln erwischt worden sei. Murer habe daraufhin den jüdischen Polizisten „fünfzehn Peitschenhiebe auf den nackten Körper" befohlen. Sein Sohn, so Szelubski, der damals noch ein halbes Kind gewesen sei, wäre darüber in geistige Umnachtung gefallen und lebe seit 18 Jahren in einer Irrenanstalt.

Die Situation im Gerichtssaal: Die Geschworenen sitzen rechts vom Angeklagten.

Murer erklärt, dass die Verhängung von Strafen für den Schmuggel von Lebensmitteln von Gens eingeführt worden sei, eine Lüge, die jedoch von der Staatanwaltschaft nicht widerlegt werden kann. Szelubski muss über Befragen durch Verteidiger Karl Böck eingestehen, dass er nicht selbst gesehen hat, wie sein Sohn geschlagen wurde.

Nächster Belastungszeuge ist der 38-jährige Wulf Zawadski, geboren in Stettin und nunmehr in Braunschweig lebend. Murer, so erklärt Zawadski, dessen Eltern erschossen wurden, sei zweimal in der Woche ins Ghetto gekommen, er habe die Verbrechen geleitet, die in Wilna begangen wurden. Wenn er im Fiaker ins Ghetto gekommen sei, mussten alle die Mützen ziehen und die Straßen mussten geräumt werden. Murer verweist darauf, dass er nie mit einem Fiaker ins Ghetto gefahren sei, er habe verschiedene Autos zur Verfügung gehabt, etwa einen Opel, einen Mercedes und einen Hanomag.

Als Belastungszeuge an diesem ersten Verhandlungstag erscheint auch Oskar Schönbrunner, ehemals Oberzahlmeister in Wilna, jetzt Verwaltungsleiter in München, der über den Mord an Ljuba Lewicka berichtet (siehe das Kapitel „Zehn Tage Judenhass"). Aus Wien ist der 41-jährige Zeuge Peter Magids angereist. Magids, der als Vertreter tätig ist, stammt aus Soti in Polen und gibt an, dass Murer Befehl gegeben habe, ein Mädchen zu erschießen, das seine Eltern im Ghetto nicht verlassen wollte: „Murer war Befehlshaber über Tod und Leben; er konnte erschießen lassen, wen er wollte. Er hat die Befehle den Litauern gegeben, in welchem Wortlaut, kann ich nicht angeben." Magids muss auf Nachfrage einräumen, dass das Mädchen in Soti erschossen worden sei – Murer erklärt, dass er nie in Soti, etwa 80 km von Wilna entfernt, gewesen sei. Um 12.35 Uhr wird die Verhandlung unterbrochen.

Für den zweiten Verhandlungstag, den 11. Juni, hat Staatsanwalt Schuhmann den Auftritt von Zeugen vorgesehen, die durch ihre detaillierten Angaben überzeugen – sie sollen Murers beharrliche Unschuldsbeteuerungen ins Wanken bringen. Zunächst wird der Facharzt für Urologie Dr. Mosche Feigenberg, der Autor des 1946 erschienenen Buches *Wilna unter dem Nazijoch,* in den Zeugenstand gerufen. Als Chef der urologischen Abteilung des Ghettokrankenhauses habe er Murer mehrere Male gesehen: „Ich habe Murer öfter bei der Torwache gesehen und habe auch gesehen, wie er bei verschiedenen Selektionen anwesend war. Murer ist auch im Krankenhaus erschienen und hat den Befehl erteilt, dass jüdische Frauen keine Kinder bekommen dürfen, jede jüdische Mutter und der Arzt würden dies mit dem Kopf bezahlen. Ich selbst habe an die tausend Abtreibungen im jüdischen Krankenhaus durchgeführt. Ich kann nicht sagen, ob Murer diesen Befehl nur weitergeleitet hat oder ob er diesen Befehl selbst erteilt hat. Ich wußte, daß das gesamte Gebiet dem Gebietskommissariat und dem Gebietskommissar Heinrich (sic!) Hingst unterstand und der Referent für jüdische Angelegenheiten im Ghetto war Franz Murer."

Feigenberg verweist auf sein Buch, in dem er auch den Fall Ljuba Lewicka behandelt habe, dann erzählt er über die Kontribution, die Murer dem Judenrat im August 1941 abgepresst habe, und den

Dienstag, 11. Juni 1963 — Nr. 133 KLEINE ZEITUNG 60./15. Jahrgang — Seite 9

RECHT UND GERICHT

Murer: Ich habe nie im Leben auf einen Menschen geschossen

Zwanzig Morde im Wilnaer Ghetto — Ueberlebende sagen aus — Grazer Prozeß vor nahezu leeren Zuhörerbänken

„Franz Murer war im Ghetto von Wilna der Herr über Leben und Tod." Dies sagten gestern Zeugen, die aus Deutschland gekommen waren, vor dem Grazer Geschworenengericht (Vors. OLGR. Dr. Peyer, StA. Dr. Schuhmann). Der 51jährige Landwirt Franz Murer aus Gaishorn, Bezirk Liezen, der bereits von einem sowjetischen Militärgericht in Wilna zu 25 Jahren Zwangsarbeit verurteilt worden ist, wird beschuldigt, in den Jahren 1941 bis 1943 in Wilna zwanzig jüdische Männer und Frauen erschossen zu haben. Der Angeklagte behauptet: „Ich habe nie in meinem Leben auf einen Menschen geschossen!"

Der für vierzehn Tage anberaumte Judenmord-Prozeß begann vor nahezu leeren Zuhörerbänken. Die zwanzig Jahre, die seit jener Zeit des Grauens vergangen sind, lassen sich schwer überbrücken. Man hat manches vergessen und sich mit vielem abgefunden. In der Erinnerung der Überlebenden aber ist diese Zeit noch immer lebendig und die Aussagen der Zeugen haben heute noch etwas beklemmend Unmittelbares.

Aus München kam Israel Szelubski, dessen Sohn in geistiger Umnachtung in einer Irrenanstalt lebt. „Kennen Sie den Herrn Murer?" fragte der Vorsitzende. „Ich glaube, der Herr ist es gewesen", erwiderte der Zeuge nach einem zögernden Blick in das Gesicht des Angeklagten. Erregt fuhr er fort: „Aber ich habe Papiere, von Murer unterschrieben! Mein Sohn ist seit achtzehn Jahren krank. Murer hat meinen Sohn erwischt. Einen Kilo Kartoffeln hat er gehabt. Fleisch haben wir nicht riskiert, aber Kartoffeln und Brot! Murer hat befohlen, daß jüdische Polizisten meinen Sohn schlagen, fünfzehn Peitschenhiebe auf den nackten Körper! Er war noch ein halbes Kind."

„Ich kenne diesen Vorfall nicht, kann mich nicht erinnern. Ich habe der jüdischen Ghetto-Polizei nichts befohlen", erklärte Murer. Zeuge: „Mein Sohn hat es gesagt, die jüdische Polizei hat es gesagt."

„Meine Eltern sind in Wilna erschossen worden", sagte Wulf Zawadzki. „Erkennen Sie Murer?" fragte der Vorsitzende. Der Zeuge ging auf Murer zu, zeigte mit dem Finger auf ihn: „Das ist er!" Vors.: „Was war mit Murer?" Zeuge: „Er hatte die Abteilung jüdisch-rassische Angelegenheiten im Wilnaer Ghetto. Murer kam zweimal in der Woche ins Ghetto. Ich war damals sechzehn Jahre. Ich bin einer von den Achttausend, die zuletzt von der ganzen Stadt am Leben geblieben sind. Ich habe sämtliche Aktionen mitgemacht. Murer hat die Verbrechen geleitet, die in Wilna begangen wurden."

Der Zeuge versuchte, die zwanzig Jahre zu überbrücken: „Hohes Gericht, wir leben heute im Jahre 1963. Es ist schwer, heute, in einem freien Lande wie Österreich, einen Sprung zu tun in die Zeit, die wir erlebt haben. Murer war König über Leben und Tod! Ich erinnere mich an die erste Wilnaer Exekution, Murer hat sie geleitet, das war gegen Abend. Das war an einem großen jüdischen Feiertag. Murer stand beim Tor. Fünftausend wurden damals erschossen."

Vors.: „Haben Sie gehört, daß er einen Befehl erteilt hat?" Zeuge: „Er hat das alles geleitet. Sie haben nicht genug Menschen auftreiben können, da hat Murer eine ganze Arbeitsstelle abgezweigt und hat gesagt „Jetzt haben wir die Zahl!" Es waren aber zuviel, da wurden wieder einige zurückgeschickt. Mein Vater war Polizist im Ghetto, da wurde zu Hause manches erzählt. Ich weiß mehr, als Murer denkt. Murer hat bestimmt, welche Juden erschossen werden sollten."

Man dürfe Murer nicht so sehen, wie er heute ist, sagte der Zeuge Zawadzki. „Er hat sich einen Fiaker angeschafft mit zwei Pferden. Wenn er kam, liefen die Polizisten aus vier Revieren hinaus, um die Straßen zu räumen. Es wurde geschlagen und gestoßen und einer mußte vor dem Wagen herlaufen. Murer hat nur mit dem Finger gezeigt und das war ein Todesurteil. So würden wir heute sagen. Aber damals war es noch schlimmer. Wir wußten nicht einmal, warum wir starben. Ich wäre froh, wenn meine Eltern sich so hätten verteidigen können wie heute Murer. Er ist ein freier Mensch, er hat alle Möglichkeiten. Meine Eltern hatten keine Möglichkeit."

„Ich will dem Zeugen diese Aussage verzeihen", erklärte Murer. „Ich war nicht Herr über Leben und Tod. Ich habe einen Opel gehabt und einen Mercedes, aber keinen Fiaker." Zeuge: „Ich bin 1200 km von Braunschweig hergefahren und ich wäre bestimmt nicht gekommen, wenn Herr Murer nicht das wäre, was ich hier ausgesagt habe."

Oskar Schönbrunner aus München war seinerzeit Oberzahlmeister in Wilna. Murer sei der Adjutant des Gebietskommissars gewesen, berichtete der Zeuge. Er war der Meinung, daß Murer, den er wiederholt „ganz friedlich" im Ghetto sah, „irgend etwas Administratives" zu tun hatte.

Das Lied vor dem Sterben

Zeuge Schönbrunner weiß nur von einem Fall: „Ich habe große Werkstätten gehabt, da arbeitete eine Sängerin in der Schneiderei. Eines Tages wurde mir gemeldet, sie hätte ein paar Pfund Erbsen genommen und Murer hätte sie erwischt und verhaftet. Ein paar Tage später hieß es, sie sei erschossen worden. Sie soll sich ausbedungen haben, daß sie vor der Erschießung noch einmal singen darf und die zwei vom Erschießungskommando haben selbst geweint ..."

Staatsanwalt Dr. Schuhmann hat aus New York einen Brief von Samuel Robitsch erhalten. Robitsch behauptet in seinem Schreiben, daß Murer ihm als der „Brutalste und Judenfeindlichste" von Wilna bekannt sei. Einmal habe Murer allerdings 100 Juden aus den Gestapokellern befreit, weil die Juden im Auftrag Murers als Geburtstagsgeschenk für den Gebietskommissar einen Stadtplan von Wilna hergestellt hätten.

Murer lachte, als der Brief verlesen wurde: „Ich war keine so gewaltige Persönlichkeit."

Samuel Robitsch schrieb auch von der Verhaftung der Sängerin. Murer: „Die Sängerin ist mir nicht bekannt. Mir ist schon einmal vorgehalten worden, daß ich sie erschossen hätte. Das war der einzige Mord, der mir von dem russischen Gericht in Wilna vorgehalten worden ist. Sie haben mir gesagt, ich hätte die Lublitzka — oder wie sie hieß — vor dem Ghettotor erschossen und ich habe zur Antwort gegeben, ich habe überhaupt niemand erschossen." Vors.: Es sind Zeugenaussagen im Akt — Murer: „Herr Vorsitzender, ich bin dafür nicht verurteilt worden."

Murer behauptet, die sowjetische Verurteilung zu 25 Jahren Zwangsarbeit sei nur wegen Entzuges von Lebensmitteln zugunsten der deutschen Wehrmacht erfolgt. Der Vorsitzende stellte dazu fest, die Sowjetbehörden hätten der österreichischen Botschaft in Moskau, allerdings nur in Schlagworten, mitgeteilt, daß Franz Murer am 25. September 1948 wegen Teilnahme an Erschießungen sowjetischer Zivilisten verurteilt worden sei. Nach sieben Jahren sei Murer entlassen worden.

Einen bisher nicht bekannten Fall brachte der Vertreter Peter Magids aus Wien vor. Murer soll in einer Ortschaft, die 80 km von Wilna entfernt ist, den Befehl gegeben haben, ein junges Mädchen namens Taboriska zu erschießen. Der Befehl sei sofort von einem litauischen Polizisten ausgeführt worden. „Ich war nie dort", erklärte Murer. Die Frage des Verteidigers, warum er jetzt erst davon spreche, wußte der Zeuge nicht zu beantworten.

Franz Murer erklärte in seiner Verantwortung, er habe sich in Wilna nur mit Belangen der Landwirtschaft befaßt. Eine Zeitungsnotiz darüber, daß die Juden, die wesentlich geringere Lebensmittelrationen erhielten, im Schleichhandel Lebensmittel erwarben und ins Ghetto brachten, habe ihn veranlaßt, an Kontrollen teilzunehmen. Bei den Kontrollen sei keinem Juden etwas geschehen. Er selbst habe oft veranlaßt, daß beschlagnahmte Lebensmittel im Ghetto verteilt wurden. An Aktionen gegen die Juden habe er nie teilgenommen.

Dem Prozeß gegen Murer wohnt der in Deutschland vom Landgericht Würzburg wegen Judenerschießungen in Wilna zu lebenslangem Zuchthaus verurteilte Martin Weiß bei. Martin Weiß war ein Mitarbeiter Murers. Die Zeugen werden auch Weiß gegenübergestellt, um zu erklären, ob Murer etwa mit Weiß verwechselt wurde.

Kleinkind ertrank in der Traun

Ein tragischer Unfall ereignete sich gestern gegen 10.30 Uhr in Reith bei Bad Aussee. Der zweijährige Bernhard Wilpernig stürzte in der Nähe der elterlichen Wohnung in die Traun und ertrank. Die Mutter konnte das Kind wohl etwa 400 Meter unterhalb der Unglücksstelle aus dem Wasser bergen, trotzdem blieben alle Wiederbelebungsversuche, die im Krankenhaus Bad Aussee unternommen wurden, erfolglos.

Hoteldieb verhaftet

Gendarmen des Postens Mürzzuschlag verhafteten kürzlich den 21jährigen Hilfsarbeiter Horst Fon und lieferten ihn in das Bezirksgericht ein. Fon hatte fünfmal in Zimmern eines Mürzzuschlager Hotels Diebstähle verübt und dabei zwei Armbanduhren, drei Geldbörsen sowie Bargeld und Zigaretten erbeutet. Der Hilfsarbeiter — er ist unsteten Aufenthaltes — legte ein Geständnis ab.

„Autospringer" am Werk

Drei Grazer Studenten wußten kürzlich in der Nacht nichts Besseres zu tun, als in der Leonhardstraße auf die Kühlerhauben von zwei abgestellten Personenwagen zu springen. Die Blechschäden machen zusammen 1500 S aus. Die Studenten konnten von der Polizei ausgeforscht werden.

Schweißbrenner explodierte

Auf dem Lagerplatz einer Baufirma in Graz zündete Samstag der Schmiedegehilfe Otto Lösch einen Schweißbrenner an. Plötzlich gab es dabei eine Explosion durch einen Brennerrückschlag. Sofort gerieten der 16 Meter lange Gasflaschenschlauch und Hartölpulver in Brand. Die Feuerwehr mußte gerufen werden und löschte binnen 15 Minuten den Brand.

„Die Aussagen der Zeugen haben heute noch etwas beklemmend Unmittelbares": Bericht über den ersten Verhandlungstag in der „Kleinen Zeitung".

„Provokationssonntag", an dem er vom Fenster des jüdischen Krankenhauses aus beobachtet habe, wie „zehntausend Judenkinder bis alte Leute aus ihren Häusern geholt und in unbestimmte Richtung geführt wurden"; einige Tage später seien dann einige Frauen mit Schusswunden ins Krankenhaus gekommen und dort verbunden worden. Auf Nachfrage des Richters führt Feigenberg dann weitere Details an: „Der Chirurg Dr. Klaus Losenberg versuchte seine Mutter aus dem Ghetto zu schmuggeln. Murer entdeckte die Frau und schlug ihr mit der Faust auf den Kopf. Durch diesen Schlag starb die Frau." (Ein Vorfall, der sich im Rahmen der „Aktion der gelben Scheine" abspielte – J. S.)

Murer, so Feigenberg weiter, „war für uns alle ein Schreckgespenst. Wir hatten am Ghettotor eine Glocke, die betätigt wurde, wenn Murer ins Ghetto kam, denn dann stand etwas Schlechtes in Aussicht. Ich weiß von einer Gruppe von Menschen, die ihn nicht gegrüßt hatten und ins Gefängnis kamen, als Station zur Erschießungsstätte. Ich weiß von Frauen, die am Ghettotor ertappt wurden, als sie Brot und Kartoffeln hineinschmuggeln wollten, und die von ihm ins Gefängnis gebracht wurden. Manche Frauen mußten sich im Keller der Schule nackt ausziehen, angeblich wegen der Suche nach Lebensmitteln. Ich weiß, daß Murer das Bad, in dem jüdische Frauen waren, besucht hat." – An dieser Stelle wird Feigenberg vom Vorsitzenden Peyer unterbrochen, der den Zeugen scharf zurechtweist: „Wir wollen heute nicht eine allgemeine Sittengeschichte hören, sondern konkret, was Murer getan hat." Der Staatsanwalt schweigt zu diesem Vorwurf des Richters, obwohl er die Möglichkeit bieten würde, das Charakterbild des Angeklagten deutlicher zu umreißen und Murer aus der Reserve zu locken – bereits jetzt zeichnet sich eine Verhandlungsführung ab, die ganz eindeutig darauf abzielt, die Zeugen lächerlich und unglaubwürdig erscheinen zu lassen. Die zynischen Kommentare des Vorsitzenden verraten Voreingenommenheit und Parteinahme für Murer, ja, sie erinnern an den Jargon der Nazis. Der Staatsanwalt muss diesem Treiben hilflos zusehen, die Zeugen selbst sind auf diesen heftigen Gegenwind nicht vorbereitet. Sie haben mit mehr Anteilnahme an ihrem Schicksal, mit mehr Sympathien gerechnet. Die Sympathien, so müssen sie jedoch erkennen, sind hier in Graz auf Seiten jenes Mannes, den sie als Mörder in Erinnerung haben.

Murer leugnet einfach alles: „Ich bestreite insbesondere, daß ich jemals mit den Selektionen und Aktionen persönlich zu tun gehabt habe. Ich war auch nicht im Krankenhaus und habe auch nicht verlangt, daß jüdische Mütter keine Kinder bekommen sollen. Sämtliche jüdische Angelegenheiten waren Sache der Gestapo. Ich hatte nur verwaltungsmäßige Tätigkeiten. Von Kontributionen ist mir nichts bekannt und von einem Provokationssonntag weiß ich auch nichts. Ich bestreite auch, daß bei uns Grußpflicht bestanden hat. Ich habe niemanden ins Lukischki-Gefängnis bringen lassen. Wegen Kleider, Lebensmittel usw. habe ich niemanden ins Gefängnis bringen lassen. Auch, daß ich Frauen selbst untersucht hätte, ob sie gut ernährt waren, ist unrichtig, da in einem Tagebuch von Kruk berichtet wird, daß dies an einem 26. und 29. Dezember (1942) geschehen sei. In dieser Zeit war ich auf Urlaub."

Mosche Feigenberg erlebt, wie sein so seriös geplanter Auftritt mit der Frage eines Geschworenen „Haben Sie Murer zu Fuß oder mit einem Fahrzeug im Ghetto gesehen?" und seiner unvorsichtigen Antwort „Ich sah ihn auch einmal mit einem Fiaker" vollends ins Lächerliche kippt, denn Murer kontert trocken damit, dass er nie mit einem Fiaker gefahren sei. Feigenberg, der als Arzt am jüdischen Krankenhaus den Alltag im Ghetto hautnah erlebt hat, ist damit als Belastungszeuge ein Totalausfall – sein Manko ist zudem, dass er keinen der Murer vorgeworfenen Morde persönlich beobachtet hat.

Der nächste Zeuge ist Benjamin Korolczuk, der bereits vor dem Militärtribunal in Wilna 1948 gegen Murer ausgesagt hat. Er berichtet, dass er eines Tages auf dem Rückweg von der Arbeit ein Mädchen auf der Straße habe liegen sehen – daneben sei Murer gestanden und knapp davor habe er einen Schuss gehört. Das Mädchen, so erzählte man später im Ghetto, sei noch am gleichen Tag gestorben. Für den Vorsitzenden eine leichte Übung – Korolczuk muss zugeben, nicht gesehen zu haben, wie Murer geschossen hat. Immerhin kann er auf Nachfrage des Staatanwalts bestätigen, dass Murer in Wilna „wegen Erschießung sowjetischer Menschen" verurteilt worden ist. Korolczuk relativiert seine Aussage dann jedoch: „Ich habe von diesem Faktum beim russischen Gericht ausgesagt. Ich glaube aber, daß Murer deswegen nicht verurteilt worden ist. Die Russen wollten nur Fakten verfolgen, soweit sowjetische Bürger erschossen worden sind, die Juden wurden nicht als sowjetische Bürger betrachtet." Murer gibt „nach Vorhalt dieser Zeugenaussage an", dass er sich nicht daran erinnern könne, dass Korolczuk als Zeuge beim Prozess vor dem russischen Gericht ausgesagt habe. Daraufhin lässt der Staatsanwalt die Zeugenaussagen vom 25. September 1948 verlesen.

Es folgt der Auftritt von Ephraim Schuster, der gleich in zwei Mordfällen Zeuge ist (zu Faktum 1, Erschießung einer Handschuhnäherin, siehe das Kapitel „Verlassen von den Menschen und von Gott"). Zum Faktum 13, Erschießung der Mutter eines jüdischen Kindes, berichtet er: „Dieser Vorfall trug sich entweder 1941, 1942, vielleicht auch 1943 zu, ganz genau kann ich das nicht sagen. Ich habe damals noch nicht im HKP gearbeitet. Ich habe wohl eine Bewilligung bekommen, wonach ich arbeiten gehen konnte. Vor dem Ghettotor waren zwei litauische und zwei jüdische Polizisten. Wir waren eine Kolonne von 40 bis 50 Mann, in der sich auch eine Mutter mit einem Kind befand. Wir waren schon aus dem Ghetto heraußen, als diese Mutter an der Reihe war, sie hatte keinen Schein. Murer, der ebenfalls am Ghettotor stand, wollte nicht zulassen, daß die Frau und das Kind das Ghettotor verlassen. Er hat das Kind herausgerissen und die Frau hat zu ihm gesagt: ‚Hund, schmutziger!' und hat ihn angespuckt. Wir haben einen Laut gehört und wir haben die Frau nicht mehr gesehen. Als wir abends in das Ghetto zurückkamen, sagte man uns, die Frau sei erschossen worden. Vom Kind habe ich nichts mehr gehört. Was mit dem Kind geschehen ist, weiß ich nicht. Über die Jahreszeit befragt, weiß ich nichts Genaues, ich bin auch nicht in der Lage, den Namen der Frau zu nennen. Das

Kind war etwa 6 Jahre alt, die Frau etwa 30 oder 32 Jahre. Ich habe nur gehört, dass die Frau erschossen worden ist, wer genau geschossen hat, habe ich damals nicht gesehen. Ich nehme deshalb an, daß es Murer ist, weil die litauische Polizei niemand erschossen hat und die jüdische Polizei nur Gummiknüttel besessen hat." Wie gewohnt gibt Murer an, von diesem Vorfall nichts zu wissen, er könne daher auch nichts dazu sagen. Die Glaubwürdigkeit Ephraim Schusters wird durch die Tatsache schwer erschüttert, dass er in einer früheren Aussage vor einem israelischen Richter einen anderen Ort für diesen Vorfall angegeben hatte, in Verbindung mit der Unsicherheit in der Datierung ist es der Verteidigung ein Leichtes, das zweifelnde Fragezeichen hinter Schusters Darstellung noch zu vergrößern.

Da die Zeugin Miriam Werbin nicht erschienen ist, wird die Ghettoüberlebende Sima Kinbrenner in den Zeugenstand gerufen. Die 1912 in Wilna geborene und seit 1949 in Tel Aviv lebende Frau, von Beruf Schneiderin, erzählt zum Faktum 3, Erschießung einer 22-jährigen Jüdin: „Ich bin in Wilna geboren und dort aufgewachsen. Ich habe zwei Kinder. Mein Mann ist in Ponary verbrannt worden. Mein Mann hat in einem Torflager in Dresce gearbeitet. Dort ist er immer gewesen. Als das Ghetto eröffnet wurde, war mein Mann schon im Torflager beschäftigt. Dann bin ich mit den Kindern in das Ghetto gekommen. Ich bin dann vom Ghetto zur Bahnstation arbeiten gegangen. Dabei habe ich bei Bauern mit dem Arbeitserlös Brot gekauft. Mit mir ist eine Frau im Alter von ungefähr 22 bis 23 Jahren mitgegangen. Nachdem sie das Brot bei den Bauern bezahlt hat, ist sie zur Arbeitsstätte zurückgegangen. Diese Arbeitsstätte Porobany ist sehr weit von Wilna weg. Wir haben dort Steine geschleppt. Auch ich war bei einem Bauern und habe Brot gehandelt. Ich hörte, als ich zurückkam, einen Schuß. Ich kehrte mich um und sah die andere Frau auf der Erde liegen, in der Nähe des Bahnhofes. Als ich das gesehen hatte, bin ich in Ohnmacht gefallen und liegen geblieben. Ich habe damals den Murer mit einer gezogenen Pistole gesehen. Weit und breit war niemand, außer Murer und ich und die erschossene Frau. Ich schließe, daß diese Frau tot gewesen sein muß, da sie nicht mehr zurückgekommen ist, obwohl im Lager ihr Mann und ihre Kinder waren. Ich glaube nicht, daß diese Frau geflüchtet ist, da sie im Blute gelegen ist. Es war sicher der Murer, denn ich habe ihn gekannt. Murer stand nämlich immer bei der Torwache.“

Als Murer „nach Vorhalt“ dieser Darstellung erklärt, nie bei der Bahnstation Porobany gewesen zu sein und diese „Tathandlung“ nicht verübt zu haben, gerät Sima Kinbrenner in „große Erregung“ und verfällt ins Jiddische: „Genauso wie ein Dieb nicht zugibt, daß er gestohlen hat, gibt ein Mörder nicht zu, was er gemacht hat. Ich sehe ihn Nacht für Nacht vor Augen.“

Wie das Protokoll vermerkt, gelingt es nur schwer, die aufgebrachte Zeugin zu beruhigen. Verteidiger Karl Böck setzt in bewährter Weise wieder bei den Details an und verunsichert sie weiter: Sima Kinbrenner kann sich nicht mehr erinnern, welche Uniform Murer getragen hat, und sie weiß nicht mehr, wie weit die Bahnstation vom Ghetto entfernt war. Sie hat aber noch eine Aussage vorbereitet, und zwar zum Faktum 15, der Erschießung des jüdischen Ordnungspolizisten Shimon Gordon: „Es war im gleichen Jahr, in dem sich der Vorfall mit der Frau zutrug, im Jahre 1941. Ich war damals im Ghetto. Die Inhaber der gelben Arbeitsscheine wurden aus dem Ghetto herausgeführt, die anderen, welche keine Scheine hatten, haben sich im Bunker versteckt gehalten. Die litauischen Polizisten kamen in das Ghetto hinein, fanden sie und führten sie aus dem Ghetto heraus. Bei dieser Durchsuchung war auch ein jüdischer Polizist namens Shimon Gordon dabei. Dieser hat ein Mädchen vorüberlaufen lassen, indem er wegschaute. Am nächsten Tag kam ein Befehl von Murer, daß sich Shimon Gordon bei der Ghettopolizei melden muß. Shimon Gordon ist dann zur Polizei hingegangen. Später hat man seine Kleidung gebracht, zu seiner Mutter. Ich habe nicht gehört, daß Murer ihm etwas getan hat. Ich habe auch nicht erfahren, daß irgendjemand ihm etwas getan hat. Ich habe wohl erfahren, daß Murer ihm was Schlechtes getan hat. Ich bleibe aber nochmals dabei, daß Murer auf dem Bahnhof Porobany gesehen worden ist.“

Murer gibt zu Protokoll, dass ihm der Name Shimon Gordon vollkommen unbekannt sei, er habe auch nie einen Polizisten zur Wache bestellt, weil er ein Mädchen vorüberlaufen habe lassen. Um den Verdacht einer Verwechslung auszuschließen, stellt Staatsanwalt Dr. Schuhmann der Zeugin die Frage, ob sie irgendwo im Saal Martin Weiss erkenne. Sima Kinbrennner besteht diesen „Test" mit Bravour: „Da sitzt der Mörder Murer und da sitzt der Martin Weiss, der immer ins Ghetto gekommen ist." Die Geschworenen werden der Schneiderin aus Tel Aviv dennoch keinen Glauben schenken und bezüglich Faktum 3 und Faktum 15 Murer einstimmig von jeder Schuld freisprechen.

Wenig Erfolg hat die Staatsanwaltschaft auch mit der Zeugenaussage zum Faktum 4, der Erschießung eines 16 bis 17 Jahre alten Mädchens im Jahr 1942, die von Selig Shmilewitz, geboren 1907 in Wilna und nun in Israel lebend, vorgebracht wird. Der Taschenmacher repariert Stiefel und Schuhe für die deutsche Wehrmacht und berichtet folgenden Vorfall: „Im Jahre 1942 oder 1943 ging vor mir ein Mädchen in unserer Arbeitsgruppe, sie war etwa 16 bis 17 Jahre alt. Ich sah, daß sie etwas in der Hand hielt, und das war Brot. Murer nahm sie aus der Reihe heraus und brachte sie in den Hof der Polizeistube. Ich hörte dann einen Schuß fallen. Wir sind dann geflohen, weil wir Angst hatten, daß auch auf uns geschossen wird. Nächsten Tag gingen wir dann zur Arbeit und da sagten die Leute, daß Murer das Mädchen getötet hat. Den Namen des Mädchens kann ich nicht sagen, denn sie stammte aus einer anderen Gegend. Es war damals niemand im Hof, der Platz war vollkommen leer. Es war deshalb niemand anwesend, denn es war so, daß, wenn der Murer kam, alles fort war und weg sein mußte. Ich erinnnere mich auch an einen Vorfall, an dem Murer gegen den Kopf eines Menschen geschossen hat. Ich weiß nicht genau, er war ungefähr 42 bis 43 Jahre alt. Er hat diesen erst erschlagen und dann erschossen."

Murer weiß einmal mehr nichts von diesem Vorfall und hält es zudem für „völlig unmöglich", dass ein Mädchen wegen Brotmitnehmens erschossen worden sei. Zum Fiasko wird der Auftritt von Selig

Shmilewitz, als dieser zugeben muss, dass er sich an seine Aussage von 1947 nicht mehr erinnern kann. Verteidiger Karl Böck lässt daraufhin auch die Aussagen des Zeugen beim Würzburger Prozess gegen Martin Weiss verlesen, die Unstimmigkeiten untergraben die Glaubwürdigkeit von Shmilewitz weiter, der darauf beharrt, dass Murer in diesem Fall der Täter war. Karl Böck ist jedoch bestens vorbereitet und lässt nun auch Aussagen aus dem Verfahren gegen den Weiss-Mitarbeiter August Hering (1910–1992) vorlesen – und daraus geht hervor, dass Hering wegen Mordes an einem jüdischen Polizisten schuldig erklärt worden ist. Franz Murer, so die Verteidigung, sei in diesem Fall irrtümlich beschuldigt worden – die Staatsanwaltschaft hat dem nichts mehr entgegenzusetzen.

Schließlich wird noch das israelische Protokoll der Aussage von Miriam Werbin zum Faktum 2, der Erschießung eines jüdischen Polizisten im Januar 1942, verlesen, von der Murer ebenfalls nichts weiß. Die Verteidigung weist wiederum auf einige Widersprüche hin, Werbins Aussage beeindruckt durch die allgemeinen Feststellungen: „Murer war der Schrecken des Ghettos. Sein Erscheinen bedeutete Unglück oder Tod. Die Bevölkerung nannte ihn ‚M.', das hieß Mörder."

Die Verhandlung wird um 12.45 Uhr unterbrochen – damit geht der zweite Verhandlungstag zu Ende, der deutliche Vorteile für die Verteidigung gebracht hat: Auf der einen Seite der Angeklagte, der jede ihm vorgeworfene Tat abstreitet, und auf der anderen Seite Zeugen, die in keinem einzigen Fall die „Tathandlung" wirklich gesehen haben und sich nur allzu oft in den Details unsicher zeigen oder sich in Widersprüche zu früheren Aussagen verwickeln. Das reicht nicht zu einer Verurteilung wegen Mordes.

Zum Höhepunkt des dritten Verhandlungstages am 12. Juni wird der Auftritt der Zeugin Tova Rajzman (siehe das Kapitel „Der Putsch im Ghetto") aus Tel Aviv, die bezeugt, dass Murer ihre Schwester Chaja erschossen habe. Als sie bei der Schilderung des Vorfalls die Nerven verliert und zu schreien beginnt, wird sie vom Vorsitzenden

Dr. Peyer ermahnt: „Schreien Sie nicht im Gerichtssaal!" – „Verzeihen Sie mir, Herr Rat", antwortet die Zeugin, „aber es war schrecklich. Das Blut meiner Schwester lief über meine Füße."

Aufgrund der Aussage des 42-jährigen Baumeisters Ariel Koslowski, wohnhaft in Israel, dehnt Staatsanwalt Dr. Schuhmann die Anklage auf ein Faktum 16, Ermordung des jüdischen Küchenmädchens Rachel Levy, aus. Koslowski, der einen gelben Schein besaß und bei Gleisbauarbeiten beschäftigt war, schildert folgenden Vorfall: „Einmal wurden 150 Juden aus Wilna nach Vilejka, das ungefähr 10 bis 15 km von Wilna entfernt liegt und zum Gebiet Wilna-Stadt gehörte, geschickt. Darunter befand auch ich mich. In diesem Lager waren 4 Baracken. In der einen befanden sich 150 Juden aus Wilna, in der anderen 150 Juden aus Osmijanje (= Ašmena, J. S.), welch letzterer Ort auch zum Gebiet Wilna gehörte. In diesem Lager tauchte nun einmal Murer mit einem kleinen Auto auf und fragte, ob hier die Wilnaer Juden seien. Er hat uns dann befohlen, zur Arbeit zu gehen, und den Juden aus Osmijanje befohlen, zurückzubleiben. Wir sind dann in den Wald zu Holzarbeiten gegangen. Kurz darauf kamen zwei litauische Polizisten und befahlen uns, wieder ins Lager zurückzukehren. Ich hatte ein schlechtes Gefühl und versteckte mich. Ich konnte von meinem Versteck aus die Baracken beobachten und sah, daß Murer aus seiner Pistole das Lager zu beschießen begann. In demselben Moment ist ein Mädchen davongelaufen, in Richtung der Küche. Murer ist dem Mädchen nachgelaufen, hat es am Hinterhaupt beim Haar gepackt, es von rückwärts erschossen und dann in den ebenfalls dort befindlichen Ziehbrunnen geworfen. Das Mädchen hieß Rachel Levy und war aus Wilna. Es war bestimmt Murer, der die Tat beging, denn ich habe ihn gut gekannt. Osmijanje gehörte auch zu Wilna. Die ganze Umgebung von Wilna gehörte, was Judenfragen betraf, zum Gebietskommissariat Wilna-Stadt. Murer hat dann mit einer Stimme, die man kilometerweit hörte, geschrien, daß die Juden die Baracken räumen sollten. Sodann hat er, assistiert von den Litauern, Handgranaten auf die Baracken geworfen. Alle Leute, die dabei getötet wurden, sind in den Ziehbrunnen geworfen worden, welcher mit Sand zugeschüttet wurde. Über den Zeitpunkt dieses Vorfalls befragt, kann ich nur angeben, daß er an einem Freitag, Ende 1942 oder Anfang 1943 stattfand. Kurz nach diesem Vorfall kam Gens zu mir und ich erzählte ihm den ganzen Vorfall."

Die Verteidigung hakt bei den offensichtlich falschen Behauptungen dieser Geschichte ein: Koslowski muss zugeben, nicht gewusst zu haben, dass es auch ein Gebietskommissariat Wilna-Land gegeben hat, bleibt aber dabei, dass Osmijanje zum Gebiet Wilna-Stadt gehörte und er Murer tatsächlich dort gesehen habe – was im Vorfeld der Wilna-Kaunas-Aktion (siehe das Kapitel „Der Tag des Jüngsten Gerichtes") im Frühjahr 1943 nicht ganz unwahrscheinlich ist. Die Geschworenen werden die Zweifel der Verteidigung teilen und das Faktum 16 mit 8 Neinstimmen bewerten.

Ein mysteriöser Zeuge

Im Hotel „Zur Sonne" in Graz herrscht in diesen Prozesstagen Hochbetrieb – hier sind alle Zeugen untergebracht und warten auf ihre Auftritte. Am 13. Juni 1963, die Verhandlung gegen Murer macht an diesem Tag Pause, kommt es in einem der Zimmer des Hotels zu einem denkwürdigen Treffen – so erzählt es Simon Wiesenthal in seinem Buch *Doch die Mörder leben.* Es ist ihm gelungen, so behauptet er hier, auch Jakob Brodi, einen der Zeugen, die sich schon 1947 bei ihm gemeldet hatten (siehe das Kapitel „Die Entdeckung"), nach Graz zu bringen. Der mittlerweile 66-jährige Brodi, dessen Sohn Daniel von Murer getötet worden sein soll, lebt inzwischen auf einer Farm in New Jersey und hat ursprünglich abgelehnt, nach Graz zu kommen – er könne „den Gedanken nicht ertragen, dem Mörder ins Gesicht blicken zu müssen". Wiesenthal ist jedoch hartnäckig: „Ich erklärte Brodi, daß sein Schweigen gewiß seinem Sohn nicht mehr helfen könne, aber vielleicht helfe es den jungen Menschen im Alter Daniels, die diese Verbrechen nur noch aus den Geschichtsbüchern kennen." Als Wiesenthal schon damit rechnet, dass Brodi doch nicht kommen würde, erhält er ein Telegramm, in dem dieser sein pünktliches Eintreffen zum Prozess zusagt; ein Treffen im Hotel wird vereinbart.

Es ist „ein müder Mann mit weißem Haar und dunklen Ringen unter den Augen", der nun dem „Nazijäger" gegenübersitzt, mit seinem „sonnenverbrannten, zerfurchten Gesicht glich er mehr einem amerikanischen Farmer aus dem Mittelwesten als einem Überlebenden des Wilnaer Ghettos". Wiesenthal versucht Optimismus zu verbreiten – der Prozess ginge vom Standpunkt der Anklage aus gut voran. Er muss Brodi aber auch eingestehen, dass Murer alles „zynisch" leugne, Zeuge um Zeuge trete an und identifiziere ihn als Täter, er behaupte jedoch, dass sie sich irren und ihn mit jemand anderem verwechseln müssten. Brodi kommt auf die Söhne Murers zu sprechen, die in der vordersten Reihe des Gerichtssaales sitzen würden und sich durch Lachen und Grimassenschneiden über die Zeugen lustig machten. Wiesenthal muss dies bestätigen, der Vorsitzende Dr. Peyer habe es jedoch abgelehnt, die beiden Söhne zur Ordnung zu rufen.

Jakob Brodi zeigt sich darauf vorbereitet und meint, dass die beiden aufhören würden zu spotten, wenn er in den Zeugenstand gerufen werde: „Er sah mich durchdringend an und sagte: ‚Ich bin nicht hierhergekommen, um auszusagen, sondern um zu *handeln*.' Dabei öffnete er seine Weste und zog ein langes Messer hervor. Brodi sprach ohne Erregung, ein Mann, der mit sich selbst im reinen war: ‚Ich habe einen Plan des Gerichtssaals erwischen können. Ich weiß, daß der Zeugenstand in der Nähe von Murers Platz ist. Murer hat vor meinen Augen mein Kind getötet. Und jetzt werde ich ihn vor den Augen seiner Frau und seiner Kinder töten.'" Er glaube, so Brodi, nicht mehr an die menschliche Gerechtigkeit und auch den „Glauben an Gottes Gericht" habe er verloren. Vor den Folgen seiner Tat habe er keine Angst, „sein Leben sei in jedem Fall zu Ende", ja, es sei schon damals, an jenem verhängnisvollen Tag im Ghetto vor zwanzig Jahren, zu Ende gewesen.

Nur mit Mühe kann Wiesenthal den alten Mann von seinem Plan abbringen. Die Nazis, so sein Argument, würden nur darauf warten, „daß so etwas passiert. Und sie werden sagen: ‚Schaut euch diese Juden an, die immer so viel von der Gerechtigkeit reden. Den Murer klagen sie als Mörder an und sind doch selbst Mörder. Nun ja, Murer hat Juden getötet, aber ein Jude hat ihn getötet. Wo liegt da der Unterschied?'" Er verweist auf den Prozess gegen Adolf Eichmann, auch da wäre es ein Leichtes gewesen, Eichmann bereits in Argentinien zu töten, aber die Israelis wollten ihn unbedingt der Welt vorführen. Der Prozess sei wichtiger gewesen als der Angeklagte – er musste die Menschen vom Mord an sechs Millionen Juden überzeugen.

Jakob Brodi hält dagegen: Wiesenthal könne das nicht verstehen, denn sein Kind sei nicht umgebracht worden. Auf diesen Vorwurf antwortet ihm Wiesenthal: „Noch immer weine ich manchmal, Herr Brodi, wenn ich höre, was mit den Kindern im Konzentrationslager geschehen ist. Ich habe geweint, als ich von Ihrem Jungen hörte. Er hätte auch mein Sohn sein können. Ihr Kind war auch mein Kind. Glauben Sie wirklich, ich könnte mit meiner Arbeit so weitermachen, wenn ich nicht so dächte?" – Jakob Brodi gibt sich geschlagen und händigt Wiesenthal das Messer aus.

Am nächsten Tag, es ist Freitag, der 14. Juni 1963, sei Brodi in den Zeugenstand gerufen worden: „Er schaute Murer nicht ein einziges Mal an. Mit tonloser Stimme berichtete er von seinen Erlebnissen, als beträfen sie jemand ganz anderen. Im Gerichtssaal war es sehr still. Sogar Murers Söhne spürten, was dieser einsame alte Mann während seiner Zeugenaussage durchmachte. Ihr spöttisches Lächeln starb ihnen auf den Lippen." *(Zitiert nach Simon Wiesenthal, Doch die Mörder leben.)* Verteidiger Karl Böck habe keine Fragen an Brodi gehabt, Franz Murer habe erklärt, dass der Zeuge sich getäuscht haben müsse, er habe seinen Sohn nicht erschossen.

Soweit die Geschichte Simon Wiesenthals – nur: Es gibt keinen Zeugen Jakob Brodi, der am 14. Juni seine Aussage macht, auch auf der Zeugenliste der Anklageschrift fehlt dieser Name. Sie nennt nur den 61-jährigen Leon Schmigel aus Brooklyn, der am 14. Juni vom Mord an seinem Sohn berichtet (siehe das Kapitel „Verlassen von den Menschen und von Gott"). Staatsanwalt Dr. Schuhmann wird die Anklage als Faktum 17 auf diesen Fall ausdehnen, der Murer beinahe zum Verhängnis wird – die Geschworenen stimmen mit vier Jastimmen gegen vier Neinstimmen, der Vorsitzende entscheidet letztlich für Murer. Hat Jakob Brodi seine Identität geändert und Wiesenthal sich an ihn in seinem Buch noch mit dem alten Namen erinnert? Eine Geschichte mit großen Fragezeichen!

Der Wahrspruch ist ein Freispruch

Am 14. Juni, dem vierten Verhandlungstag, kommt noch einmal der Baumeister Ariel Koslowski zu Wort, der zu den Ereignissen rund um die „Wilna-Kaunas-Aktion" (siehe das Kapitel „Der Tag des Jüngsten Gerichts") befragt wird, dann folgt die Aussage des 52-jährigen Elektrikers Hermann Rubinoff, wohnhaft in New York, der zum Faktum 5, Abgabe von Schüssen gegen einen Unbekannten, Anfang 1942 berichtet. „Ich kam damals aus einem Haus der Jadkowastraße heraus. Die Straße hatte einen Ausgang in das zweite Ghetto. Es dürfte ungefähr Mittag gewesen sein. Ich sah Murer mit einem Jungen, der zirka 20 bis 23 Jahre alt war. Ich habe nur gesehen, daß er neben dem Jungen gestanden ist. Murer hat die Pistole gezogen und hat in den Kopf des Jungen geschossen. Ich habe gehört, daß Murer so etwas öfter gemacht haben soll. Murer hatte eine hellbraune Uniform an."

Mit dieser Aussage konfrontiert, erklärt Murer, dass es ganz unmöglich sei, dass er diesen Jungen erschossen habe. Verteidiger Karl Böck weist auf Widersprüche in den Zeitangaben hin: In einer früheren Aussage vor einem amerikanischen Anwalt habe er von „Ende 1942" gesprochen, außerdem habe der Zeuge nicht wirklich gesehen, dass der Junge tot sei.

Da der in den USA lebende Zeuge Anatol Žuk, der zum Faktum 6, Erschießung eines unbekannten Juden im Jahre 1942, aussagen sollte, nicht in Graz erschienen ist, wird nur seine Aussage verlesen, dann setzt man mit der Zeugenaussage von Izydor Kulkin, wohnhaft in Los Angeles, fort, der zum Faktum 7, Erschießung eines jüdischen Knaben und seiner Mutter, Details berichtet. Der Vorfall soll während einer „großen Aktion" im Ghetto passiert sein: „Wir erhielten dann einen Befehl von den jüdischen Polizisten, wir sollen uns an die Wand stellen, weil Murer zur Inspektion komme. Wir taten dies, und dann kam auch Murer. Wir standen dann mit dem Gesicht zur Wand und hielten die Hände in die Höhe. Er hat sehr laut den Befehl gegeben, man solle auf uns schießen. Ich habe seitlich gesehen, daß er ein Zeichen gegeben hatte, sie sollen in die Höhe und nicht auf uns schießen. Gleich bei mir ist ein Knabe mit seiner Mutter gestanden. Wie die Litauer zu schießen begonnen haben, hat der Knabe zu laufen begonnen und wollte in seinem Haus verschwinden. Murer ist nachgelaufen und hat auf das Kind geschossen. Wo es getroffen wurde, kann ich nicht sagen. Ich war mit dem Gesicht zur Wand gekehrt. Die Mutter ist ihrem Kind nachgelaufen. Murer hat persönlich auf die Mutter geschossen. (...) Die Mutter und das Kind sind dann auf dem Boden liegengeblieben. Unsere Gruppe ist dann weggebracht worden. Was weiter geschah mit den beiden, weiß ich nicht, da wir dann in das kleine Ghetto gekommen sind."

Es folgen die eindrucksvollen Auftritte von Jakob Kagan (siehe das Kapitel „Der mem is in mokem!") und des mysteriösen Leon Schmigel (alias Jakob Brodi, siehe das Kapitel „Verlassen von den Menschen und von Gott") – es sind diese beide Zeugenaussagen, die Murers Verteidigungslinie zum Wanken und beinahe zu Fall bringen. Jakob Kagan lässt sich auch vom Vorsitzenden Dr. Peyer nicht aus dem Konzept bringen, als dieser ihn fragt, ob er seine Aussage, dass es Murer gewesen sei, der seinen Vater erschossen habe, tatsächlich „auf seinen Eid" nehme. Jakob Kagan lässt sich nicht beirren und kontert: „Ich fordere die Todesstrafe als Sühne für den Tod meines Vaters!"

Als Entlastungszeugen ruft die Verteidigung Ex-Gestapomann Martin Weiss in den Zeugenstand – der 60-jährige Massenmörder, 1950 zu lebenslanger Haft verurteilt und inzwischen wieder auf freiem Fuß in Karlsruhe lebend, hat seinen Spaß: Murer habe keinerlei Befehlsgewalt gehabt und sei nur für die kommunale Zivilverwaltung zuständig gewesen. Es sei ihm nicht bekannt, dass Murer jemals jemanden erschossen habe, zu den genannten Fällen kann er nur sagen, dass „es sich um eine große Zahl von ähnlichen Fakten handelt, deretwegen ich verurteilt worden bin". Murer sei nie mit ihm zusammen und auch nie in Ponary gewesen. Murer habe nur die Lebensmittelverteilung überwacht – eine verlogene Aussage, die an diesem Verhandlungstag, der um 12.30 Uhr beendet wird, unwidersprochen bleibt.

Die Verhandlung wird am 18. Juni 1963 fortgesetzt. Verlesen wird zunächst die Aussage von Dr. Werner Essen, ehemals Hauptabteilungsleiter in Wilna: „Die Liquidierung der Juden erregte zum Teil Abscheu und wurde scharf verurteilt. Ich selbst berichtete über die Untaten der SS im Reichsministerium des Inneren, leider ohne Erfolg. Die Empörung unter den Verwaltungsbeamten war so groß, daß der Reichskommissar für das Ostland, Gauleiter Lohse, bei Hitler versuchte, das abzustellen. Lohse rief nach Rückkehr von dieser Besprechung seine Mitarbeiter zusammen und teilte die negative Entscheidung Hitlers mit. Hitler hatte Lohse davor gewarnt, sich in die Angelegenheit einzumischen, die Himmler durchzuführen habe."

Staatsanwalt Dr. Schuhmann lässt weitere Zeugenprotokolle vortragen. Da ist die bereits zitierte Aussage von Hauptmann Franz Engelmann, der bei seiner Einheit Juden aus Wilna als Arbeiter beschäftigt hat. Weil die Juden zu wenig zu essen hatten, intervenierte er im Gebietskommissariat Wilna-Stadt und landete schließlich im Zimmer von Murer, der ihm erklärt haben soll: „Wenn einer nicht mehr arbeiten kann, so schießen Sie ihn nieder." Hauptmann Engelmann erwiderte: „Ich bin Offizier und schieße nicht auf Wehrlose." Murer streitet dies ab: „Unmöglich, ich hätte dem Hauptmann höchstens sagen können, daß er in den ersten Stock gehen soll. Es waren ohnehin Kartoffeln als Zusatzverpflegung vorgesehen."

Der Staatsanwalt bittet um das Protokoll der Aussage von Wolf Feinberg: Murer soll ein 10-jähriges verkrüppeltes Mädchen erschossen haben.

Danach wird die Aussage von „Aba Kowna", richtig Abba Kovner, dem Mitglied der jüdischen Partisanen, verlesen: „Murer hat einen jüdischen Polizisten gezwungen, die Orte zu zeigen, wo sich Juden versteckt hatten. Nachdem der Polizist seine Arbeit getan hatte, erschoss Murer ihn."

Es folgt das Protokoll der Aussage von Abraham Kittelmann: „Ich arbeitete im Gebietskommissariat und holte für Murer immer Sodawasser. Einmal schlug er mich blutig, weil ich mit einer Polin gesprochen habe. Mit Pferd und Wagen wurden aus jüdischen Wohnungen Sachen gebracht. Beim Sortieren und Verpacken im Keller war Murer anwesend. Dann wurden die Sachen auf Lastautos verladen und zur Bahn gebracht. Es kamen auch viele blutige Kleider in den Keller, darunter viele Kinderkleider." Standhaft leugnet Murer wieder: „Er hat hundertprozentig ganz andere Leute vor Augen gehabt als uns."

Verlesen werden nicht zuletzt Passagen aus dem Tagebuch des Ghetto-Chronisten Herman Kruk, darunter auch einige vom März 1943: „3. März 1943: Leute wurden gepeitscht, weil sie Geld, Brot und Kartoffeln hatten. – 8. März: M. hat einen neuen Kurs, überfällt Wohnungen, um Unerlaubtes zu finden."

Und schließlich auch die letzten Einträge zur Person Franz Murer: „1. Juli 1943. Gestern kam auch das Ende für M. Er wird an die Front versetzt. – 2. Juli: M. ist weg und das Ghetto soll die Hände zum Himmel heben. Er ist derjenige, der uns erniedrigte, gepeitscht und beleidigt hat. Aber an seiner Stelle kommt ein Neuer …"

OLGR Peyer kann sich in diesem Moment einen zynischen Kommentar nicht verkneifen, einen Kommentar, der nur allzu deutlich verrät, wessen Geistes Kind er ist: „Von Mord haben wir in diesem Tagebuch nichts gelesen. Die Echtheit des Tagebuches ist uns nicht bekannt. Kruk ist gestorben" – indem Peyer „ist ermordet worden" durch „ist gestorben" ersetzt, ersetzt er Respekt durch Hohn, eine skandalöse Bemerkung, die von den anwesenden Journalisten auch mitgeschrieben, aber kaum als solche empfunden wird, da sie zu wenig über die Zusammenhänge wissen – auch das bezeichnend. Mit dieser Bemerkung hat sich Peyer endgültig als Richter an einem österreichischen Gerichtshof disqualifiziert, doch niemanden scheint es zu stören …

19. Juni 1963, der Tag des Urteilsspruchs. Was dem Publikum im Saal und den anwesenden Journalisten verborgen bleibt: Es gibt ein Problem auf der Geschworenenbank. Der Geschworene Julius Kloiber hat Anzeige wegen „Befangenheit" erstattet – er sei seinerzeit als Volkssturmmann selbst zu Erschießungen von Juden kommandiert worden und fühle sich daher befangen. Hinter den verschlossenen Türen des Beratungszimmers handelt das Gericht rasch, in der Eile verzichtet man auf eine genaue Einhaltung der Verfahrensvorschriften: Julius Kloiber scheidet als Geschworener aus, an seine Stelle rückt der Ersatzgeschworene Johann Schrei.

Es folgt das Plädoyer des Staatsanwalts. Dr. Schuhmann weist zunächst darauf hin, dass es bei diesem Prozess um keinen politischen Prozess gehe. Murer stehe wegen Verbrechen vor Gericht, welche nach den Strafgesetzen aller zivilisierten Länder als Verbrechen gelten würden, auch für den NS-Staat habe dies dem Gesetz nach gegolten. Dieser Prozess habe ferner gezeigt, dass es Illusion sei zu glauben, dass die „Menschheit unaufhaltsam auf dem Wege der Gesittung" fortschreite, Kultur und Zivilisation würden weiterhin auf schwankendem Boden ruhen. Dann kommt der Staatsanwalt zur Kernfrage: Bevor ein Mord begangen wird, werde ein Mörder geboren. Man müsse daher fragen, ob es möglich sei, daß Murer die ihm angelasteten Taten begangen habe. Murer habe als ehrgeiziger Ordensjunker die engen Grenzen seiner bäuerlichen Herkunft gesprengt. Er bekam als Adjutant des Gebietskommissars von Wilna Machtbefugnisse, Überheblichkeit und Machtrausch hätten ihn ergriffen. Die Verantwortung des Angeklagten, so erklärt Dr. Schuhmann dann, sei zu einfach. Murer behaupte, von nichts zu wissen, die Vorfälle nicht zu kennen. Die jüdischen Zeugen hätten aber unter Eid ausgesagt, es hieße daher der Beweiswürdigung Gewalt antun, wollte man denen nicht glauben, die gesehen haben, was Murer getan hat. Manchen Zeugen seien zwar Irrtümer und Verwechslungen unterlaufen, es wäre aber eine leichtfertige und gewissenlose Beweiswürdigung, deswegen das gesamte belastende Beweismaterial als unglaubwürdig abzutun. Wenn ein Zeuge den Mord an seinem Sohn miterlebt habe, dann werde er nicht nur die Tat, sondern auch den Täter ein Leben lang nicht vergessen. Manche Widersprüche in den Protokollen seien sicher auf Schreib- und Übersetzungsfehler zurückzuführen.

Dr. Schuhmann geht dann auf jeden einzelnen Fall ein und beantragt in sechs Fällen selbst eine Beantwortung der Schuldfrage mit „Nein“, da die „Beweisergebnisse“ für eine Bejahung nicht ausreichen würden. Vier Fälle wolle er der Beweiswürdigung durch die Geschworenen überlassen, in den restlichen sieben Fällen sei die Schuld des Angeklagten „einwandfrei“ erwiesen, zwei davon rückt der Staatsanwalt dann in den Mittelpunkt seiner Ausführungen: die Morde an Jakob Kagan und Abraham Schmigel. Josef Kagan, der Sohn, und dessen Freund Barry Bass hätten den einen Mord bezeugt, Leon Schmigel, ein vom Schicksal gebeugter Vater, den anderen. Er schließt mit einem dramatischen Appell an menschliche Gefühle: „Versetzen Sie sich in die grausige Situation, mit eigenen Augen zu sehen, wie Ihr Kind getötet wird. Ich glaube, dass die Aussage dieser Zeugen ohne jeden Zweifel ausreicht, um sagen zu können, dass Murer hier schuldig geworden ist.“

Verteidiger Dr. Karl Böck zeigt sich wenig beeindruckt und attackiert in seiner Schlussansprache noch einmal direkt die Zeugen: „Die Tatsache, dass der Vater Opfer war, schließt nicht aus, daß der Sohn gelogen hat. Ich weiß genau, was es bedeutet, wenn ich sage, die Zeugen haben gelogen. Aber ich bin überzeugt, daß sie gelogen haben. Diesen Zeugen stand die Lüge in das Gesicht geschrieben. Man kann auch lügen, wenn es um die Ermordung der eigenen Schwester geht. Ich bezweifle nicht, dass diese Menschen ermordet wurden, aber sie wurden nicht von Murder ermordet." Im Publikum brandet bei den Worten Böcks Beifall auf, dieser lässt die Gelegenheit nicht ungenützt, um noch einmal auf die verworrene Situation im Fall Ljuba Lewicka hinzuweisen, deretwegen schon der Zeuge Martin Weiss vom Landgericht Würzburg verurteilt worden sei – auf der Anklagebank denkt sich Murer wohl seinen Teil dazu. Dann geht der Verteidiger noch weiter: Die Zeugen, so behauptet Karl Böck schließlich, seien „gelenkt und geleitet", jüdische Stellen würden einfach immer wieder neue Anschuldigungen an das Justizministerium schicken. Sie seien eigentlich nur – der Zynismus Böcks ist mit Händen greifbar – deshalb in die Lage gekommen, vor diesem Gericht auszusagen, weil „der Gebietskommissar von Wilna und dessen Mitarbeiter im wohlverstandenen Interesse des Reiches ihre schützende Hand über die Juden" gehalten hätten. Für die Juden sei es gleich gewesen, wer gemordet hätte, ihr Feind sei der Mann in deutscher Uniform gewesen und unterschwellig schwinge der Gedanke der Kollektivschuld mit. Wenn die Geschworenen nur den geringsten Zweifel an der Schuld Murers hätten, seien sie verpflichtet, Murer freizusprechen. Skandalös ist in dieser Rede nicht nur der Rückgriff auf das alte Stereotyp einer „jüdischen Weltverschwörung", sondern auch die Terminologie: Böck spricht vom „Interesse des Reiches", als würde der Nazistaat noch immer sein Staat sein – im Gerichtssaal scheint das niemanden zu stören.

Derart mit Argumenten versorgt, ziehen sich die Geschworenen zur Beratung zurück, erst nach dreistündiger Diskussion öffen sich die Türen wieder, ihr „Wahrspruch" steht fest und wird dem Gericht übergeben.

Um 16.30 Uhr schreitet Richter Dr. Peyer zur Urteilsverkündung. Die Spannung im Gerichtssaal ist groß. Der Vorsitzende verliest das Urteil:

„Der Angeklagte Franz Murer wird von der wider ihn erhobenen Anklage, er habe in den Jahren 1941–1943 in Wilna und Umgebung durch Abgabe von Schüssen gegen nachgenannte Personen in der Absicht, sie zu töten, auf eine solche Art gehandelt, daß daraus deren Tod erfolgte, freigesprochen." Der „Freispruch", so führt Dr. Peyer aus, „gründet sich auf den Wahrspruch der Geschworenen. Das Gericht hat dem Wahrspruch nichts hinzuzufügen."

Das Urteil der Geschworenen in den einzelnen Anklagepunkten: In den Hauptfragen 1 bis 7 und 9 bis 16 gibt es für sie keine Zweifel: Sie sprechen sich mit jeweils 8 Neinstimmen gegen eine Schuld des Angeklagten aus. In der Hauptfrage 8 – dem Mord am Vater des Jakob Kagan – und in der Hauptfrage 17 – dem Mord an Abraham Schmigel – hat Murer Glück: 4 Jastimmen stehen jeweils gegen 4 Neinstimmen, sind im Zweifel also für den Angeklagten zu werten. Auch die Eventualfrage 1 – „Ist Franz Murer schuldig, Mitte 1942 in Wilna in der Absicht gegen einen unbekannten jüdischen Knaben im Alter von 10 Jahren und seine Mutter durch Abgabe von Schüssen tückischerweise auf solche Art zu handeln, daß daraus deren Tod erfolgen sollte, zur wirklichen Ausübung führende Handlungen unternommen zu haben, wobei die Ausführung des Mordes wegen Zufall unterblieben ist?" –, gestellt für den Fall einer Verneinung der Hauptfrage 7, wird von den Geschworenen mit 8 Neinstimmen beantwortet.

Der Antrag des Staatsanwalts, der Nichtigkeitsbeschwerde anmeldet, Murer in Hinblick auf ein weiteres Verfahren weiter in Haft zu behalten, wird vom Gericht abgelehnt, unter lauten Bravorufen und Händeklatschen kann der „Held" des Tages den Gerichtssaal sofort als freier Mann verlassen. Vor dem Gebäude warten Verwandte, Freunde und Bekannte mit Blumen auf ihn, die umliegenden Blumengeschäfte sind praktisch ausverkauft, wie ein amerikanischer Diplomat, der tags darauf Graz besucht, an Simon Wiesenthal berichtet. Murer wird von Richard Hochreiner, einem ehemaligen, im März 1963 von Geschworenen freigesprochenen „Werwolf"-Führer, erwartet und von diesem im Mercedes nach Hause kutschiert. Die

Franz Murer freigesprochen und aus der Haft entlassen

Staatsanwalt meldete Nichtigkeitsbeschwerde an — Beifallskundgebung der Zuschauer bei der Urteilsverkündung

Der 51jährige Landwirt Franz Murer aus Gaishorn wurde gestern vom Grazer Geschworenengericht (Vors. OLGR. Dr. Peyer, Beisitzer Hofrat Dr. Gragger und OLGR. Dr. Pammer) auf Grund des Wahrspruches der Geschworenen von der gegen ihn erhobenen Anklage, in den Jahren 1941 bis 1943 in Wilna in 17 Fällen jüdische Männer und Frauen ermordet zu haben, freigesprochen. Der Freispruch wurde von den Zuhörern mit lautem Beifall aufgenommen. Der Staatsanwalt meldete die Nichtigkeitsbeschwerde an und beantragte, die Haft aufrechtzuerhalten. Das Gericht lehnte den Antrag ab. Franz Murer wurde sofort auf freien Fuß gesetzt.

In seinem Schlußvortrag erklärte Staatsanwalt Dr. Schuhmann: „Man hört llenthalben die Meinung, daß es nun endich an der Zeit sei, politische Prozesse nicht nehr durchzuführen, daß man doch die Verangenheit vergangen sein lassen möge. Es nuß hier festgestellt werden, daß wir keien politischen Prozeß führen. Murer steht vegen Verbrechen vor Gericht, welche nach len Strafgesetzen aller zivilisierten Länder ls Verbrechen gelten und auch im nationalozialistischen Deutschland, zumindest dem Gesetze nach, Verbrechen gewesen sind. Daß lie damaligen Machthaber selbst dieses Geetz durchbrochen und schreckliche Greuelaten verübt haben, kann den Angeklagten licht entlasten. Ebenso bestimmt muß festehalten werden, daß ein relativ kleiner Kreis mit diesen Greueltaten befaßt war und las Ausmaß dieser Unmenschlichkeit erst ange nach Kriegsende in das Bewußtsein ler breiten Masse drang. Aber jeder, der vollte, konnte sich aus dieser Unmenschlicheit heraushalten."

Überheblichkeit und Machtrausch

Gerade dieser Prozeß habe einer unserer iebsten Illusionen einen heftigen Stoß veretzt, der Illusion, daß die Menschheit unufhaltsam auf dem Wege der Gesittung ortschreite. Der Prozeß habe gezeigt, auf velch schwankendem Boden unsere Kultur nd Zivilisation ruht. Unfaßbar sei der Plan er Vernichtung eines ganzen Volkes, der in en Gehirnen von Männern des 20. Jahrhunerts geboren wurde.

Bevor ein Mord begangen wird, werde ein Mörder geboren. Man müsse daher fragen, b es möglich sei, daß Murer die ihm angeasteten Taten begangen habe. Murer habe ls ehrgeiziger Ordensjunker die engen Grenen seiner bäuerlichen Herkunft gesprengt. Er bekam als Adjutant des Gebietskommananten von Wilna Machtbefugnisse. Übereblichkeit und Machtrausch ergriffen ihn.

Die Verantwortung des Angeklagten sei zu infach, fuhr der Staatsanwalt fort. Murer beauptet, von nichts zu wissen, die Vorfälle icht zu kennen. Die jüdischen Zeugen hätten nter Eid ausgesagt. Es hieße der Beweisvürdigung Gewalt antun, wollte man denen icht glauben, die gesehen haben, was Murer etan hat. Zwar seien manchen Zeugen Irrümer und Verwechslungen unterlaufen. Es väre aber eine leichtfertige und gewissenose Beweiswürdigung, deswegen das geamte belastende Beweismaterial als unglaubvürdig abzutun. Wenn ein Zeuge den Mord n seinem Sohn miterlebt habe, dann werde r nicht nur die Tat, sondern auch den Täter in Leben lang nicht vergessen.

Manche Widersprüche in den Protokollen eien sicher auf Schreib- und Übersetzungsehler zurückzuführen, habe sich doch selbst n die Liste der Fragen an die Geschworenen in Schreibfehler eingeschlichen, so daß Franz Murer als Johann Murer bezeichnet wurde, enauso wie in einem der angezweifelten rotokolle.

Der Staatsanwalt befaßte sich sodann einehend mit jedem Faktum und beantragte in echs Fällen selbst eine Beantwortung der chuldfrage mit „Nein", da die Beweisergebisse für eine Bejahung nicht ausreichten. Vier älle überließ der Ankläger der Beweiswürdiung durch die Geschworenen.

Zwei der verbleibenden sieben Fälle, die der Staatsanwalt als einwandfrei bewiesen ansah, rückte er in den Mittelpunkt: die Morde an Jakob Kagan und Abraham Shmigel. Josef Kagan, der Sohn, und dessen Freund Barry Bass hatten den einen Mord bezeugt, Leon Shmigel, ein vom Schicksal gebeugter Vater, den anderen. „Versetzen Sie sich in die grausige Situation, mit eigenen Augen zu sehen, wie Ihr Kind getötet wird. Ich glaube, daß die Aussage dieser Zeugen ohne jeden Zweifel ausreicht, um sagen zu können, daß Murer hier schuldig geworden ist."

Verteidiger Dr. Böck bezichtigte mehrere Zeugen der Lüge: „Die Tatsache, daß der Vater das Opfer war, schließt nicht aus, daß der Sohn gelogen hat. Ich weiß genau, was es bedeutet, wenn ich sage, die Zeugen haben gelogen. Aber ich bin überzeugt, daß sie gelogen haben. Diesen Zeugen stand die Lüge in das Gesicht geschrieben. Man kann auch lügen, wenn es um die Ermordung der eigenen Schwester geht. Ich bezweifle nicht, daß diese Menschen ermordet wurden, aber sie wurden nicht von Murer ermordet!"

Diese Ausführungen wurden von einigen Zuhörern — der Saal war voll besetzt — wiederholt mit Äußerungen des Beifalls und der Zustimmung aufgenommen. Der Verteidiger verwies im einzelnen darauf, daß Murer von Zeugen zweier Taten beschuldigt werde, derentwegen bereits Martin Weiß vom Landgericht Würzburg rechtskräftig verurteilt worden ist. Es handelt sich um den Mord an der Sängerin Ljuba Sublevicka und an einem Juden, bei dessen Hinrichtung der Strick riß, worauf der verzweifelt um sein Leben Flehende erschossen wurde. (Allerdings hat auch Martin Weiß entschieden bestritten, diese beiden Morde begangen zu haben.)

Der Verteidiger behauptete schließlich, daß die Zeugen gelenkt und geleitet würden — jüdische Stellen schickten immer wieder neue Anschuldigungen an das Justizministerium — und daß sie eigentlich nur deshalb in der Lage gewesen seien, vor diesem Gericht auszusagen, weil „der Gebietskommissar von Wilna und dessen Mitarbeiter im wohlverstandenen Interesse des Reiches ihre schützende Hand über die Juden gehalten haben". Für die Juden sei es gleich, wer gemordet habe. Ihr Feind sei der Mann in deutscher Uniform, und unterschwellig schwinge der Gedanke der Kollektivschuld mit. Wenn die Geschworenen nur den geringsten Zweifel an der Schuld Murers hätten, seien sie verpflichtet, Murer freizusprechen.

Nach etwa dreistündiger Beratung der Geschworenen wurde der Wahrspruch verkündet. Die Geschworenen hatten 15 der 17 Hauptfragen einhellig mit Nein beantwortet. In zwei Fällen (Mord an Jakob Kagan und Abraham Shmigel) stimmten vier Geschworene mit Ja und vier mit Nein. Infolge Stimmengleichheit hatte auch in diesen zwei Fällen Freispruch zu erfolgen. Der Vorsitzende stellte fest: „Der Freispruch gründet sich auf den Wahrspruch der Geschworenen. Das Gericht hat dem Wahrspruch nichts hinzuzufügen."

Der Antrag des Staatsanwaltes, die Haft aufrechtzuerhalten, wurde mit der Begründung abgelehnt, daß bei Freispruch die obligatorische Haft wegfalle. Es bestehe bei sofortiger Anmeldung der Nichtigkeitsbeschwerde des Staatanwaltes nur noch der Haftgrund der Fluchtgefahr. Dieser sei aber nicht gegeben, weil der Angeklagte sich nach Aussage des Grazer Anwaltes Doktor Böhm auch eine ihm seinerzeit von den Engländern gewährte Fluchtmöglichkeit nicht ausgenützt habe. Außerdem habe Murer Familie und einen größeren Besitz.

Mit der Frau des Angeklagten, die den Freispruch bereits mit einem Strauß rosa Nelken erwartet hatte, harrten etwa 60 Zuhörer nach Schluß der Verhandlung vor dem Gerichtsgebäude der Freilassung Murers.

Murer (ganz links) bei der Urteilsverkündigung

Der Angeklagte ist der Held des Tages: „lauter Beifall" von den Zuhörern für den Freispruch. Bericht in der „Kleinen Zeitung" von der Urteilsverkündung am 19. Juni 1963.

Freunde und Sympathisanten Murers feiern im Café gegenüber dem Landesgericht ihren Triumph, auch die Geschworenen sitzen mit am Tisch. „Es schien, als würden auch sie den ‚Sieg' feiern. Alle in dem kleinen Espresso kannten einander. Nichts sah man der Gesellschaft von all dem Grauen an, mit dem sie eine Woche lang konfrontiert war. Es war wie nach einer ‚schönen Leich', die man mit Schnaps und Wein begießt, auf daß das Leben frisch-fröhlich weitergehen könne … Es war die Gerechtigkeit, die sie begraben hatten", berichtet die *Volksstimme* am 25. Juni aus Graz.

Der Schock nach dem Urteil sitzt indes tief. In Wien veröffentlicht eine Gruppe junger Intellektueller, unter ihnen Anton Pelinka, Ferdinand Lacina, Albrecht Konecny und Reinhold Knoll, ein Protestflugblatt, eine Demonstration vor der Staatsoper wird organisiert, die Teilnehmer haben sich den „Judenstern" an die Kleidung gesteckt, sie führen Transparente mit sich, „Rosen für den Mörder – Hohn für die Opfer" ist auf einem von diesen zu lesen. Der Weg der Demonstranten führt zur Michaelerkirche, wo ein Sühnegottesdienst abgehalten wird. Bekannte Persönlichkeiten aus Kultur und Wissenschaft solidarisieren sich mit der Aktion der Gruppe, unter ihnen der Philosoph Günter Anders, der Historiker Friedrich Heer und der Psychologe Wilfried Daim.

Die kritischen Kommentare der Wiener Zeitungen zum Freispruch bringt die *Volksstimme* am 22. Juni 1963 auf den Punkt: „Mit dem Grazer Urteil wurde nicht nur Murer freigesprochen. Der Massenmord, begangen in der Uniform der Hitlerzeit, ist straffrei erklärt worden."

In seinem Resümee über den Prozess wird Doron Rabinovici später die fehlende „Einbettung" in den Gesamtzusammenhang der „Endlösung" bemängeln: „Das Gericht in Graz hatte verhandelt, als ob hier ein steirischer Provinzprozeß über einen Mord aus Leidenschaft in irgendeinem Hinterhof der zwanziger Jahre zu klären gewesen wäre. Die gigantischen Verbrechen im Nationalsozialismus hätten aber eine sorgfältigere Rechtsprechung erfordert. Die Strafordnung

kann für die Ermordung der jüdischen Bevölkerung Wilnas nie ausreichen, aber in Graz wurden die begrenzten Möglichkeiten der Justiz nicht einmal annähernd ausgeschöpft. Die historische Dimension der Untaten des Nationalsozialismus war 1963 längst bekannt. Murers Verstrickung in die Vernichtung war geschichtlich geklärt. Der Vorsitzende des Gerichts aber hatte keine Gutachten eingeholt. Kein Experte war über Murers Verantwortlichkeiten befragt worden." *(Zitiert nach Doron Rabinovici, „Jidn, sogt, wer schtejt bajm tojer?")*
Dazu muss gesagt werden, dass der öffentliche Ankläger eine klare gesetzliche Vorgabe hatte: Murer hätte nur aufgrund eines eindeutig bewiesenen Mordes verurteilt werden können – daran scheiterte Staatsanwalt Dr. Schuhmann spektakulär. Die „historische Dimension" stand nicht zur Debatte. Dennoch wird man Rabinovicis Schlussfolgerung teilen müssen: „Die Urteile der in Österreich verhandelten Naziprozesse waren ein Richtspruch über die demokratische und antinazistische Substanz dieses Landes." Ein Vorwurf muss aber auch die Staatsanwaltschaft treffen: Der Auftritt mancher Zeugen scheint schlecht akkordiert, man macht es dadurch der Verteidigung nur allzu leicht, Widersprüche und Unstimmigkeiten aufzudecken. Vor allem aber gelingt es Dr. Schuhmann nicht, Murer auch nur ein einziges Mal der Lüge zu überführen – genau darauf aber hätte er sich konzentrieren müssen. Nur so hätte er das „Ich-weiß-von-nichts-und-habe-nichts-getan"-Bollwerk des Angeklagten zum Einsturz bringen können.

Die Ärztin und Juristin Ella Lingens (1908–2002), die Auschwitz überlebt hat und 1980 als „Gerechte unter den Völkern" ausgezeichnet wird, geht in einem Leserbrief an die *Arbeiter-Zeitung* nochmals auf den skandalösen Stil ein, in dem der Prozess geführt worden ist: „Wir können uns des Eindrucks nicht erwehren, daß dieses für uns unfaßbare Erkenntnis einer Atmosphäre entsprungen ist, die einen wirklichen Wahrspruch der Geschworenen erschwerte, ja unmöglich machte. Zu dieser Atmosphäre gehörte, daß während des ganzen Prozesses geduldet wurde, daß jüdische Zeugen, die oft die letzten Überlebenden ihrer gesamten Verwandtschaft sind und selbst schwersten Verfolgungen ausge-

MÖRDER
MURER
HINTER
GITTER!
HOHN
DIE OPFER

1 MORD
LEBENSLÄNGLICH
17 MORDE
FREISPRUCH

setzt waren, im Gericht angepöbelt, verspottet, eingeschüchtert und bedroht wurden. Ist dies allein schon schwer begreiflich, so erscheint es uns geradezu unfaßbar, daß der Senat wiederholt Beifallskundgebungen für Murer duldete." Dem Ansehen Österreichs in der Welt, so schließt Ella Lingens, sei dadurch „unermeßlicher Schaden" zugefügt worden.

Die in München erscheinende rechtsextreme *Deutsche Wochen-Zeitung* feiert indes den Triumph über den „Clan der Linkspresse" und das „sozialistische Justizministerium". Der „Leidensweg des Bauernführers Murer", der sich als „SD-Führer" (!) und stellvertretender Gebietskommissar in Wilna „vornehmlich mit Fragen der Ernährung und der gewerblichen Produktion" beschäftigt habe, sei damit zu Ende, „abgeblitzt" Simon Wiesenthal, der „Chef des jüdischen Dokumentationszentrums". Die Geschworenen hätten sich Murers Erklärung, dass es sich bei dem Prozess um „ein abgekartetes Spiel" handle, bei dem er „als Opfer ausersehen sei", angeschlossen und ihn freigesprochen.

Eine Woche nach der Urteilsverkündung, am 25. Juni 1963, setzt sich in Graz ein Unbekannter an den Schreibtisch und verfasst einen Brief an Simon Wiesenthal. Darin heißt es: „Es mag wohl sehr befremdet (sic!) erscheinen, von unbekannter Stelle ein Schreiben zu bekommen – aber um gleich einen Hinweis zu geben, möchte ich Ihnen folgendes eröffnen:

Ich kenne den Fall u. Prozess Murer nur aus den Österr. Tageszeitungen. Als demokratischer Sozialist erscheint mir der Freispruch doch sehr ominös – u. konnte aus meinem Bekanntenkreis in Erfahrung bringen, daß (...) Vorsitzender Richter OLGR. Dr. Ego Payer (sic!) Mitglied der NSDAP sowie begeisterter u. überzeugter Nazi war. Genannter soll sogar bei dienstl. Versetzungen während der NS-Zeit in Graz viel beigetragen haben." *(Anonymes Schreiben, VWI)*

Die Akten im Archiv der Republik zur Person Egon Peyer (1902–

1984) schweigen zu diesem Vorwurf. Peyer, der zum Zeitpunkt des „Anschlusses“ in Graz als Staatsanwalt tätig war, vermeidet selbst jede Information über seine damalige Tätigkeit. Eine Befragung durch die britische Militärpolizei, so gibt er an, habe auf einer „Verwechslung“ beruht. Peyer versteht also Murers Verantwortung, der sich ebenfalls immer wieder auf „Verwechslungen“ beruft, bestens …

„Noch kann die Gerechtigkeit siegen“, schreibt Simon Wiesenthal vier Jahre später in seinem Buch *Doch die Mörder leben;* für den mysteriösen Zeugen Jakob Brodi, den Vater, der seinen ermordeten Sohn hatte rächen wollen, existiert diese Hoffnung nicht mehr: „Einige Tage nach Murers Freispruch traf ich Jakob Brodi in der Halle eines Hotels in Wien. Er sah durch mich hindurch, als sei ich überhaupt nicht da. Ich verstand ihn gut. Möglicherweise habe ich Murers Leben gerettet. Das ist zwar kein angenehmer Gedanke, aber ich konnte nicht anders.“

Ein Flurname in Gaishorn am See erinnert noch Jahrzehnte später an den Prozess: „Judenschlag“ nennen die Einheimischen jenes Waldstück, dessen Holz von der Familie Murer verkauft werden muss, um die Verteidigung für den „Vater“ zu finanzieren. Drei Millionen Schilling, so berichtet am 22. Dezember 1989 die Tageszeitung *Der Standard,* habe man dafür erlöst, Karl Böck und seine Mitarbeiter konnten damit großzügig entlohnt werden. „Judenschlag“ – eine Schöpfung des Volksmundes, in dem sich der Geist dieser Grazer Prozesstage in beängstigend deutlicher Weise widerspiegelt.

Explosivstoff Murer

In der internationalen Öffentlichkeit löst die Nachricht vom Freispruch Murers heftige Reaktionen aus, die österreichische Justiz gerät in den Mittelpunkt harscher Kritik – das grundsätzliche Problem dabei: Der komplexe Hintergrund des Grazer Urteils ist meist unbekannt, noch immer glaubt man, dass ein „SS-Mörder" seiner gerechten Strafe entgangen sei. Die Proteste erreichen sogar die diplomatische Ebene: Michael Garber, Präsident des *Canadian Jewish Congress*, drückt in einem Schreiben an Österreichs Botschafter in Ottawa seine Besorgnis über die Freilassung Murers aus, in seiner Antwort verweist der Botschafter darauf, dass der Staatsanwalt Berufung gegen das Urteil eingelegt habe.

Schockiert zeigt sich vor allem die israelische Gesellschaft. In einem Leitartikel nützt die Zeitung *LaMerhav* am 24. Juni 1961 den Murer-Freispruch, um umfassend gegen Österreich auszuholen: „Er ist frei, von jeder Schuld gereinigt. Die österreichischen Geschworenen haben keine Beweise gefunden. Sie haben nicht den schluchzenden, von einer Ohmacht in die andere fallenden Überresten der Wilnaer Judenheit geglaubt, die gekommen waren, um dem ‚Gerichtshofe' zu berichten, was Franz Murer ihnen angetan hat. ‚Jede Nacht', erzählt weinend eine israelische Bürgerin, ‚sehe ich dieses Bild vor mir; ich sehe, wie der Murer meinen kleinen Jungen erschießt.' ‚Mörder', ruft ihm ein Greis zu, um sofort wieder in seine lethargische, versteinerte Haltung zurückzuverfallen, als hätte er einen Herzschlag bekommen. Murer lächelt und seine beiden Söhne ahmen spöttelnd die Mundbewegungen der Zeugen nach.

Es stellt sich heraus, dass die einzigen Zeugen, die die Wahrheit gesprochen haben, Nazis waren, die Freunde des Henkers. (...) Ich versichere Euch, diese Affäre wird damit nicht ihr Ende finden. Das Blut der Wilnaer Juden ist nicht so billig. Zunächst einmal ein Wort an Österreich, die Heimat Murers, das Land, in dem Hitler, Eichmann und Globocnik das Licht der Welt sahen. Das bedauernswerte Österreich gab sich am Ende des Weltkrieges als deutsche Okkupationsprovinz aus. Wir wissen nur zu gut, wie dieses Österreich den ‚Anschluss' aufnahm, wie die Hauptstadt Wien ihrem Adolf zujubelte (...) Wir haben etwas gehört von Anwandlungen der Reue in Deutschland, von Vereinigungen der ‚Träger des Kainszeichens', von jungen Burschen, die das Bestreben zeigen, für die Sünden ihrer Väter Sühne zu leisten. Österreich hat solche Schwächen nie gekannt. Hier steht es vor uns, in all seiner Gemeinheit." *(Broda-Archiv, Mappe III, ÖNB.)*

Die kommunistische israelische Zeitung *Kol HaAm* sieht nun vor allem die österreichische Regierung gefordert, die der Weltöffentlichkeit zeigen müsse, dass die Entscheidung im Fall Murer kein Modell für die Zukunft sein könne: „Das Urteil im Grazer Prozeß steht im Gegensatz zum internationalen Recht und zur Verpflichtung der österreichischen Regierung, das Wiedererstarken des Nazismus in ihrem Lande zu verhindern." *(Zitiert nach Volksstimme, 9. 7. 1963.)*

Justizminister Christian Broda, der die Kommentare in den israelischen Zeitungen aufmerksam verfolgt und die einzelnen Artikel fein säuberlich für die Nachwelt sammeln lässt, kann diese Vorwürfe nicht auf sich beruhen lassen. Besorgt um das Image Österreichs, bemüht er sich um Gegendarstellungen, so in der Schrift *Der Eichmann-Prozeß und die österreichische Justiz:* „Schon nach 1945 hat die österreichische Justiz ihre schwere Pflicht erfüllt. Was an Verbrechen gegen die Menschlichkeit bekannt geworden ist, wurde von unseren Gerichten untersucht; die Schuldigen, soweit sie noch am Leben und greifbar waren, wurden vor Gericht gestellt und verurteilt." Broda veranlasst die Übermittlung von Informationen an österreichische Handelsdelegierte in Tel Aviv und ist sich auch nicht zu gut, selbst an eine jüdische Zeitung zu schreiben.

Leserbriefe zum Murer-Freispruch

Der Murer-Freispruch ist nicht nur unverständlich, sondern ein offener Skandal. Da muß man ja an der österreichischen Rechtsprechung verzweifeln.

F. S., Wien-Brigittenau

•

Mir scheint das Urteil im Murer-Prozeß eine österreichische Schande zu sein, für die wir alle schamrot den Kopf senken müßten — nicht nur vor den schwerbetroffenen Opfern.

M. R., Wien-Döbling

•

Das Entsetzen über das Urteil im Murer-Prozeß ist allenthalben groß. Ebenso bedenklich stimmt die Nichtaussetzung des Urteils durch den Vorsitzenden: sie ist für das Gericht einfach beschämend. Interessant wäre eine Untersuchung der politischen Vergangenheit der Geschworenen und der Richter.

W. S., Wien-Wieden

•

Die Zeugenaussagen im Murer-Prozeß waren erschütternd. Es scheint aber doch Leute zu geben, die meinen, diese schwergeprüften Menschen fahren zu ihrem Vergnügen in der Welt umher, denn Wert hat man ihren Aussagen kaum beigemessen. Zumindest machte es sich nicht im Urteil bemerkbar. Was mich außerdem empörte, war die Tatsache, daß die Söhne des Angeklagten, im Gerichtssaal anwesend, Grimassen schnitten, ohne zurechtgewiesen zu werden, während eine Zeugin, in begreiflicher Aufregung ob ihrer schrecklichen Erinnerungen, vom Vorsitzenden zur Ruhe gerufen wurde, als sie lautstark die Wahrheit hinausschrie. Und wie steht es mit dem Publikum, das Beifall klatschte? Ich halte all diese Begleitumstände für eine Schande, und ob sie uns im Ausland nicht abträglich sind, ist eine sehr berechtigte Frage.

E. S., Wien-Wieden

•

Mit Erschütterung habe ich als junger Österreicher das Urteil über Franz Murer gelesen. Wie kann derartiges inmitten eines demokratischen Volkes geschehen? Fast hat man den Eindruck, daß hierzulande mit zweierlei Maß gemessen wird. Wird heute jemand getötet, so fordern breite Schichten der Bevölkerung die Todesstrafe für den Mörder. Mordtaten aus der Hitlerzeit aber bleiben ungesühnt. Dieses Schandurteil hat im Gefolge der letzten Naziprozesse mein Vert...n die Gerechtigkeit vollends einstürzen lassen, und ich bin sicher, daß ich nicht der einzige bin, dem es so ergeht. Sin[d] denn die Millionen Toten dieses Krieges um sonst gestorben? Haben die Welt und di[e] Menschen nichts daraus gelernt?

M. B., Wien-Hietzing

•

Im Namen der Millionen Opfer de[s] Vernichtungslagers Auschwitz geben wir de[r] tiefen Beunruhigung über den Freispruch i[m] Murer-Prozeß Ausdruck. Wir können uns de[s] Eindrucks nicht erwehren, daß dieses für un[s] unfaßbare Erkenntnis einer Atmosphäre ent[-] sprungen ist, die einen wirklichen Wahr[-] spruch der Geschworenen erschwerte, j[a] unmöglich machte. Zu dieser Atmosphär[e] gehörte, daß während des ganzen Prozesse[s] geduldet wurde, daß jüdische Zeugen, die o[ft] die letzten Überlebenden ihrer gesamte[n] Verwandtschaft sind und selbst schwerste[n] Verfolgungen ausgesetzt waren, im Gerich[t] angepöbelt, verspottet, eingeschüchtert un[d] bedroht wurden. Ist dies allein schon schwe[r] begreiflich, so erscheint es uns geradez[u] unfaßbar, daß der Senat wiederholt Beifalls[-] kundgebungen für Murer duldete. Jung[e] Menschen dagegen, die weder Juden sind noc[h] im KZ waren, haben ihre Empörung über de[n] Freispruch in Graz in einer Demonstratio[n] ausgedrückt. Wir bezweifeln, ob die für diese[s] Urteil Verantwortlichen bedacht haben, welc[h] unermeßlicher Schaden dadurch dem Ansehe[n] Österreichs in der ganzen Welt zugefüg[t] wurde.

Österreichische Lagergemeinschaft Auschwitz
Dr. Ella Lingens, Obmann

•

Als regelmäßiger Leser Ihres Blattes hab[e] ich die Berichterstattung über den Proze[ß] gegen Franz Murer mit Interesse verfolg[t]. Daß Murer freigesprochen wurde, ist zwa[r] äußerst deprimierend, aber meiner Meinun[g] nach keineswegs überraschend. Das Urte[il] entspricht dem sogenannten „gesunden Volks[-] empfinden" aus der Naziära, das offenbar noc[h] zu tief in vielen Zeitgenossen verwurzelt is[t]. Man kann diesen Menschen anscheinend nich[t] klarmachen, daß ein Judenmörder ein gan[z] gemeiner Mörder ist.

N. B., Genf

•

Vor dem Urteil im Grazer Murer-Proze[ß] müßte man in Tränen ausbrechen, nicht Bei[-] fall klatschen! Dürfen denn Recht un[d] Menschlichkeit in unserem Staat mit Füße[n] getreten werden?

M. H., Wien-Brigittenau

(„Arbeiter-Zeitung", 23. 6., 27. 6., 2. 7., 5. 7., 10. 7., 11. 7.)

„Mir scheint das Urteil im Murer-Prozeß eine österreichische Schande zu sein, für die wir alle schamrot den Kopf senken müßten": Leserbriefe in der „Arbeiter-Zeitung" zu[m] Freispruch.

Im Mittelpunkt der „Murer-Krise“ steht jedoch Walther Peinsipp, der österreichische Botschafter in Israel. Unmittelbar nach Bekanntwerden des Urteils lädt er Major Eytan Otto Liff (1899–1981), den Leiter der „Untersuchungsstelle für NS-Gewaltverbrechen beim Landesstab der Polizei Israel“, zu sich in die Botschaft ein. Liff, in Wien als Otto Lifczis geboren und als Student in der zionistischen Bewegung tätig, flüchtete 1938 über Paris nach Israel und ist mit Peinsipp gut bekannt. Er nimmt sich kein Blatt vor den Mund: Der Ausgang des Prozesses in Graz, so schleudert er dem Botschafter entgegen, stelle den Bankrott der österreichischen Justiz dar. Von neuem habe er bestätigt, dass Juden in Österreich noch immer als vogelfrei angesehen würden, die Entscheidung der Geschworenen sei daher nichts Außergewöhnliches. Kritik hagelt es auch am Justizminister: Broda habe es nach einer Aussprache mit ihm ein Jahr zuvor unterlassen, den Prozess aus Graz nach Wien zu verlegen und so dem steirischen „Gesinnungsmilieu“ zu entziehen. In Wien, so argumentiert Liff, hätte die Kontrolle durch die internationale Öffentlichkeit einen stärkeren „Hemmungsfaktor für Rechtsbrüche“ dargestellt. Und dann konfrontiert er Peinsipp auch noch mit einer Statistik über die in gerichtlicher Untersuchung befindlichen Naziverbrechen seit dem Staatsvertrag 1955 – sie gebe „viel Aufschluss“ über den Umgang Österreichs mit den NS-Verbrechen. Alle Versuche, österreichische Kultur durch Ausstellungen und musikalischen Darbietungen zu propagieren, müssten gegenüber dem „Wahrspruch“ der Grazer Geschworenen wirkungslos bleiben, denn dieser erscheine als das „wahre Wesen“ des Österreichers.

Eytan Liff berichtet von dieser „inoffiziellen Aussprache“ in einem Brief vom 4. Juli 1963 seinem Freund Simon Wiesenthal, den er bittet, über die mitgeteilten Inhalte der Unterredung mit Peinsipp zu schweigen, um die Arbeit des Botschafters nicht zu erschweren. Er glaube nicht, so schreibt Liff, dass mit dem Grazer Urteil die „Angelegenheit“ abgeschlossen sei, die ehemaligen Wilnaer würden sie weiter betreiben. Seine Empfehlung für die weitere Arbeit im Fall Murer: „Die Verantwortung des Justizministeriums muss in Focus gebracht werden." *(Zitiert nach Akt Franz Murer, Wiener Wiesenthal Institut für Holocaust-Studien.)*

Tel Aviv, 8. Juli 1963. Die israelischen Proteste gegen das Grazer Urteil erreichen einen neuen Höhepunkt. Etwa 5.000 Demonstranten, aufgerufen von den Verbänden der Naziverfolgten und Tel Aviver Jugendorganisationen, versammeln sich auf einem großen Platz am Meer, viele tragen schwarzen Fahnen und einen gelben Davidstern auf ihren Kleidern. Sie haben Plakate in hebräischer, jiddischer, englischer und französischer Sprache vorbereitet, die Texte lassen an Deutlichkeit nichts zu wünschen übrig: „Murer war der Eichmann Wilnas", „Das Urteil bedeutet Ermutigung für alte und neue Nazis" und „Nazistische Richter haben einen Nazi-Verbrecher freigesprochen". Unter den Rednern, die tags zuvor auf einer Pressekonferenz auftreten, ist auch einer der Zeugen aus Graz, Dr. Mosche Feigenberg, der betont, dass in den demokratischen Kreisen Österreichs das Urteil „mit Empörung" abgelehnt werde, und zum Beweis dafür die *Wahrheit*, die Parteizeitung der steirischen Kommunisten, präsentiert. Weniger versöhnlich dagegen argumentiert einer der überlebenden Widerstandskämpfer aus dem Wilnaer Ghetto, Abba Kovner. Er, der nach dem Krieg einen persönlichen Rachefeldzug gegen die Deutschen gestartet hatte, hat eine klare Meinung: Die vorliegenden Beweise hätten sehr wohl zu einer Verurteilung Murers ausgereicht. Man müsse den Freispruch daher als Zustimmung zum Mord an Zehntausenden Juden werten.

Die Demonstranten ziehen weiter zur österreichischen Botschaft, wo eine Mahnwache eingerichtet und Transparente aufgehängt werden – „Murer mordete meine Eltern und Geschwister" und „Die österreichische Regierung kann sich nicht reinwaschen, solange Nazimörder frei herumlaufen" kann man da lesen. Friedrich Bauer, dem Geschäftsträger der Republik, wird eine Petition übergeben, in der verlangt wird, Murer erneut vor Gericht zu stellen, jedoch nicht in Graz und „nicht vor Richter mit Nazivergangenheit". Ya'aqov Silber, der Berichterstatter der *Volksstimme*, schildert genüsslich die Szene: „Herr Bauer war hier zum erstenmal in einer

„Das Urteil bedeutet Ermutigung für alte und neue Nazis": Demonstration gegen den Freispruch von Franz Murer in Tel Aviv, Juli 1963.

unangenehmen Situation. Nur eines wußte er zur Ehrenrettung seiner Regierung vorzubringen: die Demonstrationen nichtjüdischer Studenten und Jugendlicher in Wien, die ebenfalls den Globke-Stern angelegt hatten. Draußen aber, während er vor der Delegation diese Entschuldigung stammelte, hatten tausende Männer und Frauen, die Murer und anderen Eichmännern mit knapper Müh und Not entronnen waren, den Polizeikordon durchbrochen und schrien nun zu den Fenstern der Botschaft hinauf: ‚Schande! Schande!'" *(Zitiert nach Volksstimme, 9. 7. 1963.)*

Botschafter Walther Peinsipp berichtet an das Außenamt in Wien, die Heftigkeit der Proteste, so erklärt er, hänge nicht zuletzt damit zusammen, dass Wilna das religiöse Zentrum des osteuropäischen Judentums und der Gründungsort der „Arbeiter-zionistischen Bewegung" gewesen sei. Durch den Freispruch Murers, so schreibt er in seinem „Grundbericht" zum Jahr 1963 an seinen Chef, Außenminister Bruno Kreisky, seien etwa 50 % der israelischen Bevölkerung direkt in ihren Gefühlen verletzt worden: „Das wahre

Trommelfeuer der Presseangriffe über eine Periode von 14 Tagen löste die Gefahr aus, dass Österreich für den nicht aus Europa stammenden Bevölkerungsanteil, für den es bis dahin weder besser noch schlechter als andere Länder war, zu einem Begriff als Hort des Neonazismus und Antisemitismus würde." Die Atmosphäre in den Beziehungen zwischen Österreich und Israel sei daher für längere Zeit „vergiftet". *(Zitiert nach Berichte aus Israel 1962–1965.)*

Kreisky, der die ganze Aufregung nicht so recht verstehen will, den „Explosivstoff" Murer (Walther Peinsipp in einem Schreiben an ihn vom 4. Mai 1964) aber unbedingt ernst nehmen muss, übermittelt den Bericht Peinsipps über die Proteste in Israel seinem Freund Justizminister Christian Broda und bittet ihn um eine Stellungnahme. Broda antwortet am 9. September 1963 mit einem ausführlichen Schreiben, in dem er noch einmal die Grundsätze der österreichischen Justiz im Umgang mit NS-Verbrechern darlegt. Die „Todesmaschinerie der ‚Endlösung der Judenfrage'" sei den österreichischen Strafverfolgungsbehörden durchaus bekannt. In den Anklageschriften – und das gelte auch für Murer – habe man den „Hintergrund des damaligen Geschehens" durchaus „breit dargelegt". Die Geschworenen hätten, behauptet Broda, „einen genauen Einblick in die seinerzeit maßgebenden Befehlsverhältnisse und den Vernichtungsapparat der NS-Machthaber sowohl im allgemeinen als auch im besonderen gewinnen können". Der öffentliche Ankläger, so Broda, müsse aber dem Verdächtigen stets nachweisen, eine konkrete Tötungshandlung begangen zu haben, eine Verfolgung nur auf Grund einer Funktion sei nicht zulässig. Ein sogenannter „Schreibtischmörder" könne daher nach österreichischem Recht nicht als „unmittelbarer Täter", sondern nur als „Anstifter oder als Gehilfe" zur Verantwortung gezogen werden. Die „wirklichen Schwierigkeiten" lägen aber auf „Gebieten des Beweisverfahrens" – Broda versammelt nun die Argumente, die zum Freispruch Murers führten: „Das Verblassen der Erinnerungen an Einzelheiten und dadurch auch vorkommende Widersprüche können von einer einigermaßen geschickten Verteidigung ausgenützt werden. Diese Umstände führen dazu, dass das erkennende Gericht bei leugnenden Angeklagten dem im österreichischen Strafrecht verankerten Grundsatz ‚in dubio pro reo' folgend zur Fällung eines Freispruches neigt." Bei so „prekären Beweislagen" würden sich „widerspruchsvolle, unsichere, übertreibende und objektiv falsche Aussagen auf die Geschworenen verheerend auswirken und so oft mühsam zusammengetragene andere Schuldbeweise in ihrer Beweiskraft" entwerten. Broda bekräftigt, dass die österreichischen Justizbehörden „jederzeit gerne" konkrete neue Beweisunterlagen entgegennehmen würden, „von welcher Seite sie auch immer kommen". Und es bliebe den israelischen Stellen unbenommen, einen Prozessbeobachter zu weiteren Verfahren wegen NS-Gewaltverbrechen zu entsenden. Eine Beteiligung ausländischer Behörden an einem Strafverfahren sei allerdings nach österreichischem Strafprozessrecht nicht möglich. *(Zitiert nach Berichte aus Israel 1962–1965.)*

Diese Stellungnahme Brodas wird am 21. Oktober 1963 vom Außenamt der Botschaft in Tel Aviv übermittelt, besonders hilfreich scheinen die Ausführungen des Justizministers allerdings nicht zu sein, denn das Thema Franz Murer belastet weiterhin die österreichisch-israelischen Beziehungen, wie etwa Botschafter Walther Peinsipp am 4. Mai 1964 nach einem Gespräch mit Außenministerin Golda Meir berichten muss. Der „innenpolitische Druck aus dem Fall Murer" habe das israelische Außenamt seit dem letzten Sommer zu einer „gewissen Zurückhaltung" veranlasst. Daran hat auch nichts geändert, dass man auf Ersuchen von Justizminister Broda inzwischen versucht hat, mit israelischen Justizbehörden Kontakt aufzunehmen, um sie über „unrichtige Vorstellungen hinsichtlich der politischen Einstellung österreichischer Richter und Justizbehörden aufzuklären". Im Hinblick auf den Murer-Prozess soll damit „unrichtigen Kommentaren über die österreichische Justiz" vorgebeugt werden.

Für mehr „Aktionsfreiheit", so Walther Peinsipp, sorge aber nun das Urteil des Obersten Gerichtshofes in Wien, das die Österreich-Referenten im israelischen Außenamt bereits wieder über konkrete Maßnahmen zur Verbesserung der Beziehungen nachdenken lasse.

Fememord an Franz Murer geplant

Der vom Verdacht, während des Krieges in der Stadt Wilna Morde an Juden in- und außerhalb des Gettos begangen zu haben, kürzlich von einem Grazer Geschwornengericht freigesprochene Gaishorner Landwirt Franz Murer erhielt in letzter Zeit viele Briefe. Ebenso erhielten auch verschiedene Zeugen, die von der Verteidigung geführt worden waren, Briefe. Es sind keine freundlichen Briefe. Sie sind anonym, aber verschiedentlich bekennen sich die Briefschreiber dazu, den jüdischen Kampf- oder Terrorgruppen „Stern" und „Irgun" anzugehören. ECHO liegt die Photokopie eines dieser Schreiben vor. Es hat folgenden Wortlaut:

„Wir sind mit dem Freispruch zufrieden. So bekommen wir Gelegenheit, Dich Hund und noch einige solche räudige Hunde wie … (Name von der Redaktion ausgelassen) und Konsorten zu fassen. Wir werden Euch fassen und so zerschlagen, daß Eure eigene ‚Sippe' Eure Kadaver nicht mehr erkennen wird. Den Zeitpunkt und den Ort bestimmen wir, und wir werden Euch beweisen, daß es keinen Schutz für Euch gibt. Die Schreiber dieser Zeilen sind weder Psychopathen noch Maulhelden, und vielleicht habt ihr degenerierten Schweine schon einmal was von ‚Stern' und ‚Irgun' gehört."

Es ist Sache der Sicherheitsbehörden, die Schreiber solcher Briefe ausfindig zu machen, welche den Spruch eines Geschwornengerichtes (der Staatsanwalt hat übrigens gegen den Freispruch Franz Murers die Nichtigkeitsbeschwerde erhoben und ausgeführt, Anm. d. Red.) zum Anlaß nehmen, ein Urteil nach dem alttestamentarischen Grundsatz selbst fällen zu wollen. Solche Briefe sind ebensowenig wie die widersprechenden und zum Teil für Murer ungünstig „korrigierten" Aussagen von Belastungszeugen im Lauf des vieltägigen Prozesses dazu angetan, der Sache des jüdischen Volkes, welches unter dem Endlöser Eichmann und auch sonst in der Zeit Hitlers ein furchtbares Schicksal erlitten hat, zu dienen.

Interessant ist in diesem Zusammenhang, daß der Eichmann-Jäger Ing. Simon Wiesenthal sich in einem anderen Fall von dem Mißbrauch seines Namens und seiner Aufgabe distanziert und empfohlen hat, den Drohbrief an eine Person, die nichts mit dem Murer-Prozeß zu tun hatte, der Staatspolizei zur Nachforschung der Fälscher zu übergeben. Ein gewisser Leo Grünbaum hatte nämlich in Vertretung von Ing. Simon Wiesenthal und unter der Firma „Büro für jüdische Belange und Angelegenheiten der israelischen Sicherheit" einem österreichischen Staatsbürger mit gesetzlichen Maßnahmen gedroht. Die Rückfrage hat – wie schon erwähnt – eindeutig ergeben, daß Ing. Simon Wiesenthal sich mit derlei Vorgängen nicht identifiziert.

Der Freispruch treibt seltsame Blüten: Das Boulevardblatt „ECHO" berichtet, dass jüdische „Kampf- oder Terrorgruppen" die Ermordung Murers planen.

Die Entscheidung des OGH, auf die sich Peinsipp bezieht: Der Freispruch Murers wird nicht rechtskräftig, da er am 22. April 1964 durch den Obersten Gerichtshof im Gefolge einer Nichtigkeitsbeschwerde der Staatsanwaltschaft Graz aufgehoben wird. Unter dem Vorsitz von Senatspräsident Dr. Sabaditsch und in Gegenwart der Hofräte Dr. Zachar, Dr. Feichtinger, Dr. Möller und Dr. Hartmann wird der Nichtigkeitsbeschwerde, die Nichtigkeitsgründe nach § 345, Abs. 1 Z. 1, 4, 5 und 8 StPO geltend macht, „teilweise" Folge gegeben, und zwar nur bezüglich des Wahrspruchs der Geschworenen zur Hauptfrage 6, die sich darauf bezog, dass Murer „im Jahre 1942 in Wilna durch Abgabe eines Schusses gegen einen unbekannten Juden, der sich zwei Häuserblocks hinter dem Haupttor auf dem Gehsteig befand", das Verbrechen des gemeinen Mordes begangen habe. Der diesbezügliche Freispruch wird aufgehoben und „die Sache zur nochmaligen Verhandlung und Entscheidung im Umfange der Aufhebung an das Geschworenengericht am Sitze des Landesgerichtes für Strafsachen Graz verwiesen". In allen anderen Punkten wird die Nichtigkeitsbeschwerde verworfen, so auch die Behauptung des Staatsanwalts, dass der Eintritt des Ersatzgeschworenen Johann Schrei an Stelle des wegen „Befangenheit" verhinderten Hauptgeschworenen Julius Kloiber „hinter den geschlossenen Türen des Beratungszimmers" gesetzwidrig vor sich gegangen sei. Die „Ausscheidung" Kloibers wegen der „seinerzeitigen Kommandierung zur Erschießungen von Juden" sei zu Recht erfolgt, der „Geschworenenaustausch" habe zwar nicht den Verfahrensvorschriften entsprochen, das könne aber der Nichtigkeitsbeschwerde nicht zu einem Erfolg verhelfen, weil „der Formverstoß auf keine Verletzung und Vernachlässigung einer Vorschrift zurückzuführen ist, deren Beobachtung das Gesetz ausdrücklich bei sonstiger Nichtigkeit vorschreibt".

Die Aufhebung des Freispruchs in der Hauptfrage 6 begründen die Richter des OGH damit, dass man es verabsäumt habe, dem Zeugen Anatol Žuk „zwecks persönlicher Einvernahme im Interesse der Wahrheitserforschung" eine „entsprechend ausgemessene Ladungsfrist" zu stellen. Wäre „dies der Fall gewesen, so hätte das Erscheinen des Zeugen füglich bewerkstelligt werden können", es wären also in diesem Punkt tatsächlich „Grundsätze des Verfahrens" hintangesetzt worden, „deren Beobachtung durch das Wesen eines die Strafverfolgung sichernden Verfahrens geboten" sei. *(Zitiert nach Gerichtsakt Franz Murer, Steiermärkisches Landesarchiv.)*

Der Auftrag des OGH an das Landesgericht ist klar: Er fordert zu einer „nochmaligen Verhandlung und Entscheidung im Umfange der Aufhebung" auf – zu dieser neuerlichen Verhandlung kommt es jedoch nicht mehr. Warum? Schätzt man die Aussichten auf eine erfolgreiche Prozessführung so niedrig ein? Spricht sich die Generalprokuratur gegen eine Wiederaufnahme des Verfahrens aus?

Simon Wiesenthal stellt sich inzwischen weiter entschieden gegen die „in der Nachkriegszeit herrschende Wahrnehmung österreichischer (Nicht-)Verantwortung" (Anton Pelinka) und fordert damit immer wieder Kritik von Seiten der beiden Großparteien SPÖ und ÖVP heraus. 1966 überreicht er Bundeskanzler Josef Klaus das „Schuld-und Sühne-Memorandum der österreichischen SS-Täter", ein Dokument, das die „Opferthese" fundamental herausfordert: Es ist der erste Beleg für die seither weitgehend akzeptierte Aussage, dass der Anteil von Österreichern unter den Tätern des Holocaust überproportional hoch war.

Von jüdischer Seite werden immer wieder Anstrengungen unternommen, um einen neuen Prozess ins Rollen zu bringen. So wird am 19. August 1968 in Tel Aviv eine Delegation von Wilnaer Juden beim neu bestellten österreichischen Botschafter Arthur Agstner (1922–1991), dem Nachfolger Walther Peinsipps, vorstellig. Sie übergibt dem Diplomaten eine Petition, in der eine Wiederaufnahme des Verfahrens gegen Franz Murer verlangt wird. Vorgestellt wird die Petition vom bekannten Ghettoüberlebenden und Holocaust-Forscher Dr. Marc Dworzecki, angeschlossen sind ihr sieben Zeugenaussagen von Überlebenden vor einer israelischen Polizeidienststelle, die sich speziell mit Kriegsverbrechen beschäftigt. Einer der sieben Zeugen beschuldigt Murer des Mordes an einem dreijährigen Kind, angeführt werden nur Taten, die Murer persönlich begangen haben soll.

Botschafter Arthur Agstner verspricht, die Petition an Bundespräsident Franz Jonas weiterzuleiten, und sagt, dass auch er auf einen neuerlichen Prozess hoffe.

Verfolgbare Tatbestände

Zum erstenmal soll es in Österreich zur Wiederaufnahme eines Kriegsverbrecherprozesses kommen. Von Andreas WEBER

Mendel Barberyszki, polnischer Jude, gab vor dem Bezirksgericht in Lodz 1947 zu Protokoll: „Ich habe einmal beobachtet, wie Murer ins Ghetto fuhr und dort absichtlich Menschen mit seinem Auto niederführte. 16 Juden wurden auf diese Weise umgebracht."

Aleksander Libo, polnischer Jude, gab vor dem Bezirksgericht in Lodz 1947 zu Protokoll: „Murer war sehr grausam. Er quälte Menschen, insbesondere Frauen, er schlug und trat sie. Einmal sah ich Murer am Eingang des Ghettos stehen. Er hielt zehn Frauen an, die kleine Mengen von Lebensmitteln bei sich hatten. Er schlug sie und brachte sie mit seinem eigenen Auto ins Gefängnis. Dort ordnete er ihre Erschießung an."

Diese von Überlebenden des Holocaust so eindringlich beschriebene Person heißt mit vollem Namen Franz Murer, ist heute 77 Jahre alt und lebt auf seinem Gut in Gaishorn in der Steiermark.

Der Österreicher Murer war während des Zweiten Weltkrieges stellvertretender Reichskommissar im polnischen Wilna. Als solcher war er für den „Arbeitseinsatz" der Juden verantwortlich, ein Einsatz, der gewöhnlich mit dem Tod endete.

Von den rund 80.000 Juden, die zu Beginn des deutschen Einmarsches (1941) in der Großstadt ansässig waren, überlebten nur 250 die Nazi-Herrschaft.

Simon Wiesenthal, Leiter des jüdischen Dokumentationszentrums in Wien, fordert nun Justizminister Egmont Foregger auf, gegen Murer wieder gerichtlich vorzugehen, da im Kriegsverbrecherarchiv der UNO neue belastende Unterlagen entdeckt worden seien.

Die UNO-Dokumentensammlung wurde erst während der Debatte um die Kriegsvergangenheit von Bundespräsident Kurt Waldheim geöffnet. Das Dokumentationszentrum sandte daraufhin Mitarbeiter aus, die Material über andere Österreicher mit NS-Geschichte finden sollten.

Wiesenthal in seinem Brief an den Minister: „Meines Wissens müssen neue Fakten beigebracht werden, um ein Verfahren wiederaufnehmen zu können – aus den UNO-Akten ergibt sich ein solcher neuer Fakt."

Der 1938 der NSDAP beigetretene Murer wurde 1963 in einem der spektakulärsten Nazi-Prozesse von einem Geschworenengericht in Graz, der Stadt der Volkserhebung, vom Vorwurf des 17fachen Mor-

Ghetto von Wilna, Kommandant Murer: „16 Juden absichtlich niedergeführt"

Foto: Steffen

Die Ankündigung des Nachrichtenmagazins „profil" erfüllt sich nicht – Murer bleibt unbehelligt, die Zeugenaussagen aus Łódź 1947 können daran nichts mehr ändern.

Eine weitere Zusammenkunft mit Vertretern des Weltkomitees der Wilnaer Juden findet am 28. November 1968 in Tel Aviv statt, Teilnehmer ist diesmal auch Hauptmann Lengsfelder, der neue Leiter der Untersuchungsstelle für NS-Gewaltverbrechen beim Landesstab der Polizei Israel, für das Weltkomitee sprechen wiederum Marc Dworzecki und Mosche Feigenberg. Im Laufe der mehrstündigen Unterredung verspricht man den Israelis, sich mit Staatsanwalt Dr. Schuhmann in Verbindung zu setzen und diesen über Inhalt und Verlauf des Gesprächs in Tel Aviv zu informieren – diesem Versprechen kommt man von österreichischer Seite auch nach, Dr. Schuhmann hat allerdings keine erfreulichen Nachrichten für das Weltkomitee: Eine verbindliche Aussage darüber, „ob es überhaupt zu einer neuerlichen Hauptverhandlung gegen Murer kommen werde und zu welchem Zeitpunkt gegebenenfalls mit einer solchen Hauptverhandlung zu rechnen sein wird“, könne er nicht machen, er habe vor, sich zum Landgericht nach Wiesbaden zu begeben und dort eventuell verwertbare Unterlagen zu sichten. *(Österr. Staatsarchiv, Archiv der Republik, Akt Murer.)*

Vereinzelt melden sich auch noch immer Zeugen, die gegen Murer aussagen. So gibt etwa die 1923 in Wilna geborene Lehrerin Helen Schriter in der Untersuchungsstelle für NS-Gewaltverbrechen in Tel Aviv am 3. Juli 1972 zu Protokoll: „Ja, ich erinnere mich an Murer vom Gebietskommissariat; er war blond, groß, schlank, damals im Alter von etwa 30 Jahren, er trug hellbraune Uniform mit einem Hakenkreuz auf dem Ärmel. Über ihn ist mir Folgendes bekannt: Das begab sich Ende Sommer 1942. Ich sah, wie er in der Rudnickastraße, auf der rechten Straßenseite, unweit des Judenrates, auf zwei Mädchen schoss und sie tötete. Ich bin zufällig auf die Straße gegangen und sah mit eigenen Augen, wie er an die beiden Mädchen herantrat, seine Pistole zog und ihnen sagte, dass sie zu hübsch seien für Jüdinnen, und dann schoss er auf sie. Ich stand versteckt auf der gegenüberliegenden Seite der Straße, es war eine schmale Straße und ich hörte, wie er mit ihnen sprach. Auf der Straße waren damals keine Juden, denn alle hatten sich vor Angst verborgen, als man wusste, dass Murer ins Ghetto gekommen ist.

Als Murer die beiden Mädchen ermordet hatte, setzte er seinen Weg fort."

Helen Schriter, die von Murer im Gefolge einer Leibesvisitation, bei der er einige Eier in ihren Haaren entdeckt, „grausam" mit einem Stock geschlagen wird, bis sie blutet, erlebt auch einen seiner immer wieder kolportierten Besuche in der Badeanstalt mit: „Das zweite Mal sah ich ihn in der Badeanstalt im Ghetto. Murer erschien plötzlich, trat auf eine dicke Frau zu und begann sie mörderlich zu schlagen, wobei er schrie: ‚Ihr seid zu dick, anscheinend geht es euch gut im Ghettto!' Ich sah, wie die Frau blutüberströmt zu Boden fiel. Als ich dies sah, bin ich mit meiner Muttter und einigen anderen Frauen aus der Badeanstalt geflüchtet. Murer pflegte oft in die Badeanstalt zu kommen, wo Frauen badeten, die er verhöhnte. Ich habe gehört, dass er einmal auf eine Frau in der Badeanstalt geschossen hat und sie dadurch tötete. Der Name dieser Frau ist mir unbekannt." *(Archiv der Republik, Österr. Staatsarchiv, Polizeiakten Franz Murer.)* Die Lehrerin, die sehr gut deutsch spricht, erklärt ausdrücklich, dass sie auch bereit sei, nach Österreich zu fahren und ihre Aussage vor Gericht zu wiederholen.

An der Entscheidung der österreichischen Justiz ändert dies nichts mehr: Am 24. Juli 1974 erfolgt die Einstellung des Verfahrens gegen Franz Murer durch das Landesgericht Graz gem. § 227 Abs. 1 StPO.

Im Herbst 1988 tauchen bei Nachforschungen im UNO-Kriegsverbrecherarchiv auch Murer-Akten auf. Sie dokumentieren Zeugenaussagen aus dem Jahr 1947 in Łódź, denen zufolge Murer 16 Menschen absichtlich mit dem Auto überfahren und dadurch getötet habe. Justizminister Egmont Foregger (FPÖ) gibt die Unterlagen an die Staatsanwaltschaft Graz zur Beurteilung weiter. Ein neuer Prozess scheint möglich – doch da stellt sich im Mai 1989 heraus, dass diese Zeugenaussagen bereits 1955 dem Landesgericht Graz bekannt waren, und zwar in „ungekürzter Fassung". Für Egmont Foregger ein klarer Fall: Bei der erneuten Einleitung eines Verfahrens könnten nur Taten berücksichtigt werden, die im Jahre 1955 noch nicht aktenkundig gewesen seien. Einmal mehr passiert daher nichts. Wie die Tageszeitung *Der Standard* am 22. Dezember 1989 berichtet, ist es Foregger selbst, der dafür sorgt, dass die neuen Unterlagen „ohne Zögern und in aller Stille" verschwinden.

Franz Murer pocht indes weiter auf seine Unschuld. In einem Interview, das er dem Magazin *profil* Ende 1989 gibt, behauptet er noch einmal: „Das ist alles ein Irrtum. Das ist damals passiert, aber ohne meine Beihilfe."

Franz Murer stirbt am 5. Januar 1994 in Leoben. Die Abschiedsworte für die Bezirksbauernkammer beim Begräbnis in Gaishorn spricht der Funktionär Ökonomierat Johann Resch. Er würdigt Franz Murer „als vornehmen Vertreter der Bauern", seine Vergangenheit im Dritten Reich wird mit Schweigen übergangen. Der helle Grabstein an der Wand des kleinen idyllischen Friedhofes in Gaishorn ist bereits halb von Efeu überwachsen, Vergessen macht sich breit …

Der Grabstein auf dem Friedhof Gaishorn am See.

Literatur- und Quellenverzeichnis

Archivbestände

Steiermärkisches Landesarchiv, Graz
Gerichtsakt Franz Murer 4 Vr 1811/62

Wiener Wiesenthal Institut für Holocaust Studien (VWI)
Dokumentation Franz Murer (darin: Autobiografische Skizze Franz Murer, o. J.)

LCVA: Lietuvos Centrinis Valstybes Archyvas (Litauisches Staatliches Zentralarchiv):
R-614 Gebietskommissar Vilnius Stadt
R-626 Gebietskommissar Vilnius, Arbeitsamt
R-643 Litauische Stadtverwaltung Vilnius

LYA: Lietuvos Ypatingas Archyvas (Sonderarchiv Litauens)
Verfahren gegen Franz Murer Nr. 11.713

Bundesarchiv Berlin
Personalakt Franz Murer

BA-MA: Bundesarchiv-Militärarchiv Freiburg:
Militärakt Franz Murer

Österreichisches Staatsarchiv, Archiv der Republik:
Polizeiakten Franz Murer
Akt Egon Peyer

Dokumentationsarchiv des österreichischen Widerstandes:
Akten Franz Murer

Österreichische Nationalbibliothek
Nachlass Christian Broda, Mappe III

USHMM: United States Holocaust Memorial Museum, Washington
RG-50.030*0527: Interview mit Ada Ustjanauskas

YIVO Institute for Jewish Research, New York
Digital Collections

Akademie Vogelsang IP/NS-Dokumentation Vogelsang
Interview mit Mascha Rolnikaite (St. Petersburg 2013)

Yad Vashem Archives, Tel Aviv: Fotosammlung,
Beit Lokhamei ha-Gettoat (Haus der Ghettokämpfer): Fotosammlung
Archiv NMS R. Karl Renner, Judenburg
Archiv Landw. Fachschule Grottenhof-Hardt
Matriken der Pfarre St. Georgen ob Murau, Diözese Graz-Seckau
National Library of Australia, Canberra: Document Supply Service

NS-Literatur

Robert Ley, Wir alle helfen dem Führer. Deutschland braucht jeden Deutschen. München 1937

Private Sammlungen

Sammlung Franz Albert Heinen, Schleiden

Gedruckte Quellen

Yitzhak Arad, Israel Gutman, Abraham Margaliot (Hrsg.), Documents on the Holocaust: Selected Sources on the Destruction of the Jews of Germany and Austria, Poland and the Soviet Union. Lincoln und London 1999
Documents Accuse. Herausgegeben von B. Baranauskas, K. Ruksenas und E. Rozauskas. Vilnius 1970
Justiz und NS-Verbrechen. Sammlung deutscher Strafurteile wegen nationalsozialistischer Tötungsverbrechen 1945–2012. Bd. 6. Die vom 21. 12. 1949 bis zum 18. 7. 1950 ergangenen Strafurteile Lfd. Nr. 191–225. 1. Ed. Rüter-Ehlermann, Adelheid L. (Bearb.), Bauer, Fritz (Red.), Bracher, Karl Dietrich (Red.). Amsterdam-München-Berlin 1971 (Verfahren gegen August Hering und Martin Weiss)
Rachel Margolis und Jim Tobias (Hrsg.), Die geheimen Notizen des K. Sakowicz. Dokumente zur Judenvernichtung in Ponary 1941–1943. Frankfurt am Main 2005
Die Verfolgung und Ermordung der europäischen Juden durch das nationalsozialistische Deutschland 1933–1945. Herausgegeben von Susanne Heim, Ulrich Herbert, Hans-Dieter Kreikamp, Horst Möller, Gertrud Pickhan, Dieter Pohl und Hartmut Weber. Band 7: Sowjetunion mit annektierten Gebieten I. Besetzte sowjetische Gebiete unter deutscher Militärverwaltung, Baltikum und Transnistrien. Bearbeitet von Bert Hoppe und Hildrun Glass. München 2011
Rolf Steininger (Hrsg.), Berichte aus Israel. Eine Aktenedition. Bd. 8 1962–1965: Botschafter Dr. Walther Peinsipp. München 2004

Erinnerungen von Opfern und Augenzeugen

Benjamin Anolik, Lauf zum Tor mein Sohn. Von Wilna durch das Ghetto Wilna und sechs Lager in Estland. Herausgegeben von Erhard Roy Wien, Konstanz 2005
Pnina Arkian, Testimony. Yad Vashem Archives 0-3/2048
Mendel Balberyszski, Stronger Than Iron. The Destruction of Vilna Jewry 1941–1945: An Eyewitness Account. Jerusalem – Lynbrook 2010
Samuel Esterowicz, Memoirs. Auszüge auf: www.deathcamp.org/occupation/esterowicz.html
Moshe Feigenberg, Wilne untern natsi-jokh. Landsberg 1946
Die Juden von Wilna. Die Aufzeichnungen des Grigorij Schur 1941–1944. Bearbeitet und herausgegeben von Wladimir Porudominskij. Aus dem Russischen von Jochen Hellbeck. München 1999
Reinhard Kaiser und Margarete Holzman (Hrsg.), „Dies Kind soll leben". Die Aufzeichnungen der Helene Holzman 1941–1944. Frankfurt am Main 2000
Zelig Kalmanovitch, A Diary of the Nazi Ghetto in Vilna. In: YIVO Annual of Jewish Social Science 8 (1953), S. 9–81
Herman Kruk, The Last Days of the Jerusalem of Lithuania. Chronicles from the Vilna Ghetto and the Camps, 1939–1944. Edited and introduced by Benjamin Harshav. New Haven und London 2002
Rachel Margolis, Als Partisanin in Wilna. Erinnerungen an den jüdischen Widerstand in Litauen. Aus dem Polnischen übersetzt von Franziska Bruder. Kommentiert und mit einer Einführung versehen von Franziska Bruder und Gudrun Schroeter. Frankfurt am Main 2008
Rachel Pupko-Krinski, Mayn arbet in YIVO unter di daytshn. In: YIVO-Bleter, New York, Jg. 30 (1947), 2, S. 214–222
Schoschana Rabinovici, Dank meiner Mutter. Aus dem Hebräischen von Mirjam Pressler. Frankfurt am Main 1994 und 2002
Mascha Rolnikaite, Ich muss erzählen. Mein Tagebuch 1941–1945. Aus dem Jiddischen von Dorothea Greve. Mit einem Vorwort von Marianna Butenschön. Reinbek bei Hamburg 2004
Zilla Rosenberg-Amit, Das menschliche Antlitz wahren. Aktion Sühnezeichen Friedensdienste o. O. 1998
Yitzhak Rudashevsky, The Diary oft the Vilna Ghetto. Ghetto Fighters' House 1973
Jetta Schapiro-Rosenzweig, Sag niemals, das ist dein letzter Weg. Flucht aus Ponar – Eine Mutter und ihre kleine Tochter kämpfen ums Überleben. Aus dem Jiddischen von Tamara Dreifuß. Zell/Mosel 2001 und 2013
Sima Skurkovitz, Sima. Bericht einer jüdischen Frau aus Wilna über die Zeit des Naziterrors. Leverkusen 2002
Abram Gerzevitch Suzkever, Testimony. International Military Tribunal Nürnberg 1946.
Wilna – Lyda und zurück. Bericht des Jutan Secharja über die Ermordung der Juden in Lyda am 8. 5. 1942, vom 5. Juni 1942. StA Mainz gegen Windisch, Bd. 20, Bl. 2761–2771

Wilna unter dem Nazijoch. Berichte von Dr. med. Mozes Feigenberg, aufgenommen von Mosze Wajsberg. Landsberg 1946
Alexandra Zapruder, Salvaged Pages. Young Writers' Diaries of the Holocaust. New Haven 2002

Ausgewählte Literatur

Elżbieta Alabrudzinska, Eksterminacja ludnosci żydowskiej w Ponarach (1941–1943). In: Zenon Hubert Nowak (Hrsg.), Die Ermordung der jüdischen Bevölkerung in Ponary. Torun 1998
Thomas Albrich, Winfried R. Garscha, Martin F. Polaschek (Hrsg.), Holocaust und Kriegsverbrechen vor Gericht. Der Fall Österreich. Innsbruck-Wien-Bozen 2006
Götz Aly, Hitlers Volksstaat. Raub, Rassenkrieg und nationaler Sozialismus. Frankfurt am Main 2005
Yitzhak Arad, The „Final Solution" in Lithuania in the Light of German Documentation. In: Yad Vashem Studies XI (1976), S. 234–272
Yitzhak Arad, Ghetto in Flames. The Struggle and Destruction of the Jews in Vilna in the Holocaust. New York 1982
Solomonas Atamukas, Juden in Litauen. Konstanz 2000
Vincas Bartusevicius, Joachim Tauber und Wolfram Wette (Hrsg.), Holocaust in Litauen. Krieg, Judenmorde und Kollaboration im Jahre 1941. Mit einem Geleitwort von Ralph Giordano. Köln – Weimar – Wien 2003
Kurt Bauer, Hitlers zweiter Putsch. Dollfuß, die Nazis und der 25. Juli 1934. St. Pölten – Sakzburg – Wien 2014
Wolfgang Benz/Konrad Kwiet/Jürgen Matthäus (Hrsg.), Einsatz im „Reichskommissariat Ostland". Dokumente zum Völkermord im Baltikum und in Weißrussland 1941–1944. Berlin 1998 (= Nationalsozialistische Besatzungspolitik in Europa 1939–1945, Bd. 6)
Wolfgang Benz/Marion Neiss, Judenmord in Litauen. Studien und Dokumente. Berlin 1999
Svenja Bethke, Tanz auf Messers Schneide. Kriminalität und Recht in den Ghettos Warschau, Litzmannstadt und Wilna. Hamburg 2015 (= Studien zur Gewaltgeschichte des 20. Jahrhunderts)
Michael S. Bryant, Eyewitness to genocide: the Operation Reinhard death camp trials, 1955–1966. Knoxville 2014
Arunas Bubnys, Eksterminacja Zydów wilenskich i dzieje getta wilenskiego (1941–1944). In: Pamiec i sprawiedliwosc 2 (16) 2010, Warszawa 2010, S. 229–272
Arunas Bubnys, The Holocaust in Lithuania between 1941 and 1944. Vilnius 2015
Arunas Bubnys, Vilnius Ghetto 1941–1943. Vilnius 2015
Martin Cüppers/Jürgen Matthäus/Andrej Angrick (Hrsg.), Naziverbrechen: Täter, Taten, Bewältigungsversuche. Darmstadt 2013
Uwe Danker, Die „Zivilverwaltung" des Reichskommissariats Ostland und der

Holocaust: Wahrnehmung, Rolle und „Verarbeitung". In: David Gaunt/Paul A. Levine & Laura Palosuo (Hrsg.), Collaboration and Resistance during the Holocaust. Belarus, Estonia, Latvia, Lithuania. Bern 2004, S. 45–76
Christoph Dieckmann, Überlegungen zur deutschen Besatzungsherrschaft in Osteuropa 1941–1944: das Beispiel Litauen. In: Annaberger Annalen 5, 1997, S. 26–46
Christoph Dieckmann, Deutsche Besatzungspolitik in Litauen 1941–1944. 2 Bände. Göttingen 2011
Helga Embacher, Neubeginn ohne Illusionen. Juden in Österreich nach 1945. Wien 1995
Norbert Frei, 1945 und wir. Das Dritte Reich im Bewusstsein der Deutschen. München 2005
Florian Freund/Franz Ruttner/Hans Safrian (Hrsg.), Ess firt kejn weg zurik … Geschichte und Lieder des Ghettos von Wilna 1941–1943. Wien 1992
Heinrich Paul Fritsche, Workuta 1953. Die Terrormaschine. In: Jan Foitzik/Horst Hennig (Hrsg.): Begegnungen in Workuta. Erinnerungen, Zeugnisse, Dokumente. Leipzig 2003
Winfried R. Garscha, Statistische Zahlen zu nationalsozialistischen Tötungsverbrechen vor österreichischen und deutschen Gerichten. In: Heimo Halbrainer/Martin F. Polaschek (Hrsg.), Kriegsverbrecherprozesse in Österreich. Eine Bestandsaufnahme. Graz 2003, S. 9–32 (= Historische und gesellschaftspolitische Schriften des Vereins CLIO, Bd. 2)
David Gaunt, Paul A. Levine & Laura Palosuo (Hrsg.), Collaboration and Resistance during the Holocaust. Belarus, Estonia, Latvia, Lithuania. Bern 2004
Christian Gerlach, Kalkulierte Morde. Die deutsche Wirtschafts- und Vernichtungspolitik in Weißrussland 1941 bis 1944. Hamburg 1999
Michael Good, Die Suche. Karl Plagge, der Wehrmachtsoffizier, der Juden rettete. Ins Deutsche übertragen von Jörg Fiebelkorn. Weinheim und Basel 2006
Helge Grabitz, Die Verfolgung von NS-Verbrechen in der Bundesrepublik Deutschland, der DDR und Österreich. In: Rudolf Steininger (Hrsg.), Der Umgang mit dem Holocaust. Europa – USA – Israel. Wien-Köln-Weimar 1994, S. 198–220
Karl Heinz Gräfe, Vom Donnerkreuz zum Hakenkreuz. Die baltischen Staaten zwischen Diktatur und Okkupation. Berlin 2010
Heimo Halbrainer/Thomas Karny, Der Fall Murer – ein fortwährender Skandal. In: Dieselben, Geleugnete Verantwortung. Der „Henker von Theresienstadt" vor Gericht. Grünbach 1996, S. 62–95
Heimo Halbrainer/Martin F. Polaschek (Hrsg.), Kriegsverbrecherprozesse in Österreich. Eine Bestandsaufnahme. Graz 2003 (= Historische und gesellschaftspolitische Schriften des Vereins CLIO, Bd. 2)
Franz Albert Heinen, Gottlos, schamlos gewissenlos. Zum Osteinsatz der Ordensburg-Mannschaften. Düsseldorf 2007
Franz Albert Heinen, NS-Ordensburgen. Vogelsang, Sonthofen, Krössinsee. Berlin 2011
Elisabeth Holzer, „Dann bliebe uns nach einem solchen Urteil nichts als – Schuld und Scham." Das Strafverfahren gegen Franz Murer und seine Rezeption durch die zeitgenössische Presse. (Dipl.-Arb.) Graz 2004

Stefan Karner, Die Steiermark im 20. Jahrhundert. Politik – Wirtschaft – Gesellschaft – Kultur. Graz 2000
Elke-Vera Kotowski/Julius H. Schoeps, Vilne – Wilna – Wilno – Vilnius. Eine jüdische Topografie zwischen Mythos und Moderne. Berlin 2017
Helmut Langerbein, Hitler's Death Squads. The Logic of Mass Murder. Texas A & M University Press 2004 (= Eastern European Studies, no. 25)
Sebastian Lehmann, NS-Parteifunktionäre aus Schleswig-Holstein im Ostland. Zum Quellenwert von Akten der Spruchgerichte in der Britischen Besatzungszone für die Rolle der Zivilverwaltung im Reichskommissariat Ostland. In: David Gaunt, Paul A. Levine & Laura Palosuo (Hrsg.), Collaboration and Resistance during the Holocaust. Belarus, Estonia, Latvia, Lithuania. Bern 2004, S. 77–94
Sebastian Lehmann, Kreisleiter der NSDAP in Schleswig-Holstein: Lebensläufe und Herrschaftspraxis einer regionalen Machtelite; Bielefeld 2007
Joseph Levinson (Hrsg.), The Shoah (Holocaust) in Lithuania. Vilnius: The Vilna Gaon Jewish State Museum 2006
Anna Lipphardt, Vilne. Die Juden aus Vilnius nach dem Holocaust. Eine transnationale Beziehungsgeschichte. Paderborn 2010 (= Studien zur historischen Migrationsforschung/SHM)
Manus I. Midlarsky, The Killing Trap. Genocide in the Twentieth Century. Cambridge 2005
Zenon Hubert Nowak (Hrsg.), Die Ermordung der jüdischen Bevölkerung in Ponary. Torun 1998
Helena Pasierbska, Wilenskie Ponary. Gdansk 1996
Anton Pelinka, Simon Wiesenthal und die österreichische Innenpolitik. Referat im Rahmen der Tagung „Österreichs Umgang mit der NS-Täterschaft" anlässlich des 90. Geburtstags von Simon Wiesenthal, Wien, 2. und 3. Dezember 1998, auf: www.doew.at
Markas Petuchauskas, Price of Concord. Memoirs, Portraits od Artists, Interaction of Cultures. Vilnius 2015
Ernst Piper, Alfred Rosenberg. Hitlers Chefideologe. München 2005
Dieter Pohl, „Rassenpolitik", Judenverfolgung, Völkermord. In: Horst Möller/Volker Dahm/Hartmut Mehringer (Hrsg.), Die tödliche Utopie. Bilder, Texte, Dokumente, Daten zum Dritten Reich. München und Berlin 2002 (= Veröffentlichungen des Instituts für Zeitgeschichte)
Dina Porat, The Jewish Councils of the Main Ghettos of Lithuania: A Comparison. In: Modern Judaism, Vol. 13, No. 2 (Mai 1993), S. 149–163
Dina Porat, The Fall of a Sparrow. The Life and Times of Abba Kovner. Translated and edited by Elizabeth Yuval. Stanford: Stanford University Press 2010
Kim Priemel, Am Rande des Holocaust. Die Rettung von Juden durch Wehrmachtsangehörige in Vilnius. In: Zeitschrift für Geschichtswissenschaft 52 (2004), Heft 11, S. 1017–1034
Klaus Ring/Stefan Wunsch (Hrsg.), Bestimmung Herrenmensch. NS-Ordensburgen zwischen Faszination und Verbrechen. Dresden 2016

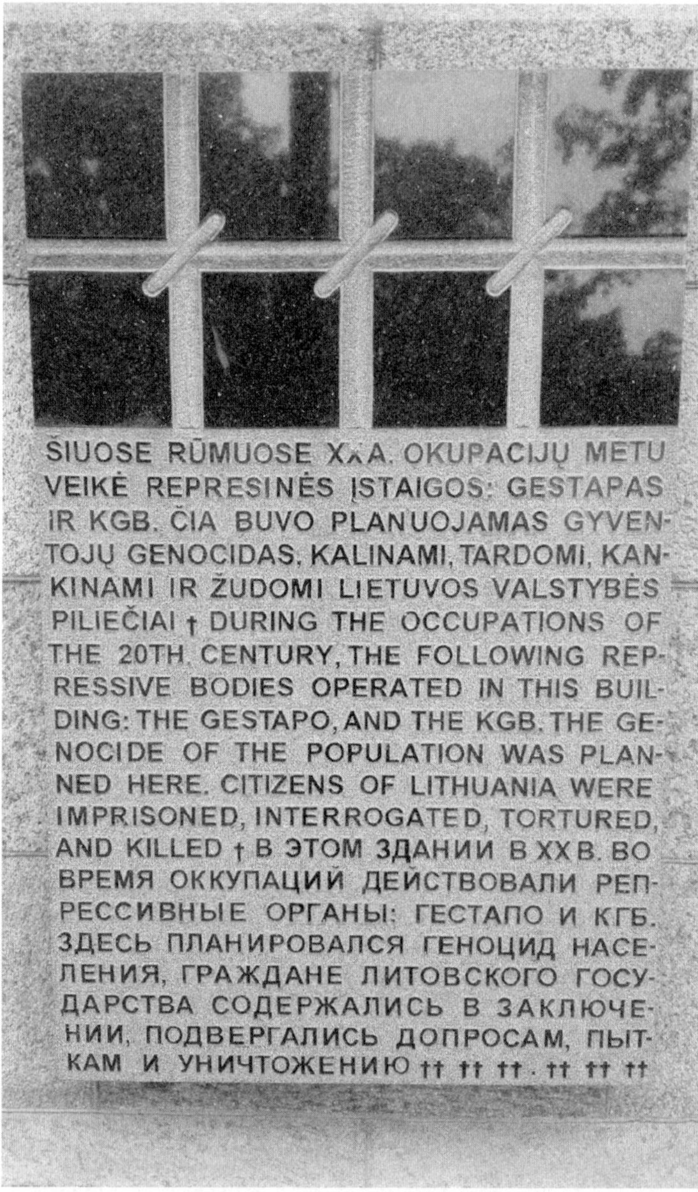

Das Hauptquartier der Gestapo, später des KGB in Wilna: Gedenktafel am Haus Gediminas-Prospekt 40. Hier saß 1948 auch Franz Murer ein.

Elzbieta Rojowska/Martin Dean, Wilno. In: Martin Dean, Encyclopedia of Camps and Ghettos 1933–1945. II. Translated by Katrin Reichelt. Bloomington 2010, S. 1148–1152
Adalbert Rückerl, Die Strafverfolgung von NS-Verbrechen 1945–1978. Eine Dokumentation. Heidelberg-Karlsruhe 1979
Rolf Sawinski, Die Ordensburg Krössinsee in Pommern. Aachen 2004
Gudrun Schroeter, Worte aus einer zerstörten Welt. Das Ghetto in Wilna. St. Ingbert 2008 (= Kunst und Gesellschaft. Studien zur Kultur im 20. und 21. Jahrhundert, Bd. 4)
Nicole Schneider, Erinnern und Vergessen. Die 60er-Jahre und der öffentliche Diskurs über nationalsozialistische Gewaltverbrechen in Österreich am Beispiel des Falls Franz Novak. (Dipl.-Arb.) Wien 2008
Tom Segev, Simon Wiesenthal. Die Biographie. Aus dem Hebräischen von Markus Lemke. München 2012
N. N. Shneidman, The Three Tragic Heroes oft he Vilnius Ghetto. Witenberg, Sheinbaum, Gens. Oakville 2002
Maria Sporrer und Herbert Steiner, Simon Wiesenthal. Ein unbequemer Zeitgenosse. Wien-München-Zürich 1992
Karen Sutton, The Massacre of the Jews of Lithuania. Lithuanian Collaboration in the Final Solution 1941–1944. Jerusalem – New York 2008
Joachim Tauber, Arbeit als Hoffnung. Jüdische Ghettos in Litauen 1941–1944. Berlin 2015 (= Quellen und Darstellungen zur Zeitgeschichte, Band 108)
Monika Tomkiewicz, Zbrodnia w Ponarach 1941–1944. Warszawa: IPN 2008.
Rokas Tracevskis, The Real History of Lithuania in the 20th Century without political bias, bigotry and prude self-censorship. Vilnius 2015
Mirjam Triendl, Hunger macht Blumen aus Papier: von Büchern und T/Räumen. Vilna 1941–1943. (Dipl.-Arb.) Wien 2001
Isaiah Trunk, Judenrat. The Jewish Councils in Eastern Europe under Nazi Occupation. New York 1972.
Leonard Tushnet, The Pavement of Hell. New York 1972
Karl Weiß, Heimatbuch Gaishorn am See. Herausgegeben von Karl Pusterhofer. Gaishorn am See 2007
Simon Wiesenthal, Doch die Mörder leben. Herausgegeben und eingeleitet von Joseph Wechsberg. Aus dem Englischen von Frank und Sonja Weiß. München-Zürich 1967
Marion Wisinger, Über den Umgang der österreichischen Justiz mit nationalsozialistischen Gewaltverbrechen. (Phil. Diss.) Wien 1991
Franz Wohlgemuth, Geschichte der Pfarre Gaishorn und des Paltentales. Gaishorn 1955
Andreas Zellhuber, „Unsere Verwaltung treibt einer Katastrophe zu …“. Das Reichsministerium für die besetzten Ostgebiete und die deutsche Besatzungsherrschaft in der Sowjetunion 1941–1945. München 2006

Bildnachweis

Egon Blaschka, Graz, Murer-Prozess, Juni 1963 (Universalmuseum Joanneum Graz/Multimediale Sammlungen): Umschlagbild vorne, 2, 232, 233
AP Archive: 267
LYA (Litauisches Spezialarchiv): 6, 62, 73, 123, 136/137, 159, 201, 217, 219
LCVA (Litauisches Staatliches Zentralarchiv): 54, 77, 79, 80, 92/93, 103, 132, 140/141, 147, 153, 154, 187
Bundesarchiv Berlin, NSDAP-Gaukartei: 36
Bundesarchiv-Militärarchiv Freiburg im Breisgau: 199
Bundesarchiv Berlin: 160/161
Öst. Staatsarchiv, Archiv der Republik, Polizeiakt Franz Murer: 221, 264, 270, 273
Yad Vashem, Photo Collection: 61, 167
Scherl/SZ-Photo/picturedesk.com: 25; ullstein bild – Willi Ruge/Ullstein Bild/picturedesk.com: 31; Berliner Verlag/dpa Picture Alliance/picturedesk.com: 51; Henning Langenheim/akg-images/picturedesk.com: 104; ullstein bild/Ullstein Bild/picturedesk.com: 151; ONB-Bildarchiv/picturedesk.com: 258/259
YIVO Institute for Jewish Research: 111, 113, 169
Ghetto Fighters' House: 35, 165
Diözesanarchiv Graz-Seckau, Taufbuch St. Georgen, Bd. 10, S. 160: 14/15
Archiv NMS Dr. Karl Renner, Judenburg: 18
Archiv Schwarzenberg Holding GmbH: 26/27
www.anno.onb.ac.at: 23
Sammlung Franz Albert Heinen: 33
Sammlung Josef Hasitschka, Admont: 203
Kleine Zeitung Archiv: 235, 255
Adriene Cooper/Zalmen Mlotek, Ghetto Tango. Wartime Yiddish Theatre (2000): 171
Privat/NS-Dokumentationsarchiv Vogelsang: 47
Foto Johannes Sachslehner: 71, 179, 277, 284, 286
Sammlung Sachslehner: 3, 8, 40, 45, 83, 130
Wikimedia Commons: 66/67, 74, 96/97, 149, 170, 177, 205

Autor und Verlag bedanken sich für die freundlichen Abdruckgenehmigungen.